1001
SUDOKU

D1019717

THUNDER'S
MOUTH
PRESS

1001
SUDOKU

THUNDER'S
MOUTH
PRESS

1001 Sudoku

Published in the United States by
Thunder's Mouth Press
An imprint of Avalon Publishing Group
245 West 17th Street, 11th Floor
New York, NY 10011

AVALON
publishing group incorporated

Copyright © 2005 Carlton Books Limited

Puzzles supplied by malkhenna@yahoo.co.uk

Library of Congress Cataloging-in-Publication Data is available.

ISBN 13: 978-1-56025-883-4
ISBN 10: 1-56025-883-7

10 9 8 7 6 5 4 3 2

Printed in Great Britain

Distributed by
Publishers Group West
1700 Fourth Street
Berkeley, CA 94710

Contents

How to do Sudoku

Sudoku is *the* number placement puzzle of the moment and is setting the world on fire with its simple-looking format and brain-boggling logic. But don't let the fact that it's a number puzzle put you off having a go – you don't need to be a maths wiz to solve it. All that's needed is logical thinking – and that means that people of all ages can enjoy the coolest puzzle in town.

A Sudoku grid is made up of nine boxes, each made up of nine smaller squares or cells. Lines across are called rows and lines down are called columns. Some of the cells already have numbers in them – and that's where you come in.

To solve a Sudoku grid, you have to place a number from 1 to 9 in each empty cell, so that each row, column and box contains all the numbers from 1 to 9. If you're raring to go and want to get your teeth into the grids in this book, feel free to carry on. However, if you still don't have a clue where to start, you'll be pleased to hear that there are some clever techniques you can use to solve Sudoku, as the following examples show.

8							4	
		8		1				
		9					2	7
	7		9		8	2		4
				2	6			
	3		6	4	5	1		8
			1	8	4			5
3		5				8		
		4	3		6	9		

8	6	7	5	2	9	3	4	1
4	2	3	8	7	1	5	6	9
1	5	9	4	6	3	8	2	7
6	7	1	9	3	8	2	5	4
5	4	8	7	1	2	6	9	3
9	3	2	6	4	5	1	7	8
2	9	6	1	8	4	7	3	5
3	1	5	2	9	7	4	8	6
7	8	4	3	5	6	9	1	2

Example 1

This technique involves looking at one box at a time and filling in as many numbers as possible in that box. In this example, a good place to start would be with the central box, as it has the most numbers already filled in.

From the numbers already placed in the central box, we can see that it doesn't yet have a 1, 3 or 7. Looking down the first column of that box, we can see that it already contains a 1 and a 3, therefore those numbers cannot be in that column of the central box (remember the bit about only one per row, column and box?) and so the empty cell must contain a 7. At the moment, we can't tell which of the remaining cells in that box will include the 1 and 3, but it will probably become clearer as we fill in more boxes. Before moving on to another box, it is always a good idea to check if the numbers you have just filled in have revealed any obvious numbers elsewhere.

Moving on to the central box at the bottom of the grid, we can see that the numbers 2, 5, 7 and 9 are missing. Starting with the middle cell in the box's first column, we see that numbers 7 and 9 are already placed further up that column, and that number 5 is already placed along that row. The empty cell must, therefore, contain the number 2.

The number 5 cannot be placed in the central row of that box as there is a 5 already in that row of the grid. The 5 must, therefore, belong in the empty cell in the bottom row of the box.

Before attempting another box, we can see that only two numbers are missing from column 4 of the grid – 4 and 5. As there is already a 4 in the top row, the 4 can't go there, and so must be placed in the third row down, leaving the top cell for number 5.

Continue filling in the grid in the same way, moving from box to box until the puzzle has been completed.

5					9		2	6
			6				4	
			8		5	1	9	
	2	1		5				
			1	3			6	2
8		4						
		5			9			7
4	7	8		9				1
9				8		6	5	

5	8	3	4	1	9	7	2	6
1	9	7	6	2	3	8	4	5
2	4	6	8	7	5	1	9	3
6	2	1	9	5	4	3	7	8
7	5	9	1	3	8	4	6	2
8	3	4	7	6	2	5	1	9
3	6	5	2	4	1	9	8	7
4	7	8	5	9	6	2	3	1
9	1	2	3	8	7	6	5	4

Example 2

Looking at the grid we can see that the centre right box needs a number 1. Moving along each row and column, we can strike through any line containing a 1, from top to bottom and left to right. Doing this eliminates any cells that can't contain another 1 in that row or column, leaving us with only one empty cell in the centre right box – column eight, row six – in which number 1 must be placed.

	1	5	6	4				8
	4	8	9	1		6		5
6			2	8	5	1		
8		3	5	7	1			6
	7		8	6			1	
	6	1	3	9		8		7
	8				6			1
1					8		6	
	5	6	1	3	9	7	8	

Example 3

Look at the first box (top, left), which doesn't yet have a number 2. It can't be in one of the empty cells in the third row, as there is already a number 2 further along, so it has to be in cell one of rows one or two. That means that number 2 can't appear anywhere else in that column one.

Looking at the bottom row, we can see that it is missing the numbers 2 and 4. Since number 2 for column one is in the first box, the last box on that column must be the 4, with the 2 going into the last cell of the bottom row.

3		7	8	4				
	5		7		3			
						1	7	3
	2		9					8
	4			7			3	
1					4		6	
		2						
			1		7		9	
			6	2	7		5	

Example 4

In this grid, column eight must include the number 2. Following the column down, we can see that the only places it can go are in the top two cells, as the empty cells further down each contain a 2 along those rows. Since row one must also contain the number 2, the only place it can go is in column eight, as the other empty cells in that row contain a 2 along their columns.

6	5	1			9			
4	3		6	5	1	2	9	
					3	6	1	5
	8	6			7	9		1
			9	3		5	6	
	4	9	1	6		7	2	
	7	5		9	6			2
2	6	3		1			7	9
		4	3	7	2		5	6

Example 5

Looking at the central right-hand box in this grid, we can see that, since its top row already contains an 8 earlier along, that number must go in one of the empty cells in the last column. We therefore know that the empty cells in the last column of the top right box cannot contain an 8 and can, therefore, be crossed off our list of possible numbers.

Scanning along the top row, the first two empty cells can be crossed off, since the number 8 on that row needs to be in the top right box. In the second row, the 8 must be in the empty cell in column three, as we'd eliminated the last cell in that row, earlier.

Row three now needs an 8 and this must go in column five, as it cannot go anywhere else in that column (the top one has already been crossed off and the empty cell in row three of that column already has an 8 earlier along the row).

	9			7	2		4	5
2	4			5	1	6	9	7
	7			4			2	8
	3			2	8	7		
9		2	7	3	4	5		6
7	6						3	2
	5		4	8		2	6	
6	2						5	
		9	2	6	5		7	3

Example 6

In this grid, column eight is missing the numbers 1 and 8, so no other cells in that box can contain those numbers. The bottom centre box needs a 1 and, since there is already a 1 in column 6, the two empty cells in that column of the box can be crossed off. The number 1 in that box must, therefore, be in one of the empty cells in its middle row and the other empty cells on that row can also be crossed off. Since column 9 still needs the number 1 to be placed, it must go in the empty cell at the end of row 7.

Easy

1

5	8	3	4	1	9	7	2	6
			6		3		4	
			8		5	1	9	3
	2	1		5			7	
			1	3			6	2
8		4					1	
		5				9	8	7
4	7	8	5	9	6	2	3	1
9				8		6	5	4

8,5

2

8							4	
			8		1			
		9				8	2	7
	7		9		8	2		4
					2	6		
	3		6	4	5	1		8
			1	8	4			5
3		5					8	
		4	3			6	9	

3

4	1	9	6	7	2	5	3	8
5	7	8	3	9	4	2	1	6
6	3	2	8	1	5	4	9	7
8	4	6	9	3	7	1	5	2
3	5	7	2	4	1	8	6	9
9	2	1	5	8	6	3	7	4
1	9	3	4	6	8	7	2	5
7	8	5	1	2	9	6	4	3
2	6	4	7	5	3	9	8	1

4

5	4	1	6	7	2	8	9	3
2	7	8	9	3	4	1	6	5
6	9	3	5	1	8	2	4	7
9	5	2	1	8	6	3	7	4
4	1	6	3	2	7	5	8	9
8	3	7	4	9	5	6	1	2
1	2	4	8	5	9	7	3	6
3	6	5	7	4	1	9	2	8
7	8	9	2	6	3	4	5	1

5

		4					7	
	7			8	9		1	
6		5					4	
			9		3			6
	3				1			
	9		5	2	8		3	4
						7	5	3
8	5	7			2	4		
			7		6	9		

6

9	5						6	
2	3				4	8		9
				3		7		
						6		1
		6		2	5			4
	2			8	1			
	4	2	8			1		
7							4	8
	6		1	4			9	7

7

9	7	5	2	8	3	4	6	1
6	8	1	7	5	4	3	2	9
3	4	2	9	6	1	7	8	5
5	3	7	4	1	2	6	9	8
1	2	8	3	9	6	5	4	7
4	9	6	8	7	5	2	1	3
7	6	3	1	4	8	9	5	2
8	5	9	6	2	7	1	3	4
2	1	4	5	3	9	8	7	6

8

	8		2	6	4	3	7	
3				7		2		
		7						
8			1		9	3	6	
6	1				9	4	8	5
5				8		1	2	7
1	9		6	2	7	8	5	4
2			9	4	8	7	1	3
			5	1	3	6	9	2

9

7		6		2		4		
	8		6					
1		2		7		6		3
	7		2	6				9
6		4	3	8				
					7			
9		1					7	5
						3	9	8
		5	7			1	6	

10

4	2		9	6	8			3
7	3			4		8		9
	9			7	3			
		7	4	9		3	1	2
1	4	2	8	3			9	5
9		3			2	4		8
	7		6	5	1			
			7	2	9			
2	1		3	8	4			

9	8	7	3	1	2	5	4	6
5	2	6	7	4	9	3	1	8
1	3	4	8	6	5	7	9	2
4	5	2	1	7	3	8	6	9
8	9	3	2	5	6	4	7	1
6	7	1	9	8	4	2	5	3
2	4	8	5	9	1	6	3	7
3	6	9	4	2	7	1	8	5
7	1	5	6	3	8	9	2	4

Katie's
suduku
please do
not touch

5	8	9	1	2	3	7	6	
8	7	6	9	4	8	5	3	
4				6	7	9	8	
	5	7	8	5	6	1	4	9
9		4	7	3	2	6	5	8
		8	4	9	1	3	2	7
	6		8	8	9	4	7	5
7	4	1	3		3	8	9	6
			6	7	4	2	1	3

13

3	2							
8					4			
			8	2			5	6
		8	4	5		3		
		9	2		8			5
	6			1	9		8	2
			9					1
		2			5		3	
		1		3	2	9		4

14

7	2	4						
8				4		5		9
3						2		
			4		9			
				3	6			
	4		8	7	2	3		1
	1	2			7	6	8	3
						9		5
	9				8	1	2	

15

	5		1			2		
2		3					1	
	1			5	2	3		
5			8		1	9		
		1			5	7	8	
		4	9	3		5		
4		7	5	1	8			
	6			9			5	
								3

16

6	4	9					2	8
	3			6	2		5	4
2			4					3
	6	2	5	1				7
	7		2	8	4		6	1
	1	4		7	6	2		5
			6	2	1			9
1	2			4				6
4	9	6	7	3	5	8	1	2

17

5		7			2			
	3		1			4		
8		1				9		6
	7		8				5	3
				7	3		4	
4				5	1		9	8
	2	4				8		
			7	2	4			
		5	3		8			

18

5				8			6	1
		7			9	5		
	3	1	4					
		2						
3				1	5	7	9	8
	9			3	4			
	1			7			4	
9				4		3		5
4				9			7	2

19

4	2	1	7	8	6	5		
6	9	3	4	5	1	8	2	7
8	5	7				1	4	6
7	3		8		5			
				7				5
9	6	5	1	3	4	7	8	2
3	7	9						
					7		6	
5	4	6		1	2		7	8

20

		5	2			7		3
	3					6		
6				3	7	5		4
9				7				1
		4	5		8		7	
		3		4			8	5
5	1	6						
				8	1			
8		7	9		3			

21

2	4							3
7		8	4				9	
	6	1				2	4	5
	8		6			3		1
				3		5		
							7	9
		6	7	4				
	9	4			1		3	
3		7	9		8			

22

	3				8	7	5	6
7				4				
		6	7			9		
		2	4				6	
	6			2	7			
3				5	9		7	
6		3				5		1
5			1		3		4	
1						8		7

23

	6				1			3
4		3	6	2		8		7
	8	2		9				
	2		1				3	
	4	9		7			1	6
1					2		4	
	9							
			3	1	9			
2	3			6				1

24

	4	5			8	6		3
1			9			7		
8						2		
	8		4				6	2
				9		3	5	8
2						9		
3	7	4		8	9			
			5	4			9	
5			1	7				

25

1			5			4	7	
	6	8						
	7			8		1		3
2				9	3			1
		6	4	2	1	3		
			7	5				
8		5		1			3	
6						8		4
		1	2				9	

26

					4			
			9	3		4		5
		5	6			1	2	
	7	4	3				6	
	1			4		5		
6								1
	8	6		2		7	5	9
		1	7			8		
	3				8	2		6

27

			6		3	1	8	
	8		1			3	7	
	3	1	7	8		9		
8	6	5	2	7	9	4	1	3
4	9	3	5	6	1	7	2	8
2	1	7	4	3	8	6	5	9
1	4	6	8	2	7	9	3	5
3	5		9	1	6		4	7
			3	5	4		6	1

28

					6			8
	4	7			2		6	
	5	6		8	4	2	9	
							4	1
		4						
1	2	8			7			3
		5				6		
	6	3	2				8	9
2			9		5		7	

29

3	9		5		1			
5		6		2			3	
	4	1						
2				8	4			
	6		3	5		2		4
7			1			6	5	
				1	6	3		
	5				9		4	8
				3			2	

30

		4		6	5			
		2	1					6
7	6							
	9		2	1		6	3	
4			5		3		9	1
2				7		5		
			8		7	3		
			3	5			8	4
	4			2			6	

31

			3	8			6	7
		1			7	8		
	7			6		3		
5			8	3				
2		6	5	1		4		8
	1							
	4	3		5		9	8	
6						7	3	
1				7				6

32

6		5			9	2		4
	3	1			8		6	
7	2		4	1			3	
		3	8					2
		8		3				
2	7				5			3
5								
	1	2						6
8			6		2		5	

33

3								
	2	6				7	3	4
	4	8		3		5		
								3
		9		1	3		2	5
				6	4		9	
	8	4						7
	9			4	1		8	
	5		9	8		1		6

34

2	6		4				3	1
8	4	1					5	
	5					2		4
5			1		8	9		
				9		7	8	
			3					
		7	8	3				6
1	9			4			2	
3		5				4		

35

			8	4			9	1
		1	7			6		
	7						5	
4	6		1	8		2		
7			2	9	6			3
				7		9	6	
	4		6		7			
6		5			8		2	
2				1				

36

	8	7	4					
5			3	7			2	
1		2			6			7
4	9			5		8	6	
	5		9				7	
		8						
			6				1	5
	1		2	3		6	8	
		5				3		2

37

6		8	2		4		9	
	4				6	2	1	
7		3				8		4
2								
								1
1	9				8	3	2	
	8	2			9	1		
3	5				2			9
		6		1			4	

38

	2				3	9		7
8				9			2	
		9			2		5	
				7			3	6
	4		2		6			
9		6		3		7	8	
1					9			3
	7	3	4		1			
4			3			2		

39

						6		1
		3		1			7	8
	1			8			9	
			4		8		6	9
	2	8			5	7		
			6	2				
5				3			8	
	9	7	8			5	3	
3	8		7					6

40

1	7			3	8		5	
4				1	7	2	3	
		3						
					9			
9	4					3		6
5	6		4		3	1		8
	2			5	6			3
8	1							
			9	1	4			

41

1				3	8			2
	9		4					
		3		7			4	1
	7			6			1	
3		2	8			6		
4					5	2		8
				9	3			6
		6	7				3	
9		4			6	8		

42

8			3		1			
		5	2			6		3
	3			5			8	
4	6		1	8	3			
		8	4	7	9			
7			5	2				
	8						2	6
		2				9		5
	9					8	1	

43

2	8	3				9		5
6	9			8				
5		1			3		2	6
			8		9			2
	6			2				
		9	3		4	7		
1					2			4
		6					3	
4		2	7			1		

44

3		5	1	9		6		
				5			3	7
7						2		
5				2				
8	7		5		1			9
				3		4	5	8
9		2			5		6	
	5				9	8		
	3			8	2			

45

		2	3		1		9	6
4					9			7
					6			
		9	8			6	4	1
	4	5						
	6				3			2
	1	3		9	8			5
5		4	2	3				
6	9						3	

46

	1	4					9	6
		8		1				5
				9				
4		7			2			
8	5	6		7		3	2	
			6					
5		9		3	7		6	8
	3			4				7
7		1		6	9			

47

		7				6		3
			8		3	4	5	
				2	5	7	1	9
			2		1	5	9	
			4	9		3		
			5	6	8		4	
7	8							6
2		1						
9	6	3						

48

	4							1
		8	7	3	4	2	9	
					5		8	
		1				9	4	
8	6			9			1	
		7					6	
1		6	5		2		3	
7				1				6
4	3	2		8				

49

9		8	7	5	2			1
6	2	1						
			6					
				1	6			2
	4			9	7			6
			3			7		4
		6					1	3
2	1			4			6	
4	8						9	5

50

8								4
3		6	5				2	
	2					9		
		4			5			
6		7						
2	8	5	1				9	
		2	9	5	1		4	
5	4		6			2		
	9		2	8			5	7

51

9	2		7			6	1	4
			2			7		5
	5	7					9	2
					1			
		6	8					
1	7			5			2	9
		2		7		1		
5			4			2		6
	4		1					3

52

	7	2				5		1
				8			9	
3		1				8		7
				1	7			
4	1	9	3		6		8	
			8	9				
1				4		6		8
	6			5				4
2		4		7		9		

53

1	6	7	9	8		2		
3		8			7			
		9	6					3
5					9		6	
			8					5
			7	6		4		9
	7	5				3	4	8
		2						6
					4		7	2

54

	7		6				4	
6					4	9		8
9		4				1	6	
			9	6			1	
	2				5			
3		9	8		1			4
7			4			8		
				8				2
4		8	2			7	9	

55

	5		8					
	6	2		3	5	7		
8		7	2	4	9		5	
				8		9	7	
			3		1	2	8	
4				9		1		5
		6				4	9	
							6	7
			4			8		

56

	1	3		2				7
	4		9		1		2	
						3		
		4	2				6	
	7							3
	9	1	3		4		5	
7	2		4		9			8
	3	9	5	8			7	4
		6						

57

2					9			4
			6		3	9		
3	5		2				7	
			8				1	3
	8		9	3				
				5	1	8	6	
8	2	6						
	7	3		6		1		
9		4				7		6

58

		6	1			8		
1		2		8			7	
7				2	6	9		3
	3	5				1		
9				4		6	2	
								5
	8				4		6	7
	2	7			8			
4				6		2	8	

59

8				9				
			1	2	4			
4	5	1			6	3		
	7				3	9	5	
							6	4
2		5	8				7	
	2	9	4			6		
		7			2	4		
5			6			8		9

60

1								2
							5	
9	5		7	1	2			
			9	2		6		
8		2		4	6	3		
6		3	5		8	9		
			6	5				
3						4		
2	4		8	3		5		1

61

				1		4		
6				3	4			
	1	5						2
			6	8			1	
	9		3	4	5		6	7
	6		2	9	1			
2		1				3		
5			4	2		9		
	3	9					2	

62

5	6		3		4		1	7
7						4	3	2
2				8			6	
	2			6	1			3
				7	8	2		
			5					6
9		7						
	3				9			4
		2				6	9	8

63

		3	4	8	2		7	
						1		3
				3	1		8	
		9				7		1
1	5			9		3		8
	6	7	8					2
	7		1		3			4
		8	6	4				
2				5				

64

4	8				2	6		
		1		6				
	3				1			4
		9				8		6
5	2						3	
1	6	3						
	5	2	8		7		9	
		4	2	5		1		8
			3	9				5

65

1		9	7	6				8
8		3	5	1				
		7			9	2		
					7	4		
9		2					8	3
3			6				5	2
				4		8	2	5
	9							
			8	3			7	4

66

1				8			9	
5			6		7		3	4
			9					
4	5	6			9		8	
	2		1					9
				2		4	5	
	9				1			
2		4		5	8			
6	1				3		4	5

67

7		2		8	3		1	
								7
5					4			
	2	8			5	7		3
6		5	8					1
3		9		6				
		1	2	7	9			6
	4				8			
			3	4		5		2

68

	3					2		7
2						4	9	
1				8			3	5
7		5		4				
		3	1		7	5		
	1		2	6				
4	8			7	9			
		1	8					4
		2			3	8	7	

69

					5		4	9
	4			6	8	3		7
			9			8	2	
		3	2	1			7	5
	9	5			6		8	
					9	6		
		4		8	1			
9	1			7			6	
3	6							

70

8		5			1			6
4			7				8	
						4		
7		2			9			4
9	3	1		6				
	4						9	
	5			7	3			1
	8	9	6	1				
6				8	5		2	9

71

	9	1		3		2		
	6					8		
	8	7				9	4	3
6		9	5		1			
		8		6				9
			7		8			
1		5		8	7	3		4
						1	5	8
		6			5			

72

6		3	7			5		9
		7	6			4		
					9	3	6	7
	1		4	7		2		
			1	8	2			
				6	3		7	1
4							2	5
	7				1			
3		2						8

73

	5	1						3
			1	9	2	5		
				3			1	
	4	3	6				9	
	7	8		5		4	2	
9					8		3	
1				4	7			9
	9			1	6			7
		4	5					

74

3		5			9			
	6		1	7	3			
	7					4		
		3		4	2		9	1
					8		6	
		4	3				2	
7	4		9		5			6
	8	6				5	4	
5		9						7

75

		5						
				1	4	2		
	6	3	9		7	5	1	
		7		9	6	1	5	
			1	4	3		8	
	3			5		6		
	2	6			1	4		5
		4	6			7		
8								

76

4			9	7			8	5
6					5		9	4
	1							
	5		2	9	3		7	
		1	5		8			2
		3		1	4			6
		5	8	3				
	8				9	7		
							6	8

77

		9		3	4			
8					6	3		
			7		2	8	5	
1		3	2			5	8	4
7				8				3
					3	7		
	9	4			5			8
6		8						
	5			7	8		6	

78

	6	1						
		9			4	7	6	
	4		6		3	8	1	
			7		6	9	5	
	5		8					
			4	5	1	3		
		8					2	7
6	1			8		5		9
7	9							

79

	9							4
	4		9	2		8		
				3	4		9	
4					5	1		
	6	3	1	4		9	8	
	7			6			3	
	8			5				
	3	5	2	1			4	8
9					3			

80

		6			2			8
9					6		1	
3			1	5	9			
2				1	8	6	3	5
	7				4	8		
						2		
	6	7						3
4	9	3		2				
	8				3	5	7	

81

	2	5		4	3			
6						3	7	
			8		6		4	
	6			8	1	5		7
3					2			1
	1	8	3			6		
			2					3
	7		4		8			9
2				3			6	

82

4	6				8			
8			4	6			5	
3						6		
7	2	6						5
	4		8				3	
9			5	2			6	
		9			4			
	7			3	2			4
			9		5	7	2	6

83

			1	4				
9		3			7	4		
	8			6			5	
8	1				4		9	
		9		5		3		4
			6					5
	2	6		3			4	
5	9	8			6	7		
	4				9		1	

84

			7	9			1	8
			3		2			4
2		9			1			
			6			1	5	
				8				2
9			1		5		8	7
8	4	1				3		
7	9	5						
	2	3	5			7		

85

8							9	
9		6			1		5	8
	4					2		
6	8				7		2	
		7		9				
3	5		8					
5		4		7			8	
			5		3	7		
7		1	2		8		4	9

86

	9		4	3	1		6	
	7		6		2		4	
	6	1	8		5	3	9	
			2	1	9			
3								1
	2						7	
6	1						5	4
		5		4		9		
		2				6		

87

2	3		9		1		6	8
4				7				9
		1		4		7		
6								5
	7		6	3	5		8	
	4	9				5	2	
		5	7		4	8		
7		2				1		4

88

	5			4			1	
			9	7	5			
5		8	4		7	1		2
	6		8		2		7	
	2	4				3	8	
				5				
2		7	3		9	6		8
6			7		4			9

89

4		9		7		5		2
3				4				6
	5	7	3	2	6	1	4	
	3		9		8		1	
	2						8	
				1				
		1				4		
			1		4			
9			6	8	2			1

90

		7				3		
			8	6	7			
4								8
2								7
1	8		7		6		3	5
7		5		1		2		6
	7		2		8		1	
9		2	1	7	4	8		3

91

	5	6		4		9	3	
8	9						6	4
1	4			8			2	7
	1	2		9		8	4	
			5		8			
	8						1	
			4	1	6			
3			8	5	2			9

92

1	3			6			4	2
	4			5			7	
				8				
8	7	4		1		6	9	5
	5						2	
	9		5	4	6		3	
		2	1		4	7		
7								9
			8		9			

93

			9		1			
		5		6		7		
9		1	3	8	7	6		2
5				4				7
	9						2	
			1		8			
1		7				4		9
		9	4	1	3	5		
	5			7			1	

94

				9				
	1	7	2		8	5	9	
	2						3	
		3	1		9	4		
				2				
8	6	1		3		9	5	2
	8			7			4	
6								9
7			5	8	6			1

95

	1		9	7	6		4	
2				5				1
		3		2		5		
4		9				1		7
5	6		2	9	1		8	3
1	5						3	4
				4				
7			3		8			6

96

			9	6	4			
		2	3	5	7	4		
9				8				3
2	3						7	1
				7				
7	5		1		6		4	9
		5				9		
4			6		3			7
		7		1		8		

97

	7	6				9	8	
5	8	9				6	2	1
1		2				7		5
	5			6			9	
			5	8	2			
2			7		8			9
3		8		5		1		7
	9						3	

98

4			7	1	6			8
			3	4	5			
		1		8		5		
		7		2		8		
3			8	6	1			9
7		4		5		6		3
9		6				4		2
		2		9		7		

99

	3		1	4	9		7	
				2				
5			8	3	7			9
1		3				7		5
	5	9				6	2	
	7			9			8	
3	8						6	7
		6		5		4		
			7		6			

100

	7						9	
	5	8	7	9	2	1	3	
1		9	6		8	5		2
		5		8		7		
		6	3	7	9	8		
				1				
	8						1	
				5				
		1	9		3	2		

101

4				7				6
		3				1		
				9				
9		1	7		3	8		2
			5		2			
8				1				3
3		5		2		9		8
2			4		8			1
		4	9	5	6	2		

102

5	4						7	8
			4		7			
3		6	8		9	1		2
4	8						9	6
	6						5	
	1	7	2		5	3	8	
		8		4		6		
			6		3			
6								9

103

	1		3	5	7		2	
5								7
7	9						8	1
			5		4			
4	3			7			1	2
8								9
	8		6		3		9	
		7	9	8	1	2		
	4						3	

104

		3		4		6		
6		9	7		2	3		8
		4				5		
9				1				3
	8			3			7	
			5	2	9			
		7				4		
4	3	1				8	9	2
	6			9		5		

105

			7	3	2			
				5				
		2		6		8		
8								9
2	9			8			5	4
1		5		9		6		3
	3	9	8		4	5	2	
			9		6			
6	8						1	7

106

7	9			6			1	3
			5	1	7			
8	1						7	2
		8	9		3	7		
				8				
	3		6		1		4	
		4	7		6	3		
9	8			3			5	4
				9				

107

		2	8		6	5		
8	5			9			4	6
	9		7	2	3		5	
1	7						2	4
	3			1			7	
				8				
5	6		4		2		1	7
			1	5	7			

108

4	8						9	5
5		3				6		1
9	1			3			4	8
1			2		8			3
2			3		1			7
		8				5		
		9	4	8	2	1		
				6				
			5		9			

109

	4		2		9		8	
			3	4	5			
				8				
	6	1	8		4	2	7	
3	8			2			6	5
2				3				1
1				9				7
	7	2				1	9	
8								4

110

4		8	1	3	5	2		7
			2		4			
2	3		6		8		9	5
8								1
5			4		2			6
		3				8		
3				4				9
	6	4		5		1	7	

111

6	7		8		2		5	4
			4	6	5			
	3		2		7		6	
			9	5	1			
4		5				7		1
	2						1	
7	1	3				4	9	6
		4		1		3		

112

		7				5		
5			2	3	1			4
	6		5		4		9	
9								2
2	4		7		6		8	1
6			3	4	2			7
			4		5			
8								5
	5			6			2	

113

	1			7			5	
3	8		5		1		9	4
9		3	1		4	7		6
4			2	8	6			5
		9				5		
	3		8		5		1	
1	5			3			6	7

114

		4	1	9	8	5		
2				5				6
		5				4		
			4	1	3			
1				6				7
5								9
3	2		5		9		6	4
				8				
	5	6	2		1	8	9	

115

1		9	3		8	4		2
		5				7		
		3	7	8	5	1		
	8			9			7	
9	5			3			8	6
		4	2	7	6	9		
				5				
		8	9		3	6		

116

	7	6	1	2	5	3	4	
	1	8				5	7	
4								2
6								4
		4				1		
			2		6			
	4		3		2		5	
			9	1	4			
		1	5	6	8	4		

117

1								8
		6	1	4	5	9		
	2		8	3	6		5	
4		8				3		9
2		7		9		1		6
				8				
			7	6	9			
5	8		3		4		9	7

118

	7						6	
2	6	1				3	7	9
		3				2		
			4		5			
3				8				5
7		9	3	1	2	6		4
			5		8			
5				2				3
8		4				5		7

119

9	7		3		5		1	6
	1						2	
			4		9			
7				8				9
5		9				1		7
4	8		6		7		5	2
	4			5			9	
6								1
			9	7	6			

120

2	7						8	3
1								4
		6				1		
	5		4		8		1	
8				5				6
	2	1		3		5	9	
3	9			4			7	1
		8				4		
		4	1		9	8		

121

	1			7			3	
8		2				4		1
7								9
9	4		6		1		2	8
			8	4	2			
			7	1	5			
1		3		2		7		5
5			3	8	6			2

122

			5		1			
2		8	6	7	3	5		1
		1				3		
		7		3		9		
3	1	2		8		4	5	7
9								8
		9		5		2		
	8	5		1		7	4	

123

	8						1	
9		2				6		7
		5	1	2	6	3		
		4	9		5	7		
8				3				6
		9				1		
	9		3		4		6	
1		8	2	6	9	4		3

124

			9		6			
7		6	5	1	3	8		9
		5	8		2	4		
				8				
		4		9		1		
5	8	1				3	9	6
8								2
4								1
3		7				9		5

125

	7						6	
9			4		1			8
3				7				1
		3		2		1		
		6				4		
7	8			1			2	9
	4	8		6		7	3	
		9				8		
6	3			5			4	2

126

3	8						1	5
		4		1		7		
7			5		3			4
9		8				3		1
1								9
	2			9			5	
	3			7			6	
8								2
6		5	1		2	9		7

127

3	4						8	6
		1	3		2	7		
5		7		8		1		3
	9						1	
	3						9	
			5		1			
4			8		5			9
2	7			1			5	8
		3		4		6		

128

				9				
6	9	7		2		4	8	1
5		4				2		3
	5			3			2	
			6		9			
		9		5		6		
			2		3			
	4	3		1		7	6	
	1		9		7		4	

129

		4		6		8		
3	9		1		8		6	4
	7						9	
5		8				3		9
		7	3	8	5	6		
		2				5		
	2	3				9	5	
6								8
	8			9			2	

130

9	7		6	4	8		3	5
		3				4		
		5	1		2	7		
	4		8	6	5		7	
2	6						8	3
				9				
			5		6			
		6	4		9	3		
8								6

131

9	8		6		1		3	2
		2	3		8	1		
4		1				7		6
8	7	4		2		3	9	1
				9				
	9	3				4	2	
5				8				7
			4		9			

132

2		7				5		4
			4		1			
	4						3	
	7						2	
	2	4				8	7	
8	9			3			4	1
1			2		4			3
	6			1			5	
	3		5	8	6		1	

133

	1		3		2		4	
2								9
8				4				2
	8	7				9	6	
	4		6	9	5		8	
				3				
4	5	6				2	9	1
		9	4	5	1	8		
				6				

134

	2		5	9	6		8	
	6			4			2	
1			8		2			5
	1			6			7	
2		4				6		3
3			7	2	1			9
4				5				8
	5		2		9		3	

135

	6						8	
8			6		2			4
2			8	1	9			5
4	1	2	3	6	8	5	7	9
3			1	2	5			6
		5	9	4	7	2		
				7				
			5		1			
	5			8			3	

136

2			4		6			7
		4	8	2	9	6		
				5				
				4				
	4		5		7		9	
	2	5		9		7	8	
4	6	8				9	3	1
5	1						7	8
				1				

137

9	7		2		5		1	3
5	4		1		7		8	2
8				3				7
				9				
	5	8	3		6	7	2	
			5		8			
		1	4	7	3	5		
	6						9	

138

6		7		3		8		5
4								7
	1	8		5		3	4	
9	6		2		3		8	1
			5	1	6			
3				8				2
			7		1			
8			6	9	5			4

139

7	3	4	9	8	1	6	5	2
2	6	8	5	3	7	1	9	4
9	5	1	2	4	6	8	7	3
4	1	6	7	9	5	3	2	8
5	2	3	8	6	4	7	1	9
8	7	9	1	2	3	4	6	5
3	8	5	6	1	2	9	4	7
1	9	7	4	5	8	2	3	6
6	4	2	3	7	9	5	8	1

140

7	8	4	1	9	5	2	3	6
3	6	9	8	4	2	5	7	1
1	5	2	3	6	7	8	9	4
4	7	1	5	8	3	6	2	9
2	9	8	4	1	6	7	5	3
5	3	6	2	7	9	4	1	8
6	4	5	7	3	1	9	8	2
9	1	7	6	2	8	3	4	5
8	2	3	9	5	4	1	6	7

141

1	2		6	9	3		4	
	5	3		2		1		
	6		4	1	5	2	3	
	8	6		4		9	2	
	7			6			8	
	1			3				
8	9	2	1	5	4	3		
5	4	1	3	7	6	8	9	2
6	3	7	2	8	9			

142

			9	4	7			
		3		2		7		
	9		5	3	1		4	
4	6						1	7
			6		3			
	3	2	1	7	4	9	8	
	8						7	
	1	7		9		6	2	

143

8				5				4
5			4	7	3			8
1		3		2		8		7
6	7			1			5	2
		4				3		
7			2	8	5			1
3	2		7		9		8	5

144

	6			8			5	
8		1	6		7	3		9
	7	3		4		1	2	
		2				5		
			9	6	2			
		7				4		
2		6		9		7		8
5			3	7	4			2

145

			4		9			
				8				
3	9		2	6	5		4	7
6		3				4		9
				2				
		5	8	9	4	1		
1	3			4			5	8
				5				
2		4		7		9		3

146

	1		5	2	3		4	
	5	6		4		1	2	
		3				8		
1								9
3			4	7	9			5
	6		9	5	4		3	
		8		1		5		
5			7		2			1

147

		9		2		6		
6	4		7		8		9	5
2	5		9		6		4	1
	8	6				5	2	
	9			8			7	
			1	9	2			
		4				3		
			3		9			
7								6

148

	3	6				9	8	
			5		3			
6		4	2	7	8	3		9
		8	3		1	5		
7			6		9			4
1								7
	7	9				1	3	
3	6						5	8

149

		1		9		6		
	5						2	
8			5		3			4
9	1	7				3	8	2
	2			8			4	
				1				
				6				
1		8				4		6
	6	5	1	4	8	2	9	

150

			3		7			
2		6	1	8	5	7		9
		7		4		1		
4	8	2				5	9	3
	9	3				2	7	
	5		6	1	3		2	
7			8		9			1

151

				3				
6			8		5			1
	3		9	1	7		5	
	9		3	6	8		1	
				9				
		3	2		1	4		
	4	8		5		1	9	
3	6						2	4
	2						7	

152

	6						9	
7			6	8	5			4
2	1			3			7	5
	3		8	4	2		1	
			7	1	3			
		6		2		9		
		1				2		
4	2		1		9		8	6

153

6								1
		7		6		2		
		5		9		3		
	7		8	1	3		4	
4	8						3	7
			4	7	5			
2								3
	5		1		6		2	
3	9			8			1	4

154

				4				
	2	6				4	3	
			6	9	2			
		2	5	7	9	1		
6			2		4			5
				6				
	9	3		8		7	5	
4	8						1	3
1			7		3			4

155

				5				
	4	5	8	2	1	9	6	
		2				8		
5		1				2		9
	2	4		6		7	3	
	3	7				5	1	
	5	3				1	2	
			4		3			
	1						9	

156

	7	5		9		2	8	
	8	9	7		6	3	4	
6				3				5
	4						2	
			6		7			
1		8				7		4
4		1				8		7
			3		8			
	3			7			6	

157

1								4
			1	9	3			
			2	7	4			
	9	5		4		7	8	
7	6			1			4	5
		1		5		6		
		2	5		7	8		
6	5		9		1		2	3

158

3								1
5	1			3			8	2
	8						7	
			6		4			
	2	1	3	7	5	6	4	
6								9
	6		5	4	7		1	
	4		8		9		6	
7								4

159

	6	4				1	2	
		9		1		6		
	3	7				4	9	
	2		9	4	8		3	
5		1		2		9		4
				6				
			6		2			
	7	8	5		1	3	4	
				7				

160

			6	1	3			
6		7	2		5	3		4
	8						5	
		8		7		2		
		2	1		4	8		
3				2				1
			8	6	1			
	3			4			8	
	2	1				5	4	

161

		5		1		6		
			5	8	6			
		8	4	2	3	7		
	5		8	4	1		6	
4		3				8		1
8								4
	7			3			4	
	8	6				9	3	
9								2

162

	1			9			6	
		3				8		
			8		6			
		4		5		9		
		6	1		3	2		
1			9	2	8			6
4	7	9		6		3	8	1
2								5
6				1				4

163

	8		6		2		9	
		1		5		2		
4		8		1		9		5
		3	7		5	8		
		2	8		3	1		
8		6	9	2	4	7		3
			3		8			
	2						4	

164

	1	8				7	5	
	3	2	7	9	5	1	8	
7	2		4	5	8		3	9
				1				
	9						2	
			8	6	1			
	8		2		9		7	
			5	4	7			

165

1		4				9		7
3	9						2	1
	2			1			5	
8			9	5	2			3
	5		4		7		9	
			8		1			
2	7		5	8	6		1	4
			2		3			

166

	5			1			9	
4		8		5		6		2
			2	4	8			
3		9				5		6
			6	3	9			
	4						7	
5		1				4		7
	6		1	7	5		2	
7								9

167

2			9	7	3			8
			1		6			
8								6
				6				
7		3		2		6		9
	9	4		1		7	8	
	6		2	9	7		4	
		8	6		4	5		
	7						6	

168

9				8				6
	6	8	1		3	5	2	
		1				8		
2		3				1		9
	8	9		6		3	7	
	1		3		6		8	
3								7
8	2			4			3	1

169

2	1	6		7		4	5	9
				9				
			4		6			
7		1	5		2	3		4
		2				1		
4				8				5
				3				
	4	5		2		7	6	
	9	7				5	2	

170

7			6		1			2
3		8	4		2	7		6
				8				
			7		9			
9	4			1			7	5
			5	4	3			
1				2				3
	2	9				4	6	
		5		9		2		

171

2	3	7	9	5	8	1	6	4
4	1	5	6	2	3	9	8	7
8	9	6	4	7	1	2	3	5
6	2	4	1	8	5	3	7	9
7	5	3	2	6	9	8	4	1
1	8	9	3	4	7	5	2	6
3	6	8	5	9	4	7	1	2
5	7	2	8	1	6	4	9	3
9	4	1	7	3	2	6	5	8

172

	6	4	8		9	1		
	8		6	3			5	9
9		2	4	1		6		8
			1		6			
		6	7		3	8		
	7			9			6	
6						5		7
		7	5	6	1	9		
4		5				2		6

173

2		6				7		8
8								4
	4		7	8	1		2	
		4	8		3	5		
6	3						8	2
7		2		5		1		9
			3		7			
				4				
4	9						5	7

174

4	2			8			9	6
9	6		3		4		8	5
				9				
3				1				8
2								9
	5	4	9		8	3	7	
	4			7			3	
5		2		3		9		7

175

5	7	6	4	8	9	4	3	2
4	2	3	7	6	5	1	9	8
9	8	1	4	2	3	5	7	6
	5			7	6	8		
6	1	6	2	3	4		5	
	4	2	8	5	4		6	
2	3	7	5		8			4
1	6			4	2			
	9	4						5

176

		5	6	4			1	2
				8			3	
		1	7			6		
		8	5				7	
		7	8	3	2	5		
	1				4	2		
2	3	3			6	7		
	7			5				
6	4			9	7	1		

177

9		5				1	
8		5		6				
			8	7	4	5		9
9	4		2					
1				5				2
					9		3	8
3		8	4	1	5			
				9		2		5
	5				7		8	

178

8	9	5	2				1	
	7	1					4	3
		2			7	9		
		8						1
	5			8			2	
7						8		
		7	1			5		
5	4					1	8	
	1				4	7	9	6

179

7					5	2		6
	6	9						1
	5			6	7	8		
	7						2	
	9		4	1	6		5	
	3						1	
		5	7	3			8	
9						3	4	
8		3	9					7

180

	3			4	9			5
		9	2	3				
							9	
	8	4		9		6	7	
6	1			7			5	8
	5	7		1		3	2	
	6							
				6	3	8		
4			9	5			3	

181

		8		1			4	9
			4	2	6			
		5					7	
		1	2	5	8	7		
3				6				5
		4	3	7	1	2		
	8					9		
			6	8	5			
4	7			3		5		

182

3			5	7		9		
		4	6	3	9	2	8	7
		9						
		2						
		5	9	2	1	6		
						7		
						5		
8	6	1	2	9	5	3		
		7		8	6			9

183

6		3	5				2	7
				4				
		4		2	1	8		
4		2		1			9	
		8		3		5		
	7			6		1		4
		1	6	9		2		
				7				
2	3				4	6		8

184

		8				3	5	
	3						7	
			4		7		8	2
			5	7		9		
	9	6	2	8	3	5	4	
		7		9	1			
8	6		3		9			
	7						3	
	1	5				2		

185

		6					5	
5	8							3
1	7			3	4			8
4	1		3	5				
2				4				7
				2	9		4	1
3			1	7			8	5
6							1	4
	5					7		

186

	6	5		8				9
		2		3				
			1	2		6		3
2	3	1						5
			2	9	4			
9						7	8	2
4		9		1	2			
				4		5		
8				6		1	9	

187

9						3	2	
			3	7	8	5		
1		5			6			
		6	9				4	
		1	7	3	4	8		
	9				5	2		
			1			6		4
		8	5	4	7			
	1	3						2

188

	3	9	7	2		1		
	8			4	6			7
							3	5
5			2			3	7	
				1				
	9	2			3			4
9	7							
2			9	6			8	
		1		5	2	7	9	

189

		7	6		9	1		
6	1	3					2	5
	4						7	
			4	6				1
	6			9			3	
1			7	8				
	8						6	
9	2					7	5	4
		6	9		4	2		

190

		2	3			6		9
		3	4					
	9	7			8	5	4	
						3		4
	3	5		9		8	1	
2		1						
	1	8	5			2	9	
					7	1		
5		9			6	4		

191

	6					1	3	
	8		7	1	6		5	2
		2			5			7
2			8					
		1		6		8		
					3			6
6			9			3		
8	7		6	5	1		4	
	1	9					8	

192

	9	2			6			
7	3		8		1			
6				2	4	9		
	8	7					9	
		4		8		5		
	6					7	2	
		9	2	1				6
			4		9		8	5
			6			4	1	

193

3		8	4			7		
	7				1	2	4	
2			6			5		3
	5		2					1
				7				
8					6		5	
1		5			2			8
	2	3	8				6	
		6			3	1		4

194

6	8			3			1	
5	4		6		2			8
			5				9	6
		4			8			
3				4				9
			3			1		
9	6				4			
2			9		3		5	4
	5			1			8	7

195

5		6		8	9			
			7	6		1		8
9						5		
	5			7	6			
	1	8		3		2	5	
			8	5			6	
		7						4
1		5		4	2			
			6	1		3		5

196

	1		5			4	9	
4	3				1			2
			9				6	1
		3		5			2	
8				2				9
	2			8		6		
5	8				3			
1			2				3	8
	6	7			4		1	

197

1					3		9	
	9	6		7	8			
		3				6		
	1	7		2	6			8
	6			8			4	
2			5	9		1	7	
		1				8		
			7	6		3	1	
	2		8					5

198

	2	1						6
				2		4		1
	8			7	6			
8	5					9		4
4	3			8			5	7
1		9					3	8
			2	4			1	
9		3		1				
2						3	4	

199

			2	7			1	3
	3				1			
		7	5					8
5	2				4		7	6
	8			6			2	
7	1		8				5	4
3					6	7		
			3				4	
2	6			8	7			

200

4			8				9	
				7	5	6	1	8
				1			4	7
		7	1			4		
	3			9			6	
		6			2	5		
8	4			3				
9	1	3	6	2				
	6				4			3

201

	1	8	2			4		
2			4		9		1	8
6					1			
		9		1			2	
	4			7			6	
	6			2		3		
			8					3
8	5		1		6			7
		1			2	8	4	

202

6	8			4			5	
		4		6	2			
	1	7			9			
8					1	4		
9		6		2		8		3
		1	5					7
			4			1	7	
			6	1		5		
	4			7			8	6

203

		8		1	4	7	5	
		3	6	8			4	
	2			5		8	6	3
		7				5		
	8			7			2	
		1				9		7
9	7	6		3			8	5
3	4	5			8	6		
8	1	2	5	9	6	3	7	4

204

					8			
		1	7	5			4	3
8						9	7	
	1	6	9				5	4
		3		7		2		
9	8				2	3	6	
	9	2						5
4	7			3	5	6		
			2					

205

	2		9	3		6		
6				7		3		
7		9			4	2		
4			6			7		
			4	9	5			
		1			3			4
		6	3			4		8
		8		4				1
		7		1	9		6	

206

8				7			5	
6				8			3	1
			3					2
9			1			7	6	
	6		9	5	7		2	
	1	7			6			5
7					5			
2	8			9				4
	3			1				7

207

	5		1	9			6	
					7			2
1			5	8			7	
8	4						2	
	9		6	2	1		8	
	7						3	5
	1			3	4			7
7			9					
	2			5	8		1	

208

			8					6
		4			3		9	8
6	9	8			4	2		7
						3		4
			7	8	5			
5		6						
9		3	2			1	7	5
2	6		5			8		
1					8			

209

	3				6	1	9	
7						2		
			1	7	2	4		3
2					1		3	9
				6				
9	8		5					6
1		7	3	2	5			
		8						2
	2	3	8				7	

210

		8	2	7				4
	9		4		8			
						1		7
		7	9		5	6		2
		9		4		7		
4		3	6		7	8		
9		2						
			3		2		1	
8				5	4	2		

211

7	8				5		9	
1	3			7				
			2	3		8		1
3	5		7					
		8		9		7		
					1		4	3
8		5		6	7			
				4			6	8
	2		5				1	7

212

7	1	8	5					6
2		4		7	6			
9						7		
5								9
	9		6	5	3		7	
6								8
		9						5
			7	2		6		1
4					5	8	9	7

213

4					2	7		5
5				7				1
	2	9	1			3		
			2		1			
2		6		8		1		9
			6		4			
		2			9	8	6	
6				1				3
3		5	8					7

214

		9	7	6		4		3
	8							5
7			8		5			9
		1			8			
8			5	7	6			1
			2			9		
1			4		3			2
2							5	
9		5		8	2	6		

215

1	8				5			
			6	9	8			
6							5	7
7	6		9		2			
4		9		5		6		1
			4		6		3	9
5	1							4
			2	6	3			
			5				8	2

216

4		7	2				6	
	6	2			4			
		3	8	1	6			
6				9				
	2	1		5		7	9	
				2				5
			5	6	9	3		
			7			4	5	
	7				2	9		8

217

	5							
	3		6				4	5
			5	7	4	3		6
				4		9		
2	1		9	5	8		7	4
		9		1				
3		6	4	8	9			
8	9				2		3	
							6	

218

7	1		3				2	9
	9		8		7			3
4					9			
9						2		
	2		6	9	3		5	
		6						8
			7					4
1			4		8		3	
3	7				6		1	5

219

2								
	6		1	3	7		9	
			2	8			3	
6	2		3			4		7
		8		2		6		
9		7			8		2	1
	8			7	1			
	3		5	9	2		4	
								5

220

9		3		2	7			8
		4			6	3	5	
8					5			
3	2		5					1
				7				
5					4		2	3
			9					6
	7	5	6			9		
6			7	4		8		5

221

5		1						
2			8				3	
9				3			7	1
			2	9		6	1	
		3	6	7	4	5		
	9	5		8	3			
3	8			5				4
	5				1			9
						3		7

222

2	9		5		6			
	6				4		5	
		5		7	8	4	6	
					1			
		9	2	6	3	5		
			4					
	1	2	7	4		6		
	8		3				9	
			6		5		4	1

223

9	6				2		5	7
	7						9	
	4			5		2		
	5	6						4
3	9			1			2	8
8						6	7	
		1		7			8	
	3						4	
6	8		9				1	2

224

4	3			8	1			
	1	8				3		2
5								
7		5		4			8	
1			9	5	8			6
	8			3		5		9
								4
3		9				6	1	
			3	7			9	5

225

		5		4	6			
			1		9		7	4
		1				2		9
1	5				2			6
			6	3	8			
6			5				3	2
3		9				7		
7	2		3		1			
			2	6		4		

226

5			9		3	8		
3				1		5	7	4
	3		5	6		9		
6			2	4	1			8
		5		3	9		6	
7	1	8		9				5
		4	1		5			2

227

				3	4			
8		1		7	2	4		6
		2			1			
6		9					3	
4		8		6		5		9
	5					7		1
			7			6		
3		5	8	4		1		2
			2	5				

228

			9	1			5	
	8			7		4	1	
				5			2	
9			8					3
3	2		5	9	4		8	1
4					7			6
	7			2				
	3	1		8			6	
	6			4	3			

229

	4			9		7		
5		3		6				
	2	8	4	3				
	1					5		3
		5	9	7	1	8		
2		7					4	
				1	9	4	5	
				4		9		2
		4		5			6	

230

	5							
		3	8		6		9	5
9		6		3				
	9		5		8	1		
6		4		1		7		3
		1	3		7		6	
				5		8		4
1	3		9		4	5		
							1	

231

			3				6	
8	9	7		2				
			1		8	4	2	7
	5					3		2
	8			6			5	
2		1					9	
5	2	6	8		3			
				7		2	4	5
	7				2			

232

1	7		9	3		2		
				1				
	4		6	8			3	1
		6	7					9
	1			6			5	
5					3	7		
8	3			5	1		9	
				4				
		2		7	9		1	3

233

8	5		1			3		
			8		2		1	
	9		7			5		
	3		2	8		4		
		4		1		8		
		1		6	9		3	
		9			4		5	
	6		9		1			
		3			8		9	2

234

5					6	7		
		4		7	8			2
		2		9			3	
				5	2	6	1	4
				3				
6	8	5	1	4				
	5			6		2		
4			2	1		9		
		6	7					1

235

		5			7		6	
6							7	3
7			8	6	1			
8	5			2				
		7	9	4	8	6		
				5			1	4
			6	7	4			9
4	8							6
	7		2			5		

236

			6			4		7
6			8				9	1
	8		2	1				5
3		9						
8		2		7		1		4
						9		6
2				9	5		1	
7	3				6			9
1		6			8			

237

7	5		4			6		2
6			2			4		
	2				1		7	9
				8				
		5	7	1	4	8		
			3					
2	8		1				5	
		1			6			7
3		7			9		6	8

238

1	7	4		6				2
8					5			
9	5		3	1		7		
	9		8					
			1	5	7			
					4		7	
		2		7	1		4	6
			4					3
4				8		2	5	7

239

5		1	3				8	
				1				
	8	2	5		9		7	
3			1			7		
7		8		5		3		4
		4			3			8
	6		4		1	8	5	
				6				
	1				7	2		9

240

7	1	9		3	4			
5	6		7					9
	2							1
9						5		
2			5	1	8			3
		7						4
6							1	
8					3		4	5
			4	8		2	6	7

241

	5	7		3	4		8	
	4				6		9	
			2			4		
	6			9		5		
	3		4	8	1		6	
		9		6			1	
		4			7			
	9		8				4	
	2		3	4		8	5	

242

					4	9	5	
6				8	5			4
		4			2		1	8
4				1			3	
			4	5	7			
	1			3				7
9	7		6			5		
1			5	2				9
	3	8	9					

243

	1	8		9				7
					4			
2	3		6	7				1
	4		5	6				3
7				1				6
6				8	7		4	
3				4	6		8	5
			9					
1				3		9	6	

244

		6	9	8				
				5			3	2
	5				7	6		8
4			5					1
6		1		7		8		3
3					1			7
9		8	1				7	
5	6			4				
				9	5	3		

245

				9	4			6
			8		6		1	
	6	4			3	8		2
			9			6		
	3	7		1		2	8	
		5			7			
8		3	6			4	2	
	9		3		1			
5			7	8				

246

		2		1				7
9			7	3		1	6	
3		7			5			
6	8							
4		5		2		7		8
							9	6
			5			8		1
	4	8		7	9			5
5				8		3		

247

			7		2	1		9
		6				7		8
3		9			5		2	
						5	7	
9			2	4	6			3
	8	4						
	2		9			6		5
8		5				2		
4		1	5		8			

248

8	9		4	3	6			
4						3		
	2		7	1				
		7		2		1	3	
	4			6				9
	1	9		8		2		
				9	5		7	
		4						1
			1	4	8		2	3

249

3	4					8		
			4		6	3		
		8			1	6		4
	1		5		4	2		
	6			7			9	
		5	1		8		6	
4		1	2			9		
		9	6		3			
		3					1	2

250

9								
4			3	7	1		8	
			4	9			1	
7	2		5			6		1
		4		6		5		
6		8			2		3	4
	1			3	6			
	8		2	4	7			3
								2

251

				8			3	7
9		6						
					5		9	4
	2		7				1	3
8	3	5		1		7	6	9
6	1				3		2	
5	9		6					
						8		2
7	4			3				

252

	7					9		5
9		5	4					
8				5	2	4		7
6				4			7	
			3	1	6			
	4			2				1
5		3	7	9				6
					3	7		9
7		9					8	

253

			5					4
		5	7					9
7	1			8			3	
1	4	7			8	9		
		9		6		7		
		8	9			4	1	3
	6			4			8	1
2					3	6		
8					1			

254

7		3				1		
				6	7			2
	2		4	1		7		
8		2						3
	7		2	5	4		6	
9						2		5
		6		9	5		8	
5			6	4				
		8				6		4

255

	9				3	8		
8		1			9			
			7	8	5	9	3	
			9			5		3
		2		3		1		
9		3			7			
	4	7	6	1	8			
			5			6		8
		6	3				4	

256

			6					
6	1	7						
5		2		3			4	6
	6		3			2		
8	2		5	7	1		9	4
		1			8		3	
1	4			9		3		2
						7	6	9
					6			

257

	2	7	4	1				8
3							1	
	4		3				7	9
			7			9		6
			9	3	1			
4		9			2			
8	9				3		4	
	6							1
5				7	9	8	3	

258

	5		3			1		
	6	1		2	7			
					4	6	5	
	9			4			3	
5			8	9	1			7
	4			5			8	
	8	7	1					
			4	7		3	2	
		4			9		1	

259

		2	7		9	8		
	3	5	4		1			
	6	9					1	5
							8	9
		6		3		7		
4	9							
9	2					5	3	
			3		7	1	2	
		1	5		6	9		

260

	5					3		
	2			6	3			5
	3		7	2			1	
9			5	4				2
	6			8			5	
5				7	6			9
	7			5	2		9	
1			6	3			8	
		6					7	

261

						3		1
		1	9	4			6	
					3	5		8
	3	4			9		5	2
	8			7			1	
2	6		1			9	8	
8		2	5					
	1			6	7	4		
4		6						

262

					1			7
6	1						5	
	8	5	2			3		
3		6	8	4		2		5
				3				
1		4		5	6	7		3
		1			9	8	3	
	3						6	9
8			3					

263

	7			2	8		5	1
1			4			8		
		6					9	2
					3	6	7	5
				8				
4	3	2	7					
6	9					7		
		7			6			8
3	5		8	7			4	

264

5			8					
	1		2				8	4
4				3	9		7	
6	5					2		
9			4	2	6		5	
1	8					4		
7				4	5		1	
	4		6				3	5
2			7					

265

		9	7					
	7		1		2		4	
	2			4			1	7
	6				5	7		
3		4	8			6	5	
	5				4	8		
	3			7			2	6
	9		4		6		8	
		5	2					

266

				5	4			
6						1		4
		5			1	9	2	8
4		1				7	3	
2	9				7			
5		6				8	9	
		9			2	5	8	7
7						2		3
				3	5			

267

	4		2			9	6	5
				7				2
	2		5			7	1	
2	7				9			
		3			7		9	
5	8				6			
	3		6			8	4	
				1				3
	1		4			2	7	9

268

7		2				5	1	
		6						
	4			5	9	2		
	1		6		4	9	5	
		4		8				1
	6		7		5	4	8	
	3			9	8	1		
		5						
1		8				7	4	

269

7			5			3	9	
	1					8		
5				3	4			2
					3	7	6	1
	3		6		5			
					8	2	5	3
8				1	6			7
	7					5		
9			8			6	3	

270

7			8		4	3		
	4		3	6		9		
8					1	4		
	1						9	
5		4				8	6	3
	7						4	
1					7	6		
	3		2	1		7		
9			5		3	1		

271

	5			1		4		
1		7					6	3
	6			8	3		1	
3						8		4
			3				5	2
7						1		6
	3			9	6		4	
5		8					2	9
	7			5		3		

272

	7	3			5			6
	9			2	1			
2				6			9	
	3		6					9
4		9	8	5				2
	8		1					4
5				8			3	
	4			3	7			
	6	8			4			7

273

		3		2		7		1
	1	4			8			
2	7	6	1					
				5		1	2	
				8	7			3
				3		8	7	
3	5	1	7					
	4	2			5			
		7		1		6		4

274

	6		3		8			
	9	3	7	4	1		8	
		4					5	
			8			3		
7	4		5	6		9		
			9			7		
		7					3	
	3	5	1	2	7		4	
	2		4		9			

275

2		3		5			9	
8			2	1		5	6	
		5	9			8		
	2							
3			1		4	9	7	
	7							
		7	4			3		
4			5	6		7	8	
6		2		8			1	

276

		3						5
	1			6		9		
6			4	1	2			
4			2		9	6		
1	2	8				7		4
7			1		8	5		
5			8	2	1			
	7			5		2		
		2						1

277

5							4	8
	1					6		3
	3	6		4			7	
4			7	3				
7		9			4	3	5	
2			8	9				
	4	5		8			3	
	2					8		4
6							2	5

278

		4			3	7		
7			1	8	5		3	
				4	7			
9		5	7					2
	6				9		1	
4		1	8					3
				7	6			
6			3	9	8		4	
		3			1	8		

279

9		3		2			7	1
	2	1		8	3			
			1	9		3		
		4				2		
	6						5	7
		8				6		
			8	1		5		
	9	5		6	4			
7		2		3			1	6

280

	1		6		3		9	2
5					9			
	9	3			1	4	7	
		5				3	1	
			4					
		6				7	4	
	6	1			7	5	2	
2					4			
	7		5		6		8	1

281

6						8	1	
	4	8			1	6		
	9		8					7
			3	2				1
5	6					9	3	8
			9	8				5
	2		6					4
	5	4			9	1		
7						5	2	

282

			7					
1				2	6		3	5
3	8			9				6
9		6	5		4		7	
		7						
4		5	8		7		2	
2	9			5				7
6				7	9		5	3
			6					

283

	9	4				5		
	6		4		1			
1						8	4	9
				6	3		5	
	1	7	5		9		3	
				8	7		9	
8						9	7	3
	4		8		2			
	7	1				4		

284

2				9		1		
	8				4			
1		7	2				5	
7					9	2	8	
		4		1	7	9	6	
3					2	5	1	
6		9	8				2	
	3				1			
5				7		8		

285

	7		5	6				4
5				7	2			
6		3	4					8
					8		3	1
4				2	9			
					6		2	7
7		6	2					5
1				3	5			
	9		6	1				3

286

				5		6		
1			6	3	7			2
8			9			5		
		6			3		5	
	9			6		3	4	1
		4			9		6	
4			3			8		
9			5	8	6			4
				9		1		

287

2	5					7		
1	7							4
3					9		2	8
	8		3	1				5
			7		2		6	
	1		9	8				2
4					7		5	3
5	2							7
8	3					1		

288

1	6			9	3			
3	4				7	9		8
						6		
	7		2				3	1
	3	1				8		
	8		3				7	9
						4		
8	2				5	1		6
7	9			6	4			

289

	2				5			8
			3		6		5	
		5		9			6	1
		2		8		1		
3	8		4	1	2			
		9		6		8		
		1		3			9	7
			6		1		8	
	6				9			3

290

	1	6		2			9	8
2						5	1	
	9		8		1			
			1		7	2		
			4	3				6
			2		6	4		
	7		3		5			
9						8	4	
	6	1		8			5	2

291

	1			5	6			
		3	4	1				2
	7		2				5	
			1		3		2	5
8					5			9
			9		8		7	4
	5		3				4	
		1	6	9				7
	2			8	4			

292

6								5
5		3	1	4	7			9
4				9		3		
			4		9			
3	2	1	7		6			
			3		2			
1				3		5		
9		6	5	7	8			4
2								3

293

	6				8		1	
8	7			5				
			7	2				5
			2	6			5	9
3	5		4			8		6
			8	5			3	1
			3	7				8
2	9		6					
	4				9	6		

294

8	7			3		4		
					5			3
	3		8			7	1	
	6					3	4	
9	4		7	2		6		
	1					2	9	
	5		9			1	2	
					6			4
1	8			5		9		

295

	1			8		2	3	
		9			2			
2			4		6			8
	4		6			3		7
	9	7					6	
	8		5			9		1
3			2		4			9
		1			8			
	2			1		6	7	

296

		1	8	3				2
				7		3	1	
	6				5			7
5	2		9					
1	9	8		5				4
7	3		6					
	4				2			5
				9		8	6	
		7	5	6				1

297

	2			7	6			4
			8	5				2
		8	2			6		
		4			5	9		
2					7	4	8	5
		5			1	3		
		1	6			7		
			5	3				1
	9				1	4		8

298

			1					5
	4	7	3	5			1	
			7		2	9		
		4			7	1		
	6	1	5	2		7		
		3			6	5		
			6		3	2		
	1	9	2	8			6	
			9					7

299

	2	7			1			
	8	6	4	2			1	
1				5				4
		9		4				
2			3			4	6	8
		8		6				
7				3				1
	3	4	2	1			5	
	1	2			9			

300

	2			4			6	7
					5	3		
9		3			1			2
			2	7	6			
	1	6			4	2	7	
			1	5	3			
8		7			2			4
					7	6		
	6			3			8	1

301

			1				4	
2	1					9		3
4	7			8		1		
	8	6				7		
			6	2		8	9	5
	5	2				3		
6	3			5		4		
8	2					6		9
			2				3	

302

		4		6		3		
7		6	3		8	4		1
							6	2
			6	3	7			
3				4			1	
			8	1	5			
							7	9
6		1	2		3	5		4
		5		9		1		

303

				4	8		7	
		4		5	3	9		
			6				2	
7	2	5				4		8
		6	8		4			
4	8	9				3		2
			4				3	
		7		9	2	8		
				1	5		9	

304

4				9				
		6				3		9
		9	3		4	8	5	
1				3			2	
	9		4	8	5		6	
5				1			3	
		1	2		6	5	8	
		8				2		1
3				7				

305

		4		3		5	7	
	9		4		5		3	
			1					
8		5			4		2	
	6			1	8		4	5
2		9			6		8	
			6					
	5		8		1		6	
		6		2		8	5	

306

		5			9	4		
	7	8			3			
6	9			1				8
			5					2
4		6	1		2	5	3	9
			3					7
9	6			4				3
	4	2			1			
		3			8	9		

307

						6		
	6	8	4	3				
	9		6	7			5	
1				9			4	7
		7		2	4	9		5
6				5			1	3
	1		5	4			7	
	7	4	8	6				
						4		

308

				1			2	8
					5	1		
6	7			8				4
	9	7	5			8		
3			8	6		2		9
	6	8	4			3		
7	1			5				3
					7	4		
			9				8	1

309

1			7				6	9
8				2	9			
		7			8		2	
		8	5		7			
9		3		8		2		1
		4	3		2			
		9			6		4	
4				3	1			
6			8				9	3

310

								6
	6	2	1			9		3
9					6	5		1
7		1	6					
	2		4	1			6	7
6		8	5					
8					5	3		4
	5	4	3			7		8
								9

311

8	2			4		6	5	
								7
		1	3		6			9
			8	6				
	9	3	4	1	2	7		8
			7	3				
		4	6		3			1
								2
9	5			7		3	4	

312

	2		6	7				9
3		7					6	
		9	1	8				3
7		2				9		
	9	4	2					
1		8				7		
		1	7	3				4
2		6					3	
	7		8	6				5

313

		5		3		6		
6			1					5
			6			3		
		7		4	1		2	
9	6	3	5		7		4	1
		4		6	8		5	
			8			5		
5			4					2
		9		5		4		

314

	5							
			9	6		5		
1	8			2	4	6	9	
8			7		9		4	
		9		8		3		
4			3		2		1	
6	9			5	8	4	3	
				4	7		2	
	4							

315

4						5		
	8			5				1
9			4		7	6		8
	5			2	3		7	
	1	4			5			
	7			4	6		5	
5			6		2	8		4
	6			7				2
2						7		

316

	1		7		4		5	
9							6	
6	5			1			2	
	2				8	1		3
4					3			6
	6				1	5		2
5	9			3			7	
2							1	
	7		8		2		3	

317

		5				4		
2			5		7			9
7							2	1
	1		8		5	3		
	2	3			1	7		5
	4		7		2	8		
1							3	7
4			3		9			8
		6				2		

318

	7	1	5	9				
		2		3	1			
	5	4				2		
				2		1	8	
2			9	8			5	3
				1		6	2	
	4	8				7		
		9		4	3			
	3	7	1	5				

319

		1	8			3		
		9	3	2		5		
	3	8			1		2	
	9			6			5	
				5	8			7
	7			1			3	
	4	6			5		7	
		7	1	3		6		
		2	6			8		

320

	7				5			4
1							3	
5		9	3					
9	2		4	7		5		
8	3		6		2		4	
7	4		8	1		6		
6		7	9					
3							6	
	1				6			9

321

		6		5			8	
	5		2			6		
						9	2	5
1	9		7			3		8
7		5	9					
4	6		5			2		7
						7	3	4
	4		6			8		
		8		2			6	

322

				6	4			9
4			5				2	
	3	9	7			6		
3			6			4		
	5		1			3	8	2
2			9			1		
	2	4	8			5		
8			4				3	
				5	1			8

323

1		3	5			6	8	
	9	7	2					
		5			8	9		
							9	6
	4		8	6			7	3
							1	4
		6			3	4		
	5	8	6					
2		4	9			3	6	

324

			4	1		8	6	
		6	2				7	5
	8				6	3		
	1	2		3				
3				2	9			
	5	8		7				
	2				8	4		
		1	3				8	6
			1	4		5	2	

325

1		7		5	3		6	4
		4	9		6			
						7		
2	6		7				1	
				8		2	9	
9	8		6				7	
						9		
		2	5		4			
7		9		2	1		4	5

326

	4	6	7			5	8	
	7	2					1	
9								
7				4				8
4		5	8	7	3		6	2
3				6				4
2								
	3	9					2	
	5	7	6			9	4	

327

							9	8
	1			4	9		6	
			7		6			2
		1			2		3	9
9		8	4	3		6		
		5			8		7	4
			9		1			7
	9			2	4		8	
							5	6

328

	9		8			1		4
		6		4				
8				7	2			
4		2				7	8	
		7		8	4		6	5
6		5				4	1	
1				2	5			
		4		9				
	7		4			6		2

329

	8			6	3			
			7				8	
5			8	9		3		7
	1	4		7				
2		6		8		7		4
	5	8		2				
3			9	4		1		6
			2				4	
	4			5	7			

330

	2			5				
5				3	9	4		
6		4					9	
4	9				3			6
8	6	1		2			3	
7	3				8			5
2		9					1	
3				7	1	2		
	5			4				

331

	7	4	6			9		
5								
	2		4		3			
		8	2		1	5	6	
7	1		8	3			2	
		5	9		7	8	3	
	6		5		4			
3								
	5	2	3			6		

332

		8	7		9			6
3	5				2			
	1		5	3				8
		2					4	3
1					4	8		
		4					1	9
	7		1	9				4
6	3				7			
		1	2		3			7

333

9		6						4
			4	9		2		
	1			2	3		9	8
		7	1	3				
			7		8	1		
		8	4	5				
	5			6	1		4	9
				7	4		1	
4		1						6

334

9			4	7				
1			6				7	
			1	5	9			3
			8		7	5	3	
2	9			4				
			9		1	2	4	
				6	2	1		5
8			3				2	
6			1	5				

335

	7	9		1		8		
				9		4		5
		6		2				1
8			5					2
			9	6	1	5	7	
6			7					9
		8		5				3
				4		1		7
	6	3		7		9		

336

						7		
	6	2		9				8
1		8			3		4	6
3				5	7			9
	1	9				6		
5				1	8			3
2		5			1		6	7
	3	7		4				1
					3			

337

					3	2		1
	3		4	6		7		
		7	8	1	9	6		
	7	8						
			7	3				5
	9	3						
		2	3	5	4	8		
	5		2	8		3		
					1	5		2

338

				8			2	
	9				2		1	
2		4			5			8
9				6		3	5	
8			9			7	6	4
4				3		1	8	
5		1			8			6
	4				9		7	
				1			4	

339

		7						
2	4		3		5	9		
8						2		7
7			5	3	8			
	5	8		1		7	9	
1			6	9	7			
9						1		4
4	1		9		2	3		
		6						

340

8		5	2	1				
					6		3	5
7			9			8		
		8	5		3	4		
					4	9		3
		1	6		9	5		
5			3			1		
					1		9	6
1		3	4	6				

341

		6		2	7	4		
		6						2
7		8					9	6
	3	5				8		
1		2		8			4	3
	9	7				2		
3		4					1	9
			4					5
		1		5	6	3		

342

	9				5			1
		6			3	5		
	5	2					6	9
			3		7	1		
1		5		9			7	3
			5		8	4		
	4	1					3	8
		3			2	7		
	7				9			6

343

		5	9			8		4
	8		3		5		7	
		6	1					
			4		3	9		
	9	8		6	7			2
			2		8	5		
		1	8					
	5		7		1		4	
		3	6			7		5

344

5					1			
1	8	4					5	
	9	7	4					1
4				6	2	8		
	5				7	3		
2				4	3	9		
	1	6	7					3
7	4	5					8	
8					4			

345

			6	9				2
2				4	1		3	6
9	6			5				
	2			8			7	
	5	4				8		
	3			6			5	
4	7			2				
3				1	8		4	7
			4	7				8

346

			4			5	8	
	5	8	9	7		4	2	3
			5					
	7			1				4
	3			9		1		
	2			6				7
			1					
	4	6	8	3		9	1	5
			6			2	7	

347

2	4				5			7
3				7			8	5
	7	8		6				
			7				5	
8	3	5			9			4
			4				6	
	9	2		4				
7				1			4	2
4	5				7			3

348

1			5					
9		5				3	8	6
					9		5	
	6	1			8	9		2
	5			4				1
	3	9			2	7		5
					6		7	
2		8				6	1	4
6			8					

349

						6	3	
6			9	1	3		4	
		1		7				8
			5		2	4		6
1			3		4			
			1		7	8		3
		5		3				9
3			7	5	6		2	
						3	6	

350

					4		1	2
2				3	5			7
4			2	9				
	4				9		6	3
	6		7			8		
	7				6		9	1
1			3	5				
8				1	7			4
					8		5	9

Medium

351

								8
		9	1	8	3			
7		4						
	6			5	2		1	
1					6		7	
							3	
	4	7				2	8	
6		5			8			
	3			7		4		

352

6	9				1		4	
4	8	3		2				
	1							
	7			3	5	1	8	4
1				8		3	6	
				6	8	7		3
9				5	3			
				1		8		2

353

2				8			6	
		7	2		5			4
	4					7		
	3		7		8		4	
7				9			5	8
	5		1			6	3	
		3			9			
1			5	2	3			
	8			1				

354

8					2	1	6	3
	4		3		8			
				1				
	5		8	9				
		8	6			4		5
1	9				5	7	3	
6				8	9			2
7					6		8	
9				2		6		

355

4		5	1	7				
	8	2	9				3	1
1	7				2			
3	2			4		8		9
9			2				7	5
		4						6
			4			6		
	6			1				
	4		7	6	8			

356

		3		6	4			
	2	1	3					
5	4	6			7			
	6			2			5	
4			8	7		3	6	
3		9			6			1
				8		1		5
			7	1			4	
					5	9		6

357

7			3	9				1
		1	2				9	
	9	6			1		5	7
8	3				9			6
9				3	8		7	
		5	4	1				
	5	7		8			3	
2		3	9					5

358

	5	1			8		9	
2	7		3			1		
3					9		2	7
	1		6	4				9
			8					1
7		8				5	6	
	6				5			
8		5			3			
		3	1	9				8

359

7	3	2				8	9	
4				3		7		
5		6			9			
			9		3			7
	2			6		9		
		5	4		7			
2	5			7			8	6
1						5	7	
			6			4		2

360

8		3	1		6	2	5	
			2					3
6		7	3					
1	8	9					6	5
						3	4	
3					9			
4				5				
2			8	4			3	
	3		9					4

361

3			9	5		6		
				1				8
		6	8	3			9	
6		3				2		5
1	5	9		2			6	
					5		1	
9			3					
		1		8	9			
	8		7					3

362

		8	4				5	
				8				
4			5		7		9	
9		7	1		2	3		
	4					9		6
		3	9					
			6	3		4	8	
1		6				5		7
				7			6	1

363

8								
	2	9	1	7	8			
	7	4	5					
	8	2				6	3	
	6						5	4
	4							1
			9			1		2
			6	5			8	9
				2	1	5	4	

364

4								
	8	2						9
	7			8				1
			8			3	5	
		5		7	3			4
				4		8		7
			2		4		9	
			9			1		6
	3	9		1	5		2	8

365

							2	3
	3			5			4	
					3	7		
			3		2	6	5	
	5			4			7	2
		7	6					
		8	5			9	6	
5	4		1	8		2		
9				6				1

366

				2	6	3	5	8
		2	8	4				
		4	3	8		1		7
1		8	5	6				
6					7			
7			6				3	
3						9		1
8			7				4	5

367

4		5						6
		6			8		5	3
3	7		6			1		4
		4					3	
				4				
	8			7		2	4	
		3			1			
	6		3		7		8	
8	5	1						2

368

8	4				2			3
7		5						6
	9	6				8		
			1			5		
					5		6	7
6				9			3	
		7	3			4		2
				5	1			
2	1			4		3		5

369

1		8						
	2	4	5			9		7
6	9						1	
	3		6		8		7	
				2				
			9		5	6		
	1				9			6
		6	2				8	3
	8					1	9	2

370

		8			2			5
		6	1	9				7
7	4				8			
	9			8		5		
	6		7			2	4	
4		2			6			
			3	2			7	
				6		3	5	
2	5							6

371

	7					9		
4	6			2			7	3
		3			7		8	2
	2			5			3	
		5				1	4	7
8					5	3		
	4	2		3	8		6	
	3	9			2			

372

6			3	7				
	5			1				
					5		3	9
1			6				8	5
4	8			3		9		
		3			7		1	
				6			2	
		9	1		3	4		6
		6	4				9	

373

1		9	3	7				
	3		4					
5		7	9					1
2	5	4	1					8
9				2			1	
						9		5
					7	1		
				3			8	4
		2	5		9		3	

374

	3						4	9
6	4		5			7		
		2			3	6		
	2			8	7			5
			2		9			
		7	3	4	5			
	8	5						
2							7	6
4			7				2	3

375

5		6	4			7		8
		7			6			
4	8	2			3		6	
7			5					9
				8		5		4
	4	5				6		
8				2	7			
		9					2	
6			3	9				

376

			4			2		5
				5	2		1	
		4	7		1			8
7		3	6			1		
	4							
	6	2					3	7
9			5			6		
	1				8		9	
6		5			9			3

377

6			8	7			2	
	3		4	9		7		
						9		
7	9		1		2			
2	8					3	4	
			9		4		7	
	5	6		1			8	
4				5	9	2		
								5

378

6				7	2	5	3	
		7					2	
	8	2					6	9
				5				
7			4		6	2	8	
4				3		6		
3				6	7	8		
8	4	6		9				
		5						

379

4		5	6					7
	1				9			
3		6			5	8	2	
6								8
				6	3			5
	5	7		1	2		4	
		8					3	
		3			1	7		
1			2	3				

380

4							1	
		7	8					
	8	6	1		5	9		
	3	1	4				5	7
				8	9	4	2	
		4		5	1			
		8		4				
3			5	2				4
			9				3	

381

			1					
	4	7			9	3		1
	3			7			6	
3					4		5	
		6		8				
	1		9					3
	9					6	7	
		3	6			2	1	9
	6				5		3	8

382

2			1					
	7				3	2	6	
		9		5			3	
7								3
		5		9				7
	1				8			2
	3					4	1	
	5	1				7	2	8
			4	1	2		9	

383

	7	8			3			
6				9			5	1
9								
			3		9	1	7	
	3							9
8			5			6		
			2		7		6	5
	9		8			7		4
	4			6		3	2	

384

1			3				9	7
				4		3	5	
					9			
4							6	
	3			1				8
		5			7	4		9
	8				3	9	1	
6	4		5			7		
3				8	6			5

385

		2	4					5
	9					4		
7					6			3
2			5		7		3	
				4		5	7	
		3	2		1			
	8			9		3	2	
			6	3		7	9	
9		1						8

386

9		8						
				6		2	3	8
1				5				
			6				9	5
	8	5		4	9		2	
				8	5			6
	4						1	
	2		1	9		3	8	
	9		5		7			

387

8			1		4			
	4	7	3					8
	5	2			4		1	
	1		7			2		6
2				6				
		5						9
4			2			6	8	
		6				1		
	8		6		1			5

388

9						7	5	6
		6					3	
	3			6	9		8	
			2	7	8			5
		2	1			6		
		7	4					
3				8				
4	5	9					6	7
7			9				2	

389

6	2					9	8	
8					4	3		
		9	5					
		5		4	9	8	7	
			2	7			5	
	4		1		8			
7	9		8			6		
4			9	2				3
							9	

390

			5		6	3		7
	7		8	2				5
		6						
7	5					2	8	
	4			5			7	3
8								6
9			7					1
			3	6				
2	3			9	1	7		

391

			7	8	3			
		8	6	5				7
	3				1	6	8	
8	4		5				3	
6	5			9				
9		7					2	
		4				5		
		9	1		2		7	
	2							8

392

6	5		9	7		4		
2								
			8	5			6	
5		1		8		6		2
7		6	1		5	8		
				9		7	5	
1			4	2	3			
		3			9			
			7					

393

4			3		6	7		
	7	1						3
	3						4	
1				5				
			7		1		9	8
2				9	3			5
9						5		6
		8		3			1	
	2			1	9	8		

394

	6					3	1	4
3		4	1		7			
	2						9	
	4		7					5
					9		8	
	5			6	1			
1						9		
6		9		1			3	8
4			3				5	1

395

		4			1			
	2	9		3				
5	6	7	4	8				
		5	7			3		
	3	6		5	9			4
4				2	6			9
			8					1
								8
				7	3	4	9	

396

		9	3	1			8	
	1		8			3		7
3		8					6	
5	8		4		3		7	
7								
			7				1	6
	5							
2		7	5		8		3	
	3				9			4

397

		4	3					
		1			7		2	
9	2				5		7	4
1						8	3	
						7		
	8	7					6	1
			5	3				6
	1	2	8		6			
		8			4	3		7

398

9	1			8		4		
3					1	5		6
		4						
				6	3			2
7			4	5			8	
	6		1			3	9	
6	7				8	1		
				3	4			
	2		7					3

399

	4				3		8	7
7	3				1			
					7		2	
								5
				9		7	1	
5	1	4			8			2
				6		1	7	
2		1		7		5		
6			1		5			4

400

8			4				5	
	2	1				4		
	4	5		9	1			6
5			1	7				4
		9	8					
		8				7		5
	3				4			9
7							1	
		6	5		7	2		

401

								1
	3				7	2		5
		1	2	3	6	7		
		7	8			5	3	6
		4						
	2	8			5		4	
	1	3	6			8		
			9		1			
7	6		3					

402

2	8		7			1		
3					2			
					3	6		
1				9			4	2
			8		7		6	
	3	9		2	4	7		
9		1			8			
			4	3			9	7
			9				1	

403

5			1	8		4		
	7						8	
		2					3	1
9				2				6
2			8		3		1	
				4			2	8
4						7		
	8	7		5	9		6	
		5	7		4			

404

	8							
7		6	3					8
	1		8	4	7			2
	9	7	4	8	6			
		4	7		5			9
		1	9	3				
						5		1
							4	
	3	5		9		6		

405

4	6		8			2		
2			4		3		8	
				2		4		
3	2		6			1		8
		6					4	9
	7							2
1		3	7					
	4			8			5	
			2	9	4			

406

2	7			5	9	4		
9					8		7	
						9		5
					4	3		
7				3		1		6
4	6		5					
6		9	8	1		7		
	4						1	
		8		2				9

407

1	2							9
8		3						4
	4	5		9				2
			2	5	6			
		1	8	3		6	4	
			1			8		5
				2	1			
				8			7	
9	8	6			4			

408

					7	1		9
		8	9		6			
	9			2				4
	7		2					1
		1			4		9	5
9	3			6				
1						8	2	
				1		4		
6		4	8	5				7

409

7		6		3	9		1	5
	5	8	1			6		
1	2	3					9	
	7		6			8		
3				1				
6					8			4
	3		7					
4		5						
8					6			3

410

7		2	5				6	
	5				2			
6		8		4			3	
2				9				7
		5	6	8		1		
	4							6
				5			7	3
3		7				5		
			7		9	6		2

411

		3	8				6	4
	5							
8		1				2	3	
9			6	8			4	
			7		9	8		
				3			2	6
		8		7		3		
5		7	2		8			
4					3			7

412

3		4	2	9				7
				1				
2						5	9	
8			3	6	9		1	
1	2		5	4		3		
			7					
		5		3		9		4
		8	1				3	
4						8		

413

		7			2		1	
2		5	7					
3					9		2	7
							9	6
1		4		7		2		3
8	2							
7	5		1					9
					8	1		2
	8		6			5		

414

	7	3	8					
					7	4		
	4		5					2
7	8	6		4				
	5		1	8	9		7	
				6		5	8	3
5					3		1	
		8	2					
					8	3	2	

415

	1				8			
2			6	1		3	4	
	5	3						
	9	8			6	4		2
				8				
1		5	4			8	9	
						7	6	
	3	4		7	1			8
			3				2	

416

			1	9	6		5	
3							9	7
	3		2			1	6	9
		1	6	4	9	8		
9	2	6			3		4	
6	7							3
	8		3	7	4			

417

5				3		2	4	
			4					
	3	8					5	
2		3	1				6	
		6	3	2	9	7		
	5				7	3		8
	9					1	7	
					3			
	2	7		6				4

418

			8			9	4	
8					1			5
7		6	3					
	8		9	6			5	
	1			3			9	
	7			4	2		3	
					5	1		3
1			6					4
	3	2			4			

419

8				1		5	6	9
			8		6			
7				3				
	8					9		
5	7	9		4		6	1	2
		1					4	
				7				3
			2		5			
1	9	6		8				5

420

			6		8			7
		6	5	4			3	1
								4
						8	1	
5	4	8		3		7	6	9
	7	2						
8								
4	2			8	1	5		
7			2		4			

421

				8	5		6	
			9			3		4
	4					7	5	
		5	2		3			6
		6		5		9		
7			6		8	5		
	5	2					1	
4		9			7			
	6		5	1				

422

			6				5	
8		3	7	1				
4				3	2	9		
3		5			1			
		1		7		5		
			4			1		2
		2	1	9				6
			5	6		3		1
	7				8			

423

4	3	7	8					
2							8	
		1						
8				2	5			1
7		6	3	9	8	2		5
5			7	6				3
						3		
	2							4
					3	1	6	8

424

		8	1		5	3		6
	5							7
			7				8	
	3			1			7	
5		9		6		2		4
	8			9			1	
	6				8			
8							2	
7		4	3		9	8		

425

	9			5				3
		8			1	5		9
		6	9	8		1		4
						9		6
				2				
5		3						
3		1		9	2	7		
9		4	1			3		
2				4			9	

426

	1		4					8
6			1			4	9	
			2	3				6
3		9						
2		1		4		6		7
						9		1
7				9	4			
	6	2			1			4
1					3		5	

427

2	9			7			8	
			8	2		9		
	8		3		9			1
3					7			8
				9				
9			6					7
5			2		3		1	
		2		6	4			
	7			5			3	6

428

	5			7	1		9	3
9					2	6		
1						7		8
2			7					
8				9				7
					3			1
5		1						4
		2	4					6
6	9		5	1			8	

429

	4		5		1			8
7			4				6	
		1	7	8		9		
						4		
4	8			2			9	7
		3						
		4		1	7	6		
	6				3			1
1			2		4		3	

430

				9			1	
			2			4	8	6
	6	7			4		2	
		4			5			3
			3	2	9			
3			8			2		
	8		7			1	5	
6	5	2			1			
	3			5				

431

8			7					
	6		1				7	
	4		3	2				8
9					8	6		
7		5		4		8		2
		1	2					9
4				6	7		2	
	9				1		5	
					2			4

432

1			5				8	
						9		
7	4			9	2		3	
6		2				4	5	
		9		3		1		
	3	7				2		8
	6		7	2			1	5
		3						
	8				9			7

433

							2	8
	4			7	3		9	5
			2	5	8	7		
			5				1	
		6		4		8		
	3				2			
		2	9	1	5			
3	9		7	8			6	
8	7							

434

8		3				4		
7	6	9				3	2	
	2		6					
1			2		7			
		5		4		1		
			3		5			7
					9		3	
	4	7				2	5	1
		8				6		4

435

4			2					9
					1		6	
7		6				3		
		1	7		6			3
	9		3	4	2		8	
8			5		9	7		
		9				4		8
	7		1					
2					4			7

436

		2				7	1	8
8			3			5		
	5		7	6				4
			9					
	8	6		3		9	7	
					7			
2				1	3		9	
		7			4			2
1	4	5				3		

437

	9		8				3	
3	2		1		7	8		
			5	6				
8		2		3				5
				8				
9				4		1		8
				7	6			
		3	9		8		4	1
	6				2	7		

438

		7		8				2
					1	3		
6	9		5	3		8		1
5					3			
2				6				9
			4					8
8		5		4	2		1	6
	6		8					
7				1		4		

439

	6				8			
3			5					4
					9	7	1	
	3		8			1		6
7	8			4			9	5
5		6			3		2	
	2	4	1					
6					4			1
			7				8	

440

6	3	8				5		
	5						9	
9				2	7			
	8	3		5				
4		9		3		2		5
				6		3	4	
			6	1				8
	4						5	
		5				9	6	3

441

							7	
7	5	3	8					
4		2	9			8	3	
	2	9		1		5		
				3				
		1		8		2	9	
	3	4			2	7		9
					6	3	8	1
	6							

442

			4	1			6	
1		6				4		3
3			5	9				
4		7					1	
		2		8		9		
	9					3		4
				3	7			5
5		3				6		8
	8			4	5			

443

8				2	4		1	
9	6	3				2		
				5		7		
		8	4					
4			2	8	7			1
					5	8		
		9		3				
		5				1	9	7
	4		5	9				2

444

8				7	3			
			8				1	2
9	2				5		4	3
		4					7	
2				1				9
	6					1		
7	1		9				3	8
6	5				1			
			5	8				1

445

9	2			8	5	6	7	1
1	5	7	6			8	9	
8	6		7	1	9	2	5	
5	9	1	8			3	2	7
4	7	2		5		9	8	6
3	8	6	9	2	7	1	4	5
2	4	8		7		5	3	9
7	1	5			2	4	6	8
6	3	9	5	9	8	7	1	2

8 9 7 5

446

2		9		4	6		3	
		5	8					
7	6		1					
					3	4	7	8
				1				
4	5	6	9					
					7		5	1
					9	2		
	9		5	6		7		4

447

3		4					1	
			7		3	6		
		9			8		3	
				3			7	9
9		2		4		1		3
7	6			5				
	3		5			4		
		5	1		4			
	4					7		8

448

	7	2		5	9		8	
	6				8			
					1	9	5	7
2						5		
	5			3			6	
		6						4
9	3	7	8					
			7				4	
	4		5	6		7	3	

449

	7				1	3		5
8		5				9		1
	1			3	8			
							3	4
		8		2		6		
4	9							
			9	8			6	
1		6				4		8
9		7	4				5	

450

	7							4
4				9	2			
	8	1	6			9		
1	9					2		
2	3			6			8	1
		5					9	6
		8			9	1	2	
			8	2				9
7							5	

451

8	5	7	1		2			
	1	4	7	6				
	2					8		
	4			5		2		
				1				
		9		2			4	
		5					2	
				4	3	5	1	
			5		1	9	6	8

452

3		2		4				
	8		5					
						3	7	6
		3		5	6		1	
	5		2	3	8		9	
	7		4	9		2		
9	1	5						
					5		6	
				8		7		1

453

7			2	3				1
	6	8						5
						7		
		9	3	6	8		1	
		1		7		6		
	7		1	5	4	3		
		5						
2						4	7	
1				9	3			2

454

6	8	5						3
			5		7			
	7	2					5	
		3	7		9			1
			3	4	2			
2			8		5	4		
	5					6	1	
			9		4			
8						3	7	4

455

				7		3		4
					6	9		
3			9				6	
4			5			2		
2	6		8	3	7		4	9
		8			2			7
	3				1			5
		9	6					
1		6		4				

456

		4		9	3	7		5
	9			8			3	2
	1				7			
8					5	3		
				4				
		1	9					8
			5				4	
6	2			1			9	
4		8	7	6		5		

457

2		7						3
	3			7	5			
	1					9	7	
				9		2	8	5
		9		1		7		
4	7	2		5				
	5	1					2	
			3	8			4	
9						3		6

458

	7	1	4			3		
		6						
3	2		5					1
2	4			5	7			
			6	9	2			
			3	4			5	8
1					4		9	2
						4		
		4			9	1	7	

459

4								
		2	9	4	5			
1				8		4	9	
5	4	3			1			
			7	9	8			
			3			6	1	2
	8	5		7				9
			5	2	9	3		
								7

460

3	2				8		5	
		1	2				6	
8		4	3					
			7	6				
	8		4	9	1		7	
			8	2				
					9	5		7
	3				5	9		
	7		1				4	3

461

		7	4					8
			2	1	6			5
		5				1	2	
			7	9			3	
		8		4		2		
	6			5	8			
	8	9				7		
5			1	7	9			
4					3	5		

462

		1	9	6	7			3
		3					2	
8					5			
	8					5	9	4
		5		4		7		
4	1	9					3	
			3					8
	4					3		
1			5	8	4	2		

463

					7	9		
6	5	3	9		8	4	7	
	6	5		9				7
	9			7			1	
3				2		6	8	
	8	6	4		2	5	9	1
		2	6					

464

						3		7
5	7				2	4		
	9		5	7			2	
					6			1
	4		8	9	7		6	
6			4					
	3			1	5		7	
		8	7				9	3
9		7						

465

	9			4				
8			6	9	1			
4		2						3
			5	4		7		
7	5			3			4	1
	3		1	8				
2						5		4
			7	1	9			2
				2			3	

466

	9							4
		1		4			8	
	2			9	6	5		
			4	8		2	1	
1				6				3
	4	2		7	1			
		5	9	1			2	
	8			5		6		
7							5	

467

9			1		4	2		6
								8
4		6	3	9				
				2	9		1	
6				4				9
	9		7	5				
				1	8	9		5
7								
8		5	9		7			4

468

	6		8		7	9		2
							4	
				2		6	5	
7		6						5
1			3	5	6			4
5						2		1
	9	8		1				
	5							
4		7	6		2		8	

469

3			9				2	4
			3			1		
2		6	1				5	
	6		4		3			
	9			6			3	
			2		8		6	
	4				2	6		3
		9			1			
8	2				9			5

470

3	4						1	9
		5		4	2	6		
6				8		2		7
5			6	9	3			4
1		4		7				3
		9	4	3		8		
4	5						9	1

471

1		2	3				7	
		7						2
3	9	4			2			8
					1	7		
	3			5			6	
		6	2					
4			7			3	8	6
8						1		
	1				6	5		9

472

			3		6			
				4			2	
	5	6	2			1		
8					3	9	1	
	7	9		6		3	5	
	2	4	5					8
		8			5	4	6	
	1			8				
			6		1			

473

7	2		3					
				7				3
		3		1	5	6	8	
		5	7				1	
	6			4			5	
	4				1	3		
	1	2	4	8		9		
8				6				
					2		6	4

474

9		7		1		4		
			7					9
6	8		5					
					3		2	
1	7	6		2		3	8	4
	2		6					
					7		3	6
7					6			
		8		4		5		7

475

		6	1		7			2
				2			4	1
1			6		5		7	
					2	4	8	
				1				
	5	8	7					
	1		2		3			4
7	4			9				
9			8		4	2		

476

				5			6	3
	3			6			9	7
7			2				1	
	7					6		
		6	9	3	8	7		
		8					5	
	2				4			6
6	5			9			2	
3	8			2				

477

	6	7	5			9		
			2	4			3	
				8			4	
6					4	3		7
		5		3		8		
3		2	8					4
	5			7				
	9			2	5			
		3			6	4	5	

478

		9		4	5			3
	3	6			8		4	
					1			5
7	8					9		
			4	8	6			
		2					8	4
9			2					
	2		6			7	5	
3			8	5		2		

479

6	8					3	1	
9			3	8		4		2
						5		
					3		5	
3			9	1	5			8
	7		6					
		5						
8		2		7	6			5
	1	6					4	3

480

9	6		7			2		
5		2			9			1
7	1						5	
					1	4	7	
				9				
	5	1	4					
	3						9	8
1			3			6		2
		8			6		1	7

481

		4			5		9	
2	9					6		
			1			4	5	8
				7	1	5		
1				9				4
		3	5	8				
4	2	6			7			
		9					2	7
	8		2			9		

482

	1				3			
	9		8					
3						8	5	9
9		7	6			3		5
1				9				4
8		5			1	9		7
2	5	6						3
					9		6	
			1				4	

483

		6						8
5			3					9
	4					7		
8	7			5		6		
4		2	7	3	9	8		5
		5		2			7	4
		7					4	
3					2			1
1						9		

484

9			4	2	1			
	1			6				
			7				9	2
		1	8				5	
7	4			5			1	8
	2				6	3		
4	5				7			
				4			8	
			2	9	3			6

485

	4	1	6	3			2	
9		2				3		
		6			8			
4			9		2		8	
				4				
	1		8		3			4
			4			7		
		5				1		2
	2			8	9	6	5	

486

				3		7		6
9	5							2
					7	9		
		8	5	2			3	7
	2			7			6	
5	7			1	6	2		
		2	6					
3							4	1
7		4		8				

487

		4		7			6	
			4			3		1
7		3			5			4
	7	2			8			6
				6				
5			7			2	8	
6			2			7		3
2		7			6			
	9			3		6		

488

	8		5					
	3		6		8	1	7	
				3				6
		9	7				8	1
2				9				3
4	6				2	5		
7			2					
	9	5	4		6		1	
					9		6	

489

2							4	7
8			7			3		
	3	6		9				1
	9		4	5	7			
				8				
			2	3	9		7	
4				7		6	2	
		1			8			4
3	2							9

490

8						6		
		6		3		4	5	
		5	9	8				
6	8	9						
4			6	9	2			5
						9	6	7
				7	9	3		
	9	8		4		7		
		1						9

491

				6		7		2
		9		5	8			
	7	1		9				3
	4							8
		3	9	4	5	2		
1							3	
9				2		1	4	
			4	8		5		
4		6		1				

492

5			8		3		4	
	9	2	6	5				
					4			1
8			4				5	
	5			6			9	
	6				5			3
9			5					
				3	7	6	1	
	7		1		8			9

493

	2		7	8	6			
					3		2	7
			5			1	6	4
								9
4	5			9			3	2
7								
5	6	2			8			
8	1		9					
			1	7	2		8	

494

3		9		2				
						4		3
			1		6		2	7
8				5			9	
4		7		6		2		5
	9			7				1
7	1		5		3			
9		4						
				4		1		8

495

						2		
		8		5			9	
4		1	6		9			
7				8			2	1
		2	5	3	6	7		
9	8			7				6
			7		2	9		3
	2			9		5		
		7						

496

		1		5				
3							2	7
	5						9	3
		4	5				1	
	1	7	9	6	3	8	5	
	3				1	9		
8	2						3	
7	4							5
				2		4		

497

								6
8		4	1	2			5	
			9		5			7
		3		9			2	5
		7		6		9		
5	8			3		7		
7			4		2			
	4			1	3	6		8
3								

498

6				5		9	7	
		1	4					8
5					3			4
		7			5		6	9
				6				
8	5		3			2		
7			8					2
3					7	4		
	4	9		3				6

499

					9		7	
	7	5			6	9		2
1	8						4	
		1			5		6	9
	2			3				
		8	2					
			5		3		9	
	1			7		4	3	
8						5		

500

2			5	4				
			8		9			3
		3			7	4		2
6	8							
1						6	3	
	9	5				1		7
		6		9	5		2	
				3		7		
	3	9			2			1

Hard

501

		6			9			3
5							7	
	9				1		5	
			3	7			2	
		4		1		8		
	7		5	2				
	6		1				9	
	4							8
8			2			5		

502

	8				6			
1					9	2		5
			4				1	6
8	3						9	
				5				
	5						2	3
7	1				4			
6		4	1					7
			6				3	

503

6							1	
	4				7			
7			1		9		2	
5					1		4	
			6	5	3			
	7		2					9
	9		5		2			4
			7				9	
	2							6

504

2		6		7				
	4				1			
						9	8	1
		7		5		1		
9				6				7
		1		9		3		
3	6	2						
			2				9	
				4		6		8

505

		7		3				
			5	2		7	3	
5						6	9	
		3		8				
6					3		1	5
			6				4	
8		5			1			6
3	7							
	1	6		7		8		

506

					7		8	2
		3		1				
6					3	4		
1			8			7	3	
				9				
	2	5			6			1
		2	1					6
				6		9		
3	4		5					

507

	7	4			3			
	9						1	
2				6	9			
		1					4	
4			6	2	7			3
	3					6		
			7	1				2
	5						9	
			4			7	8	

508

		6			9			
	3	1	8					9
7							5	6
	8		4					
2				1				7
					8		4	
3	6							2
9					5	3	1	
			2			5		

509

			6	5				2
2								
6		7	2				1	
	6	9						4
			7	9	1			
7						8	9	
	7				8	5		6
								3
3				7	9			

510

3					6	7		
	4				9	2		
			4					6
		1						4
	6		9	5	3		7	
9						6		
7					4			
		4	1				5	
		8	6					1

511

					4	5		
				1	8	4		
	8							1
	6			9		5		
	7	9		4		3	2	
	1		7			6		
9							1	
		4	6	3				
		3	9					

512

	2		3		5			
9								
	7		6				8	
		8		4		1		
3		6		2		9		7
		9		6		5		
	9				1		6	
								4
			9		2		1	

513

			3		7	6		
3		2				7		
5					9			
1	4							2
		5		7		9		
9							1	7
			2					3
		4				1		6
		9	7		5			

514

	9					3	1	
2			5	6		8		4
		1		5	8		4	
				2				
	3		9	4		6		
9		8		1	6			2
	5	7					9	

515

			7		9			3
		1						9
				4		2	5	6
	8			3				
		4		1		8		
				2			4	
3	6	5		8				
9						3		
8			2		3			

516

5								
	4					1		
		1		5	8			4
			1	3		4	8	
	2			4			9	
	8	9		2	5			
6			5	1		2		
		8					5	
								7

517

	8				6			
1					9	2		5
			4				1	6
8	3						9	
				5				
	5						2	3
7	1				4			
6		4	1					7
			6				3	

518

6			5			4		
				1	7			6
3						7		
						9		1
		8	9	4	6	5		
5		6						
		5						9
1			3	2				
		2			8			5

519

				8			7	9
			2	1				3
	7				4		8	
		8			9			
3				2				7
			1			5		
	9		4				6	
1				5	6			
4	6			3				

520

4			3				8	
					1			9
5	7	6	4				3	
								2
			1	7	3			
9								
	1				4	5	9	3
2			9					
	3				5			8

521

	7			6	3			2
	4		1		8			7
		9						
				8		5		
2				4				1
		4		3				
						1		
8			6		7		3	
4			3	1			5	

522

	3				4			
6						4		
4	8			6	7	9		
						1		7
			1	4	6			
2		8						
		7	4	8			1	3
		4						5
			9				6	

523

3			2			7		
	4				9	2		
	7		4					6
8	3						9	
				5				
	5						2	3
7					4		6	
		4	1				5	
		8			7			1

524

	9			2	4	5		
			7					
	8				6			1
			5			9		4
8				3				5
	7				1		6	
	6	1						
	5	3	1			6		2
				9				

525

				8			7	
9			2					3
5		3		9				
		8						6
		6	5	2	8	9		
7						5		
				7		3		2
1					6			4
	6			3				

526

4					7	6		
		2		5				9
		6				2		
1				9	6			
8				7				4
			5	4				7
		8				5		
2				3		1		
		9	7					8

527

					3		6	
	9						1	
		3	5			8		4
	2	1						
4			6	2	7			3
						6	2	
9		8			6	5		
	5						9	
	6		4					

528

4		6				1	8	3
5			8					
	9							
			4	3		6	2	
				1				
	7	3		2	8			
							9	
					5			8
8	1	7				5		4

529

			2			7	4	9
1		6			9			
			4			3		
	3							
4	6			5			7	8
							2	
		3			4			
			1			9		7
5	9	8			7			

530

		1			4			6
								2
	8		5			9	3	
3				2				7
			1	4	6			
2				5				9
	6	7			5		1	
8								
1			9			8		

531

6								
		4		1	7			
		3	6				8	
	5		7		9			6
	1			2			4	
7			1		3		2	
	9				1	3		
			8	5		7		
								5

532

	9			2			8	
			6				4	9
5		6						
1		7			6			
8				7				4
			5			8		7
						5		3
2	5				8			
	3			1			2	

533

					3	2		
	9	6		7				5
2					9	8		
							4	7
		9		2		1		
7	3							
		8	7					2
1				3		4	9	
		2	4					

534

		6			9		8	3
		1	8				7	
		8						
			4	3			2	
	5			1			3	
	7			2	8			
						7		
	4				5	3		
8	1		2			5		

535

3			2				4	
		6	3				8	
					5			6
	3			6				
4	6			5			7	8
				4			2	
7			5					
	2				8	9		
	9				7			1

536

	3				4			6
	9		3					
4			5			9		
		6	8			1		
	7			4			2	
		8			3	6		
		7			5			3
					1		9	
1			9				6	

537

	2							
9		4	2				5	
			6	9				
2						1		6
		6	5	2	8	9		
7		9						8
				7	1			
	3				6	7		4
							1	

538

	9		3			6		
			6					
5	7				9		3	
1	4		8					
8				7				4
					2		1	7
	1		2				9	3
					8			
		9			5		2	

539

					3			
	9					3	1	
		3	5	6			7	
6		1		5	8			
				2				
			9	4		6		8
	4			1	6	5		
	5	7					9	
			4					

540

			7	5				
		1			2			9
	9	8					5	
	8			3		6		
		4		1		8		
		3		2			4	
	6					7	9	
9			6			3		
				9	3			

541

					6	7	4	
1	4				9	2		
		9	4			3		
8								
	6			5			7	
								3
		3			4	8		
		4	1				5	7
	9	8	6					

542

							8	
6		5		1	8	4	7	
4		2						
3				2				
			1	4	6			
				5				9
						2		3
	2	4	6	3		7		5
	5							

543

							7	9
			2		7		5	
5		3					8	
2		8	4					
		6		2		9		
				6		5		8
	9					3		2
	3		8		6			
4	6							

544

	7			8	3	2		
8								
	1				9		7	
		1		5			4	
		9		2		1		
	3			4		6		
	4		7				3	
								6
		2	4	9			8	

545

		6			9			
5		1	8					
		8	3				5	
1	8	9						
2				1				7
						9	4	1
	6				4	7		
					5	3		8
			2			5		

546

3			2				4	
		6	3				8	
					5			6
	3			6				
4	6			5			7	8
				4			2	
7			5					
	2				8	9		
	9				7			1

547

		1			4			
					8		7	
		2		6			3	
		6		2		1		
	7		1	4	6		2	
		8		5		6		
	6			8		2		
	2		6					
			9			8		

548

	2						7	
9				1		6	5	
			6		4			1
2	5				9			
				2				
			1				2	8
8			4		1			
	3	2		5				4
	6						1	

549

7			2			5		
				1	8	4		
				6			3	
		6			9	1		7
				4				
2		8	7			6		
	6			8				
		4	6	3				
		3			2			4

550

					9			
		1	8				7	
		8					5	
1		9		3			2	5
		4		1		8		
6	7			2		9		1
	6					7		
	4				5	3		
			2					

551

3					6	7		9
	4				9			
			4					6
	3	1						
4			9	5	3			8
						6	2	
7					4			
			1				5	
5		8	6					1

552

6					5			
		4			7		5	3
	7					2		1
			7		9			
	1			2			4	
			1		3			
8		5					6	
1	3		8			7		
			9					5

553

				8				
	9			7		3	1	
		3	5				7	
6	2	1				9		
				2				
		5				6	2	8
	4				6	5		
	5	7		3			9	
				9				

554

			7		9			3
	3			6				
				4		2	5	
		9	4					5
		4		1		8		
6					8	9		
	6	5		8				
				7			1	
8			2		3			

555

	8			1	6	7		
					9			5
	7		4	8		3		
				6		5	9	4
		2	9	5		1		
9	5			4				
		3			4		6	
6			1				5	
		8	6	2			3	

556

6				8	5		7	
						6		3
			9					1
	5		7					6
		6		2		9		
7					3		2	
8				7				
1		2						
	6		9	3				5

557

	2		7					3
	3		8			4	7	
		8						
		9	4					5
	5			1			3	
6					8	9		
						7		
	4	2			5		1	
8					3		6	

558

	6			4	9			
			3			8		
7	3	5					1	
								3
9			4	5	1			7
1								
	1					5	2	6
		4			3			
			8	2			4	

559

		1	3		5			
9					7			
	7					2		
2	5			4				
3		6		2		9		7
				6			2	8
		5					6	
			8					4
			9		2	8		

560

			2			7	4	9
1		6			9			
			4			3		
	3							
4	6			5			7	8
							2	
		3			4			
			1			9		7
5	9	8			7			

561

					3	2		
8	9				4			5
	1		5				7	
			3			9	4	
				2				
	3	5			1			
	4				6		3	
1			8				9	6
		2	4					

562

						4		7
2	4				7	9		
			1			6		
				7				8
	8		6	5	3		7	
1				8				
		6			2			
		5	7				9	2
3		7						

563

3				5	1			9
		6			9	2	3	
	4		8					2
		5		7		9		
9					2		1	
	1	8	2			5		
2			9	3				6

564

	8				6			
1					9	2		5
			4				1	6
8	3						9	
				5				
	5						2	3
7	1				4			
6		4	1					7
			6				3	

565

		6			9			
5		1	8					
		8	3				5	
1	8	9						
2				1				7
						9	4	1
	6				4	7		
					5	3		8
			2			5		

566

	6		7					
8			6		5		7	
						2	6	
4	2			1				7
			3					
	9						4	8
		9				5	3	
	3	7			2	1		
			5		1			

567

	8		2					9
		6		7	9			
2			4					
		1			2			
4	6			5			7	8
			8			6		
					4			2
			1	3		9		
5					7		3	

568

				7			2	
	1						9	3
			6	2	8			
		7					3	4
			7	5	3			
6	5					7		
		9	6	3				
3	4						8	
	8			2				

569

5								
8	4	2			6			
			2				6	4
			1				8	2
	2			4			9	
4	8				5			
6	9				3			
			7			9	5	3
								7

570

		6	7			1		
5	3							
7				4			5	
	8				7			
2		4		1		8		7
			5				4	
	6			8				2
							1	8
		7			3	5		

571

			2			7		
	4		3					5
				8	5			6
	3						9	
4		2		5		1		8
	5						2	
7			5	9				
6					8		5	
		8			7			

572

4		8						
7	1		8			6		
				6	2			
	9					5		4
			7	5	3			
6		3					1	
			6	3				
		1			7		8	6
						3		9

573

6					5			
9			2		7		5	
					4			1
							3	6
3	1			2			4	7
7	4							
8			4					
	3		8		6			4
			9					5

574

		6			9	1	8	
5							7	
				4	1			
		9		3	7	6		
				1				
		3	5	2		9		
			1	8				
	4							8
	1	7	2			5		

575

					9			
	1					7	3	
2						8	5	
	5			3	1			6
1	8				2			
9			4					
		4						
				5	6		2	
			8	4		5		

576

9	4					6		3
					4			
5		2				9		4
8		9					2	
	6			2				
		3	5					
			3		6	2		
	7			1				5
					9	1		7

577

			3	8			6	7
			9					5
8						3		
		7			4			
			5	1				8
4				2			9	3
					2			
6	5							
1	8		4			2		

578

	9		5					
4						7		
			7	3			1	
		4	2		8			
		5	6	4		8		
				9	5	4		1
		1		8	6			
	7							5
6							2	

579

		4		1			9	
7			9			3		
	6	2	5					
8							5	
9	5		3		2	8		
					6		7	
	1		2		5			
5			4	7		6		

580

			8	6	2			
		5						
	9					3		
4	8			5				1
	5	7			1			6
		3						7
		4	3	1			7	
				7	5	6		
2					4			

581

						2		6
	3			5			7	
	1	5						4
		6		9	1			
9					7		1	
	4		5					
		3			5	7		
2			8			4	9	
	8			4				

582

		4	3					6
1		9			7		8	
		8			1	5		
						6	2	
2			9					
			2	5				4
		5				8	3	1
8								
	4			1			5	

583

	3	8					2	4
		6	5					8
					4	9		
		3				8		
	2	9						
1	8						3	
				5	8		7	9
			2	7				5
6			3					

584

			4			7	9	
		9		5	7			6
	2							1
				2			3	
		4			3		1	
	1		9					8
				3			5	
5	4		1			2		
	9							

585

1	4			2	9			3
					7			
	6		3					
		1		9			8	6
				3	5			4
5						9		
3					2			
	7					2		1
		8	6					5

586

3	9			2				
			4	6				
5		6						
			3	1	2			
					9		3	2
		1			6		8	
	8	7	9			6		
		3						8
						7		5

587

		6	2			4		
		3			7		8	
	1	2	9					7
							3	
1	5			4				
						1		6
						5	6	8
3				1		2		
4	6			5				

588

		4	7		3			2
6			1			7		
		7			5		4	
	9					8		3
8				1				
			4				2	1
						9		7
	6				1			
				6			8	

589

4			3		6		7	
			7	8			6	5
3								
			6	1				3
2			9	3		8		
						4	1	
7		5						
		3		1		6		8

590

	6	4			9			
8							2	
	7			6				
								4
		9	1	7		5		
2		7	9	4				
1			3	5				8
						6		9
		3	8				5	

591

					2	8	3	7
3			9		6			4
			7			6		5
					4		8	2
	9							
		3				7	6	
		7	3					
4				9				
8	2						1	

592

9						2		
	6				1		8	
	3	1				5		9
					8		9	
			5					
7		9	6	3				
	1		9			3		
		6				7	2	
8			3					4

593

3							7	
								8
	6		9		7	4		
			4			1		
		8	7					
2	4			8	9	6		
	9			1				
	5	1	2			9		
			6					1

594

		9					3	
7			8					1
	2		5			7		
	3				8			
			2					
	5	8		4		9	2	
	1		7					6
	7	5	6		2	3		
							8	

595

	4		8					7
	8				3			
		6			9			
		3		5		7	9	
1				3	4			
								5
	7	9			1	4		
		4					8	6
5				8				

596

2		1						4
		6		1		7		
5						9	8	
		8		2				
			5	7	6		9	
	6			3				
		3			2		7	6
			8					
						3		5

597

1		6					8	
					8	3		9
	2						7	
			3		9		1	
		4		6				
5	8				4			
6				8				5
	4		7			6		
		1	6					3

598

4			7					3
		7		8	6	9		
	4				9	8		
		8				1		
3	7							6
	8	1		4		6		
		2	6		1			
			8					7

599

	3	6						
5		2				8		
			9			6	3	
	1		4	7				
			1		3			
		4		8	6	9		
	4		6				5	1
		5			7			6
							4	

600

		7	9	4		3		
		3	8			9		
				5			7	8
2					3			
1						4		5
		5					8	6
		4	2				1	9
	1							
				7	4			

601

2				6				5
		3					9	
	7		3			4		
			9	2				
					3			1
		1			8	2		
5	2		1				4	
	8	6				7		
1		7						6

602

9			5			3		7
		3					8	
	5	7						9
	9			5				
		8	6		7			
				1				2
				7		6	5	
1					2	8		
4	7							1

603

9							4	
		3		1			7	8
					3			
	4			5	1	6		
2		1			7		3	
5		9						
			1	7			8	
					5			
			3	9				7

604

		8			6	9		4
	9							
2	7		8					3
			5					8
		1	2					
				9	1	7		
				3				9
6						4	1	
7	4					5		

605

				8	5			2
		9	4					
	7							
	6							7
8		1						6
7	5						9	
3				1			4	
6			7		2	8		
	1	2	8	9				

606

	4		9	2		3		
		8	3				5	
			7					1
6				5				
7					4			3
						9	2	6
4		5					1	
	8							9
		9		6	7			

607

			5	6				
	1	8	3			5		
						7	9	
			1		7			
			4	9				6
				3	2		7	8
	4						3	
9	7	5					4	
8	2							

608

6								
5				1	9			
2	1				5	7		
	6				4	1	2	
		1		7			4	
9	2							
				9				
			1		3	4		
			8			2	6	5

609

					2			9
	9		3	1		2		
5						3	1	
	1		2		9			4
				6			3	
		4			8		9	
9		2	8					
					5		6	
		6				8		

610

								3
			7				5	
3	4				6	7		
2	6	1				8		
	9			1				
	7		9				3	
		8			7			
			1	6	5	9		
5					8	1		

611

								1
				2	8			
1	8	4				5		
8							9	
			2				3	
7	4			5				
3						9		
	6		7			4		
		2	3		1	8		

612

		8			9	7		
3		9		1				4
9		1			6			2
		7	5			6		
5				4				
				2	3	4		1
	8							
2			6		5	8		

613

1			9	3				7
					2	3		
7							8	
	9				1		5	
8			4					6
			7	2				4
		6						
	5				6			
2				1		5		3

614

5		7	8					9
9			6			8	2	
							3	
					8			
	5	1		9				
8							9	2
	3			5				7
	7	8		2				
			9				4	6

615

						3	9	
		5		3			7	1
	6							8
	4			7				
		8			2		6	
6	7		5					
4				1			3	
	3		8		6	1		
		1	2					

616

4	6			9				
							2	
		9			6	8		
	3		2			7		
								5
	1	4	3		8			
8			9			4		
			5		4			8
9		5						1

617

4								7
6	7	5					3	
					2	8		
					3	6		
		3	8					
9			1	4				
8		9		3			6	
	2						1	
		6	5				9	4

618

9	3		1		5			
4				8				
	7			6	4			
						1		7
		2				6	3	
6	4							9
		5		4				
			6			3		5
			3				2	8

619

					1			
7		2		6				
	9	4	5			8		
3		1	7					9
				4			5	
		8			3	4		
			3		8	7	4	
	5					1		
					2		6	

620

				9	4			6
	8		7			5		
		3	8				9	
					7			2
		7						3
	3		4			7	5	
				4		2		
8	5		1				4	
4	2							

621

		2					7	
			6	2				1
	9	4			7	6		
	3			5		2		
8				3	9		6	
	7						3	
						5		9
			5		6	1		
2				8				

622

			3	4				8
1							5	
			9		8	4		
	6				3	2		
2				7				5
		1				6		9
		6	4					
5					9			
4	3			5			2	

623

	3	7		5				
	6						4	
				7	2	5		
1					7	3		
		2				9		5
		9	3					
		8	6	3				4
	5						3	2
4					1			

624

3								
2	8		5		7			
	9	1			3			
			7		5	8	1	
	4			9				
			1		8		9	
						2		
	7			1		6	8	
9							4	5

625

		6	4					
4	2			1		7		
		5					3	
6	4	8		9				
				8	5		2	
								9
					9	6		1
					3		9	
1					7		4	

626

			3	5				
	7				9	8		
						9	1	
4				8			2	
	8			1	3			5
3		5	9					6
	4		2					
		9		4			3	
			1		6			

627

	6	5		7	8	3	1	9
1	3	9	5	6		8		7
8		7				5		6
9	1	8			7	6	5	2
6	5	3	8			4	7	1
		4	6	5	1	9	3	8
3	9	6	7		5		8	4
	8	1			3		6	5
5		2		8	6		9	3

5
6
8

628

	7			3				8
2			6				1	
	8	9				5		
			3					
6		8						4
7					6		9	
				7		6		
	3					9		1
8			9	4			7	

629

7	5	3					2	
		9		7				6
					2			
	3	2	4			9		
							3	
			8		9			
9	2				5		1	8
		4			7			2
		8						5

630

		4			9	5	1	
9					4			6
			5					2
							3	8
3		8	6					
		1		7		9		
	3		4	2				9
	2	9						
				1			8	

631

	8					2		
	9						1	
	6	7			4			9
			8			6		
		1	7	4				
2	4			9	3			
				7		4		
			4			8	2	7
8			9					

632

	4	1						
					2	5	6	
6							8	
7	1				5		9	
			9	3				
9	8			2				
		6						9
	5		4		9			1
			8		6	3		

633

		4			9			
2	9					7	6	
	7				2		5	
		9			8	1		3
			9					
	3			7				
					1			8
	5		3			9	2	
1							7	

634

9				3				7
7			1	8		5		
						3	6	
	8				1			
				4			1	5
3			6				4	
	7	6						
		1			9			
			4				5	3

635

5					6			3
3	2		5			1		
		8				5	4	
7								9
	1							
			6				5	
		2				4		
4	8			1			6	
	9				4		8	7

636

				5				
			8	2	9	6		
2			1				7	
3							2	
	7	1		6			8	5
						1	6	
	8	2		7				
	1	3		8				
					6	4		

637

			9	5	8			
6							7	
		8	3					
5					1			9
	2			4				6
			8			4		2
	9	5				6		
7		3		2				
	8				5		4	

638

7					6		8	
			2		8			1
		6	7					
							4	5
2	9	7						
	8		1			9	3	
		4		7		5		
	1		3	9				
				2				3

639

				4				8
	9						1	
		1			5	7		
6				9	2	4		
	5		4		1			7
		7		6				
		2	9			5		
9				3			6	
	4				6			

640

7		1						6
6					8	4		
	8	2				9		
					9			
5			1	4	6			8
			7					
		7				2	1	
		4	6					5
1						8		4

641

7			4			8		6
		9		1	2		3	
				5				9
					8		9	
	8		1			7	2	
			6	2				8
4							7	
	1			3				
		2						5

642

	2						1	5
	3			9				2
		8			1	9		
6			3		2	7		
	4	2		5			3	
					7			
				1		4		
				4			6	9
1					6			

643

		8				3		5
	7		8		2			
	9			5		2		8
4	1						2	
	2			4		6		
			5				1	
		1						9
				8	6	7	4	
					5			

644

					5			2
7				6				
		1			8	4		
	8	4	2			1		5
							8	
	7	2			1			
8			9		3	6		
			5		4			
1		7					3	

645

	8					2		9
				6				
	4	6			1	3		8
			1	3	6			
		3			6		5	
		7	9					
	1		2	7		9		
		2				5		3
8								

646

6	9							8
			5					
7		2			4			
			1			5		
2				3				
1		4	9		2		6	
			2			7		
								6
3			4	1		8		2

647

9						7		
			9					
			4		3			5
		7	5		4	2		
4				2				
6					1	3	9	
		8			7			
2	1							
	5		6	4				8

648

		4	5		7		2	
					8	5	7	1
	3						8	
5	6						1	7
4		1						9
		9	8					3
					5	2		
3			7		6			

649

			9	1	6			
2		4		5			6	
			8					
					1			7
		2					5	3
	9					1		2
4		5		3			7	
	1		7					
8		7					1	

650

4				8				
			3				9	
				1	3			
		5	4	7		2		
			2	5				4
		6	9				1	
		7	5		9			
8	2							
	5							1

651

	6						9	4
	8	2						5
1								
3	4		8		7			
		9						
7	2				4			
				9			7	
	3		6		1		8	2
			2		5	6		

652

	4	9	8		2			
	6				9			
		8				3		
		5					4	9
8								
	1	2	9					6
			2		8	7		1
			7				3	5
1				5				

653

4			9					1
8			1			2	3	
9					2	7	6	
				6		4		
2					1			
							7	5
	3							
	7	8						
				7		3	4	6

654

					7		4	9
			5				1	7
		8		6				
4					8			2
8	3					1		
	6		3				7	
						4		
9			6	5				
	5			3	4			

655

					9		6	1
8		7						3
5				8				
		2	6		4			5
						2		
4			8		1			
6					5		4	
	1							
7		3	2			5	9	

656

					7	8		
	7	9	3			5		
4							7	2
	8		9		3			7
1								
3					2		1	
		4					2	
					8		4	
			6	7		9		

657

		3	7		4			5
			6		5		9	
	7							
		9	5				4	7
	3			8				
					6		2	8
					7			2
3				4		6		
8	4							

658

								3
8		3		5	4			
				2		5		
		9		4	1		8	
	7		2		3	4	9	
	6			7				
9					5		4	
			8	3				
		6					1	

659

	4					2		
8	3			4	6			
	1			5				3
		1	3				6	
				7		5	2	
6					9			
					2			
	9					8	1	7
5			9				4	

660

1	2			8				9
				4	3		1	
5				9				
2					5		4	
						7	3	2
6	7							
		8						
	5		8					7
			9		7	6		1

661

		5			1	4		
7				5				
			7					2
	1	6		8				4
			1	2	5		9	
				6		7		
		1			4			8
5					8			
8	9						2	

662

		3			5		1	
					7			2
	2			9		3		
							9	6
7	6	9	4			2		
				5				
1				6				5
9				2		4		
	3	6		1				

663

					4	6		
		6				8	4	
	3						2	1
	7				8			5
1			3					
		4	6	9				
	2		9				7	
	1	3			7	5		
				6				

664

6								8
		5		6				
	4			7			5	1
						1	9	3
	9	1		5			7	
					3			
			1				3	
		7	6	2		4		
9		2	7					

665

4		7			9			
							2	
8		6	1					7
		4						
					6	1		
9				5			6	4
				6		5	7	2
	7				4	8		
		1			2	6		

666

	7		3			4		
6			1					9
			8		6		3	
5	6	4						
						5	1	
		8			9			
8				2			9	
		5		8		3	7	
	2							4

667

								2
	6				8	5	9	
		3	9			4	7	
		7		6	4			
			2			6		
	1		8		5			
	3	4		5				
	9	2					6	
1								7

668

	3				1			
6			3				4	9
			7			2		
	4	9		6			8	
			5			9		
5					8			
		4		3			1	
	2		9			4		
	7							

669

			4		2	1		
					8	9		7
		2						4
4			8		3	2		
				7				
1	9		2				3	
6	1		7					
					6		8	
	8	3						1

670

5								1
		1		9			8	
	2		4			3		
		8						
	7			3			2	
					5			4
		2						8
	6			7			5	
4					6	1		2

671

				5	9	3		
						4	1	5
			6					
			1		5		8	
9		1		3		5		
6			9					
3	6			4				
	8		2				7	
	2							4

672

		1		6				
	7						5	
9		8			5	1	7	
								5
6					3	2		
		7		2		3		
		2		1	7	8		
	3	6					4	
			4					6

673

3		6						
	8					9	7	6
2								8
			9			3		
				1	4	2	9	
				8				5
	7		1	6		8		
	2			3				
	4	5			8			

674

_		1	3				2	
			8			4		7
7				9				
3	4		5					
		8					7	5
					8	3		
	9				1			6
4				5				
	6			2		8		4

675

5					2		8	
	3						7	
		1	5			9		
		9				1		3
				7		6		2
4						7		
		4	6	1	5			
3	8							
			3	9				

676

		1					3	
	3	6			1		4	
4	2	5				7		
			8					
				6	9			1
	4			2	3			
		4						5
2	9							6
				4		8	2	

677

						3		
		9		4			8	5
	4		2	7				
		4	7		5			
	5	6			8		7	1
			9	2			4	
3								
	9			1	2			
	7			8				

678

1		5			3	9		
	9						8	6
6				9				
			2					3
		3				7	1	
5								
2				1		6		8
	6			5			7	
	8		7			1		

679

4	2					1		3
5			8					
	9				1			
			4	3		6		
2				1				7
		3		2	8			
			1				9	
					5			8
8		7					6	4

680

9					5		3	
		4				1		6
	2	8	1					
		3				5	4	
							8	2
6								7
	9		7					
8			9	4			5	
	7			1	3			

681

2			1	3	4			
	8				7			4
7					5			
9						5	2	
4	1		7		9		3	
				9		1		3
				7	8		6	
	3					9		

682

	6	5						
2	1			9				
9		7					6	2
			6					
	5				4	8	3	
				3				4
				1		6	9	
		4		5		1		
		2			3			8

683

8			7		3	6		
	7		4					
		4		1				8
5	9		8	3				
		2	5				8	
6								7
1							5	
				6		9	4	
		8			2			

684

	2		9			8		
5	6		7			1		
								5
3	5			9				
			6	8			4	
					3			1
7	1					6		3
				1				
		4			9	7		8

685

	6						2	
8		1			4			
	5		8	2				
		9	5	7			8	4
		3	4					7
	4						3	
6			7		8		5	
			1	6				3

686

		5	6	9				
		7						3
8	9		4		1			
7		9			6			
6				2		8	5	
		1	5					
				4				6
				5			7	
	7					5		2

687

	4		8			6		
5	9							8
		6	7	5				
4		1		7				
		3	1	8		9		
								6
6				4			8	
						3	7	
	5				9			2

688

3		1	5					
					2			6
7				4			2	
4						9		5
		6			7			
	3			8			6	
			1			8		
		8			3			4
	1		2				9	3

689

			1					3
				7	8			
		1				5		7
4				8				6
	2		9	6		1		
	6				1		9	
		3		5				
					3		6	
9		8	7					5

690

	4	7						
1						5		6
8		3						
			4			3	7	
					9		2	
				7	3			9
	8		9				4	
			6	2		8		7
	5				8		1	

691

			2		5			
				6				
		6		8				9
3					6	8		
	7	8				1		
4			9				2	3
			1	9		3		
					7			4
		5			4		1	8

692

	5						6	9
7						3		
				1	6			
					9			6
		8		4		7		
		1	7		3		8	
	2			6				
3					4			5
1			3				2	8

693

	5				8	1		
6	2	1						
	4				2		9	
						3		
				6	7		5	
8		9		1		6		
3			2		4	7		8
		4		8				
						2		

694

8	7				3		9	
6	1							
			6					1
		9		4		3		
			2			7	5	
3						2	8	
			8	2	4			
5				1	6		3	
		1						

695

		3			2	7		
	2	7		3	6			
6	8							
			6					
	3			5	8		2	
7	1			4			5	
9								1
				1	5			
						8		6

696

	6			5				4
3						9		
		8	9	2				7
		7	6					9
4		5			8	7		
				9	7			
	8			1			6	
						2		
6		2	5					

697

6		4			9			8
	5					2		7
8					2			
				3	5			
			1					6
2		1	6					
	7						4	
						3		9
1	8			6			2	

698

		5			8			
		2	5			7		
9	1			4				
	3						5	6
		8			3	9		
2				1				8
	8			5		3		
			6				1	
			9		4			7

699

	7	4						
2	5		6		4		3	
9		8						7
	9			4		7		5
			3				8	
	6							
			2			3		
	1			5			7	
		6	9					2

700

				7				
	9			4			5	
			1			2		4
		4	9			6		
2	3				5			
				6			3	
		3	7					
	2				3		4	5
		9					6	8

701

9			7					4
	6	1		9				
	3	5				8		
5						3		9
	7			6				1
					7		2	
		8	1				4	
					9	5		
1			6	5				

702

		7	2					
	6		3	4		5		
5		2				7		
6	3		9				5	
	1						6	
					3	4	9	
	7	9			8	1		
			5	9	2			

703

		4						1
	1						7	
5			4				8	2
		2	5					8
						1	4	
					3	9		7
				9	4			
	3	7		6				
6		9	7		1			

704

					1		8	
	7			6				
		9		4		7		
			2				5	
	4	5				3	1	7
3						8		
		4		1	6		7	
1			3	2		6		
				5				

705

					8	5	1	
	6							
				5		8	4	
			2	6	3			1
		7	5					
3			1			2		4
8		5			4			
9		3						
			9		5			2

706

			6					8
		7	2				5	
	5						9	
4	2		5		3			
						4		1
			1		8	3		
				3	2			4
	7	4						
5				6		8		

707

	4				8	3	9	
2				1				
		5		2	3			
							5	3
	8	1						
7		4				6		
3					2	1		5
6			7					
			8			7		

708

7								
	2	8		1			3	
	9			4		7	5	6
						5	7	
	4	2			8			
				6				8
		3	4					
	8	5	1					
		7			6			2

709

		9			3			1
			2				6	
8		4						3
	1			4			5	
			1	2	8		7	
6				9				8
						5		
	4		9	3				
3		7			6			

710

4		7						
				5	1			
2		6		4		8		
					6		1	
	9	1						8
	6		7			9		
		3			8	5		7
			2					1
				7		4	8	

711

6							8	2
			3	6		1		
		8			1	7		
						9		8
	6			4		3		
	2	4			9			
	8	5	7	6				
2								
4			3					1

712

		4	2				1	8
	5				3	9		
7		8	1					
5		7						
				6	4			
	4			7	9			
	2					8		5
3								7
1						6	9	

713

	2							1
3	4			8	2		7	9
		7						
			4			5		
	8			1			3	
	3					9		2
			8		5			
	1			2			8	
9	5				6			

714

					5	6		3
	9				7			2
				4		7		
					6	3		
		1		8				
4	2		1					
6		5	9			1	4	
						9	8	
9	7							6

715

		6		5				
		8			6			
4	9			2			5	1
						3		8
7		9				1		4
	2				7			
			1	9		4		
		1						
		3	5	6				2

716

	1	4	8			2		
2		7			3			
6	8						1	
3			7			9		4
						5	7	
	7				1			
5			6	2				
		8		7				
			1					6

717

1	2					8		
6	4							
		7	9		6			
		3	7		8			4
						7	3	8
		8	5					
9				5				
				8			6	5
			3	1			9	

718

		5	8					
		4		1		5		
2	8		3				1	
1		8			6	9		
	6					7		
			2		4			
	4		5	9		1		
		2					3	
								4

719

								2
	7	5					8	4
	3	8	5					
		1		7	8			
			1		2		7	6
			3	9				
						3	2	
	8			3		9		
6	9			8				

720

5		7	8				2	
					3		7	
3		9			7	8		
9			4					3
								2
	3	6						5
		2					4	
7	1					9		
			6	5	9			

721

	1			2			9	
4		5						
	8		1			2		
		7	9		4		5	
8					7			
			8	5				
		3					4	8
5			2			3	1	
						6		5

722

6			4				5	
			7	1				2
		9					8	4
7	6				4	1		
	8				6			9
			3	5				
			5					
8		2						
	9	3		4				5

723

7						6		
			8		7	3	9	
				6				1
	6			4		9	8	
		5	9					2
	3					1		
6	4		3		5			
	5		1					
		3		7				

724

	4						2	3
3	8	9			5			
	1	7						
			6			4		
					9			1
	6			4	8		3	
			1				8	
9					2	1	5	
7				9				

725

	5	1				2		
8				2		3		
6					5	8		
			8					5
	2			6			8	
		9				7	6	
7	9	6			2	5		
				1	3			
			6					

726

6				7	1			
							1	
			4		8	7	9	
		4		6				
9			1	3				
7		6				8		
		9			3	4		5
	5	1						7
						2	8	

727

		1		3	6			
	8			4				1
3						7		8
							7	
9	4			1		8		3
2								
		2		8		5		
			4					
	5	8		9				2

728

		9			7		5	6
			9			4		
8					2		1	7
	6			4				5
			8	3				
2		1						
	3							8
7		5						
1		2	5			3		

729

3			6		8			4
	4				3			1
				2				8
5								
		3				4	8	
4	1				7			5
				3		2		
				8			9	
7	2	9			4			

730

			4	7		8		
			5				2	3
		3		8				
9	2				1			4
3		4				7		
			9					
6				9			7	
	9					1		6
	7		6				8	

731

					9	2		1
	2				8		7	5
				2	5		1	
			4				3	
4	1		6					
7							5	
	4		3	5		9		8
9	8						6	

732

5			7		4			
				5				
			1	6		8		3
9		1	5		8			6
	6	4		9		3		
2			4					
		9		8				
							7	
		5	3					1

733

					9			
	8	6					5	3
	2			7			8	
						4		
		3		1			9	2
5					7			
			3					5
	1	7		4			6	
	3			9		2		1

734

	3					8		1
1			3				2	4
		2	9					
	9	5						
				9	5	1		
				7		2		
8				4	7			
	6							3
5	7						6	

735

						8		9
	2		7		4			
		1				4	6	
	8		4		3			
							1	
	3		2		9			8
8		5						1
		9		4			7	
2					7	9		

736

			7	4			9	
	1	6						
	9			5				
1				6	8	7		
4		5	2	7		6		
			5			2		
			1	3	2	9		
9								6
							5	

737

8	5							9
9		3						7
	4			6			5	
			2	1		7		
		4	9					5
					5			
			8				7	
		9				1		4
1	8			7			2	

738

			6	7		1		8
	6				4			9
				2				5
8							3	
5		2		8		9		7
	7							
2				5				
			7					
7	8	4		9				2

739

4								8
			5		4	2		
		2			1			
	1		3				6	7
				8				
	8	5		6			3	
	7					9		
			7		3		2	
9			4					3

740

6				1			4	
		2			8		3	
	4			7	2		1	
			3			8		
8		9						
	1	6				7		
			9		6			
2	8	3						4
							8	

741

4	2			5				
7					9			1
						6		
					6		3	
5						8	1	
	1		2			9		
		6		8	2	1		7
			7	3			6	
	7					5		

742

				5				7
	6		8		3		4	
							8	
	5			3				
7			1		5	9		
	3			9				2
				8				3
	7	4						5
8					1	4	7	

743

					3	5	9	1
			6					
		9			5	2		
	6				2	9		
				1		7	2	
8		5	3					
9		4	2	3				
2				8			1	
1								

744

					8	1		3
	3							
		7	3			5		
		5		8				2
			6	5		4		
9					1		8	
4		9		1		8		
					2		4	
1			8					6

745

			6		3			
		4					9	
	8		9				1	2
4		2		8				
			1			2	5	
9						8	6	
				3	6			
	1	7		9	5			
		8						9

746

							6	
	5		1		2			8
		7					3	
	2				9			
				5			8	3
	4		2					
								6
1		3		4				5
	8			7		4	9	

747

5				2	6		1	
			8			4		7
			5	4				9
4		5	9	1				
7			3					
		1					2	3
3						9		
		2	7			1		

748

7				6			5	
		5						
	6			9		4	7	
					7			
9		1						8
			2			1	6	
		6			1		4	2
2		7			4	6		
				3		8		

749

3	9			5		4		
6			7					
						2		1
	7				1			2
5				8			1	
			3		6			5
1		9						
				6				9
		4	9		8		7	

750

			6					
		4						1
	5	2		8	9			
						6		
3		9		5	4			
		6		7	8			4
			8			2	6	
						5	1	8
	2				1		3	

751

6		8						4
		7	1	5				
9	5					2		
	7						3	6
	6						1	
					4			5
		2						
			4	3				7
5			8		6		9	2

752

3	8		1				2	
2	9							
		4	2				8	
8		2	3					
				4				6
					8			2
						1	6	
4		3				9		
				5	6			7

753

				3	1			
	4		5	9				3
				6				5
	9					2		
3	5	4				7		9
7					5			
			8	1			4	
						6	2	
	1	9		4				

754

9			7		4			6
	8			9			4	
		8		1		4		
	2						5	
	9		2	3	6		8	
3	7						2	9
1			6		3			5

755

		3		5		2		
			3		6			
	8			2			1	
	9						2	
			1	3	8			
		6		4		8		
	3			9			8	
4		5				3		9
8								7

756

			4	1	3			
	9						3	
			7		6			
4								9
			5		8			
	8	3				4	7	
		2		5		7		
		4		7		2		
1				6				5

757

7								4
	2	4	8		6	5	3	
		1				9		
			9		3			
6								2
	8			4			6	
2	7						4	6
			6	5	2			
				7				

758

				6				
	8			1			4	
			2	9	3			
3	1			5			9	8
			3		6			
7								5
		3		4		2		
1								6
4			9		5			7

759

		1		6		7		
		7		4		1		
6	9						2	5
7								8
	5		2		1		6	
			8		4			
9				8				1
			9		3			
	8						7	

760

		3		7		2		
	4			8			6	
2								3
			5		9			
	2		7		4		9	
		5				6		
	9	1				3	7	
6			8		3			1
				5				

761

	9						5	
6		5		1		8		2
	7						1	
7			9		8			1
2								4
		4	1		2	7		
	8						6	
			4		6			
			5		9			

762

		8		6		2		
			5	7	9			
	4						1	
9	3						7	2
4				8				5
		6				1		
	7		2		5		9	
2			7		3			8

763

7			9		8			6
9				3				1
			2		6			
	8		7	4	3		5	
		9				7		
	1						3	
			6	7	2			
5	9						2	4

764

8								5
	7	3				4	1	
9								3
	9	6	3		1	7	4	
			9	4	5			
7				6				1
	2		8		7		3	
				2				

765

5								3
		8		5		6		
1				8				7
			8	7	5			
		6	2		1	3		
	8	7				4	2	
		2				1		
	3		9		4		8	

766

				9				
	9	1		3		5	6	
	3						2	
4		3	5		6	9		8
				2				
		8				6		
3			9		8			6
6	4						7	3

767

	5						9	
	6		3	9	2		4	
		8				2		
	8	9				4	7	
	3			7			6	
		5	6		1	3		
				2				
7								6
			7		9			

768

7		8				5		3
	6			7			4	
	4	2				1	7	
3			6		7			8
	9						5	
		7		2		4		
			2	6	5			
			3		9			

769

1								7
6								4
			4	5	8			
		2		4		5		
	8	3				4	7	
		4	2		9	3		
			3	9	1			
4	3						6	8

770

4				3				5
	8		7		5		4	
			6		1			
	5			2			7	
		4				6		
	3	7				5	9	
6				8				9
3								1
			9		2			

771

		8	5	6	1	2		
		9				4		
1		5				7		4
	7			3			6	
	6			2			1	
			2		8			
7		6				1		3
4								5

772

		3	4	6	9	7		
	5			7			6	
	9		6		3		4	
		1		2		5		
1			8		2			3
		2				9		
3		6				2		7

773

3	4						1	9
			5	1	9			
6				8				7
		7				1		
		4	2		5	9		
	3						4	
7			4		1			5
			7	2	6			

774

				4				
	8						6	
	2		9	7	5		1	
		1				4		
	7	9		3		6	5	
	5			2			7	
5								9
			6		3			
		2				1		

775

		9	7		6	4		
	1						8	
	3						7	
				2				
1	6	7				9	4	2
	9						5	
	2						1	
8				1				5
			4	3	8			

776

	7	2	1		8	4	6	
		9				2		
5								8
9		4		8		5		1
			9	4	6			
1								5
	8						3	
			2		7			

777

						8	9	
		1	7	4		3		
				3	1			
6								8
5		4			7	1	2	
7								9
				1	5			
		5	4	2		7		
						5	1	

778

	6	5						
9			7		1		4	6
				8				
	4		8			9		
	7				9	3		
	9		2			8		
					7			
1			3		6		2	7
	5	3						

779

6		4	8				9	
3	9					6	7	
		5		1				2
2				8			6	
		7		4				9
7	5					8	4	
8		6	9				3	

780

	9			5		2		
8	6							5
				7	6			
			1	8				2
4		1		7				
			4	9				6
					3	7		
6	4							9
	3			6		8		

781

	2							
	9					5		7
		7		5	1		4	
					6		8	
8	7	5			4	9		
					2		1	
		9		2	7		3	
	6					2		9
	8							

782

	4					8		
			8					
3	2			9				5
5				2			4	7
		3	5					
9				6			3	8
6	5			8				9
			4					
	1					7		

783

8			5			2	7	
5	6							
		1		8				
9					7		6	
			8	9				5
6					1		3	
		8		4				
7	9							
2			3			5	4	

784

						6	9	
			7		8	3		2
	2		4					
	4	1		5				
		3		1		7		
	8	9		2				
	7		6					
			2		3	5		7
						9	6	

785

	8			3				
6			1	7				
					2		1	7
	6		9			5		
3	4			5				
	2		8			4		
					5		6	1
5			3	4				
	3			9				

786

						3		
8								4
	1	3	8				2	
4					5			3
3	9		2		7			
6					8			5
	8	2	7				4	
5								8
						6		

787

			3	7	1			
	1	7				8	6	
5	4			3			9	1
		1		8		2		
	2			5			4	
			2	6	8			
6		5				9		7

788

5								1
1			7		4			6
		3				7		
6								5
			1		9			
4	2						6	9
	8						4	
9		4	6		1	8		7
				4				

789

5								4
		9	6		2	7		
			5		8			
	9		4	1	6		8	
8	5						4	1
	4	6		8		2	9	
				3				
			9		7			

790

		6				2		
		5		8		1		
			3		9			
			7		3			
	9						1	
	2	1		5		6	7	
	6			7			2	
4								9
7								5

791

7			9		2			5
8			4		6			9
3				5				4
		5				4		
9				8				7
	9		2		8		4	
		6		1		8		
	3						7	

792

			6		3			
4				1				9
3								2
			9	7	1			
7		6				8		3
	7		4		8		3	
9	5						7	1
	3						8	

793

		7				3		
		8	9		5	7		
	1		2		3		4	
9								1
	4			9			2	
	3		6		4		9	
			4	6	8			
		4		5		6		

794

7		8				3		9
				7				
			9	4	1			
		3	6	1	8	9		
5				2				4
	5						1	
9		1				5		3
2								7

795

	1		5		8		3	
3								8
			7		6			
5	8			1			7	9
				7				
4				5				6
9								7
		3				5		
	4		2		9		1	

796

6	4						1	8
1			8		9			5
		8	1		7	4		
9	7			8			3	6
	3	5				1	4	
	1		9		3		2	

797

4	8						3	2
		9	3		6	1		
	5						4	
			7	9	4			
1								5
9			1		5			3
	2						6	
		8		2		3		
				1				

798

			3	1	9			
		7	2		6	3		
9				5				2
		2	5		3	7		
	9						8	
	3	9				6	5	
				9				
8	6						1	4

799

			7		4			
				8				
		5				9		
	3			6			9	
		7		3		2		
4			9	7	8			1
				1				
1	2						3	8
	4		3		7		1	

800

	6	9				4	3	
		3				2		
2	5		3		8		9	1
9				4				3
1				2				8
			5		1			
3			9	8	4			5

801

7								5
				3				
			2	6	5			
		9				5		
5			1	2	4			8
3								4
9	6						4	2
	1						7	
		4	9		7	8		

802

	3		6		7		4	
		7				6		
2			1		3			9
	6			1			2	
9								5
		4		9		1		
	8						3	
	1			8			9	
		5				4		

803

1				8				2
		2	5		7	9		
	4			3			8	
	5	7				3	4	
				1				
	6			4			5	
		4				8		
2								5
			6	5	1			

804

1				4				2
	6	3				4	1	
		7		6		8		
2	5						4	8
				3				
		6				1		
			7		9			
		5				2		
8			5		3			1

805

	7	8				2	9	
		2	7		1	8		
			2		9			
			5		7			
4				6				3
				2				
	9						7	
	3						2	
6				4				1

806

			9		1			
5		6		7		8		1
7				6				9
	3			2			4	
9			3		4			7
8				3				6
	5			8			3	
		7				1		

807

1				7				6
8			2		1			3
			8		9			
				4				
	7	2				5	9	
	4			8			3	
9			6	3	4			5
		8				2		

808

			1		6			
		2				7		
		8				9		
8			2		9			6
2		4		7		8		5
9			5		4			1
6			8		3			9
5								8

809

9				8				6
1								8
			3		2			
5								7
		1		4		5		
			7		1			
		4				9		
	1		4	6	5		8	
	2	5				1	6	

810

2		1		9		3		4
5			2		8			1
			9	1	5			
	2	3		6		1	9	
			7		6			
1		2				7		8
		8				5		

811

5				8				7
8		4				3		2
2								4
9								8
		2		3		1		
			5		8			
			3		6			
		6	1		2	9		
		3		4		5		

812

7			9	8	2			4
			1		3			
3				4				7
		6				4		
			8		9			
5				1				9
	6						5	
				2				
	8		3		6		9	

813

	6						2	
		4		9		1		
5				1				9
1				3				4
	8						7	
			8		1			
		2	1		6	7		
6		7	2		4	9		3

814

4								1
	3			2			4	
6		7				9		5
5		3		6		7		2
1		8				6		9
			1	5	4			
		9	2		7	4		

815

5				3				6
			4		8			
2	3			1			8	5
	5	4		7		1	3	
	9						4	
	6		1	8	2		7	
		1		4		3		

816

	9	7	2		5	1	4	
				7				
6								3
		4				2		
				4				
	8						5	
4			9	3	7			1
		8				9		
	2		6		1		7	

817

2				6			5	
	9		2					
	7	5					4	
	5		7					2
9				1			3	
	6		4					1
	2	3					9	
	8		6					
6				4			2	

818

	1		7			5		4
	2		1	8				
							9	
9								5
				6	4			2
7								8
							3	
	3		4	2				
	6		3			1		9

819

7			5				8	
		3				2		
	8				6		3	
	5		4					3
			3	1				8
	4		2					7
	2			4		9		
		9				7		
1			7			5		

820

	6						7	
2		5				1		
			5	3	2			
			4					1
9	1		8			3	5	
			7					6
			2	9	5			
4		9				7		
	5					1		

821

			2				7	
1			8	5				2
						1	3	
	3				2		8	
		8	6			2		
	7				8		9	
						6	4	
6			5	3				1
			1				5	

822

			5			8		
7				4	1		9	
		2				4		
			9	7			3	
		8				1	5	
			6	1			2	
		3				7		
9				2	3		4	
			1			2		

823

		5	1				4	
2				5				8
		7			3			
	3		8			5		
			2				7	4
	1		9			6		
		1			2			
4				8				1
		3	4				6	

824

		1				6		7
							3	
8	7		5					
		4			8			9
6	9		7			4		
		3			6			2
5	6		9					
							8	
		7				9		4

825

6			1	9				5
7	8							
			6		8			
		7	2	1				6
							7	
		1	5	6				3
			3		6			
1	6							
9			8	5				2

826

		9	4					6
				5			2	
	8				6		3	
	4		2				5	9
								3
	1		8				6	7
	7				1		8	
				6			9	
		2	7					1

829

			8	9			1	3
	6	4						
				1				4
		5	2				3	
		3	4			2		
		6	3				9	
				3				2
	2	8						
			1	2			6	5

830

					2			9
					8	4	2	
4	1						8	
		4	2				9	
1			6					7
		5	8				6	
9	5						4	
					7	8	3	
					4			5

827

				1	6			
	4	3	8					
2		6				5		
					4	6		8
8		1			5			
					8	3		7
1		5				4		
	3	7	5					
				9	1			

828

4				1			2	
	5	7			9			1
			8				6	
		8		7				2
			5					
		1		9				3
			7				1	
	8	3			2			7
7				5			9	

831

4								5
1				3				
	6			1	4	3		
		1					6	
			2		7	5		9
		9					2	
	2			6	8	4		
9				7				
3								2

832

			6					
	8	6		3		9		
	7						6	5
		3	9			5		
				4	5	1		
		2	3			8		
	1						4	2
	9	4		8		7		
			1					

833

				1		4		
5			6		3			
	1						6	7
3			8					4
					5		7	9
1			2					6
	3						4	2
2			5		6			
				9		5		

834

		6						
1		5	2					4
			5		4		7	
		4	7				9	
6						1	2	
		3	1				5	
			4		2		8	
8		1	3					6
		7						

835

					9			
		8			4		7	
4	3					8		
9			7			4		8
			5			6	3	
6			4			9		1
1	6					2		
		7			1		4	
					5			

836

		6	1			9		
	2	5					6	3
				8				
					2		1	4
		7	4					
					9		3	8
				6				
	3	1					4	2
		9	2			5		

837

7					4			
	9		7	8		3		
							7	
		3	1			7		6
5	6						8	
		1	9			4		3
							6	
	4		2	3		9		
8					6			

838

	7	6				4		
			2	4	8			
	3						2	
1			7			3		
		5						6
4			5			2		
	2						3	
			6	9	3			
	1	8				5		

839

	3						8	
6			3			4		2
4					7	9		
					9			
	7	9		4		3	2	
			7					
		7	4					3
8		4			1			5
	5						6	

840

					6	1		4
					4	7	9	
		1						
	9	6		3		5		
8	4						6	
	2	3		6		9		
		2						
					2	4	7	
					8	6		1

841

							5	
5	8		3					9
		9	1			7		6
				5				2
	6		7		9			
				2				4
		7	9			2		3
3	9		6					1
							6	

842

		7	2					
	3							7
1					7	9	4	
5						7	8	
		8			4		5	
4						1	2	
9					6	2	1	
	1							5
		3	1					

843

	7	9		8		4		
2								6
				9	5			
			1				7	
8	2		4	3		5		
			5				8	
				5	6			
7								8
	3	1		4		2		

844

8						2		1
	3		1					
6				2		5		
					6	8		9
			3	4	8			
					5	3		2
2				7		6		
	9		8					
1						4		3

845

		7						
	8		7					4
9	5			8			2	
			3	7			5	
				9	1			7
			8	6			1	
4	1			5			8	
	6		2					3
		5						

846

			4	3			7	
	7	4					8	
		3				1		
			3	6				7
	8			5	2			
			8	4				6
		6				5		
	4	9					3	
			2	1			9	

847

		4		3				
					4	3	1	
	1			9				
4					8	7		
8		3			1			5
5					9	6		
	4			5				
					7	8	3	
		7		6				

848

		3			6			
					8	9	3	1
4			5					
	7		1					4
8	2	4						
	6		3					9
9			7					
					1	3	7	6
		1			5			

849

7				9				6
					8		7	
4							3	
			8				5	7
5			1	4	6			8
2	1				3			
	6							3
	2		6					
1				7				4

850

					6	7	4	
1					9	2		
		9	4			3		
8							9	
		2		5		1		
	5							3
		3			4	8		
		4	1					7
	9	8	6					

851

2					4			6
						8	9	
	8				3			4
7			4					
4						1		3
8			1					
	9				5			2
						6	5	
3					7			1

852

		9			5			
				2			7	8
			6				9	
	2	7		9			4	
				3		7		9
	6	4		7			5	
			7				1	
				1			2	4
		6			9			

853

3		6	9					
	7			8	5			
5	9					7		
						9	4	
					2			8
						5	1	
4	1					3		
	5			9	6			
7		8	1					

854

			9					
	9				5	6		
		7	4		2		8	
	3							2
2		4		7			3	
	5							7
		8	2		3		4	
	6				4	5		
			1					

855

		4			2		1	
	6				4			3
		1					9	6
	9		7					
	2			9			3	
	8		4					
		6					8	1
	5				1			9
		9			8		2	

856

		5			3			2
2	7			5			9	
			8					
					9	6	3	
		9	2			5		
					8	1	2	
			4					
1	9			3			6	
		6			1			4

857

7			2			5		
				1	8	4		
			6				3	
		6			9	1		7
			4					
2		8	7			6		
	6			8				
		4	6	3				
		3			2			4

858

		4					8	
	9	1	7			2		
					3			
	2			6		1		
7			5		1	3		2
	3			7		8		
					6			
	5	9	2			7		
		3					1	

859

	8				6		4	
1					9	2		
		9	4			3		
8							9	
		2		5		1		
	5							3
		3			4	8		
		4	1					7
	9		6				3	

860

			4				9	
4			9	1				
	5			7				6
	3	7				4		2
					1			
	9	6				1		3
	1			2				5
6		5	7					
			6				8	

861

5			7		3			
			2					
	8					1	5	
		2				9		3
1					2	8		
		4				6		7
	7					2	3	
			6					
4			9		8			

862

		2	7		1			9
					9			
		7		3			4	
	5							4
3	9		1			7		5
	8							1
		5		6			9	
				7				
		3	8		4			6

863

	5	6	7					
2						5		
	4					3	1	
3					1			5
				9			4	2
4					6			3
	9					4	2	
1						8		
	6	8	1					

864

9							3	5
2				9		4		
	1							
5			4		8		6	
					1	3		8
1			9		7		2	
	9							
4				6		2		
8							1	6

865

			2	4	1			
2	5					7		
	1							8
	9	3	6					
5			8			2		
	2	6	4					
	6							5
7	3					8		
			3	6	9			

866

	8			4				
			9					1
	2	3			6			
				6	1	2	7	
7	9							
				3	9	4	6	
	4	1			8			
			3					5
	7			2				

867

3			2			7		
1	4				9			
			4					6
	3			6			9	
4				5				8
	5			4			2	
7					4			
			1				5	7
		8			7			1

868

	3				4			
6						4		
4	8			6	7	9		
						1		7
			1	4	6			
2		8						
		7	4	8			1	3
		4						5
			9				6	

869

					3	2		9
8					4			
	1		5		9		7	
							4	7
		9		2		1		
7	3							
	4		7		6		3	
			8					6
3		2	4					

870

4				2	1	8	7	
		7	5				2	
5				9		2		
8		4	3					
2				6		3		
		5	9				6	
3				8	6	4	9	

871

					6	7	4	
1					9	2		
		9	4			3		
8							9	
		2		5		1		
	5							3
		3			4	8		
		4	1					7
	9	8	6					

872

					6		4	1
		1		9				
9	5			3				
			6					5
7			9	4		2	6	
			8					3
3	8			6				
		4		5				
					7		2	9

873

			3		9	6	1	
		5		2				
								5
7						9		
	4	9	1	8	7	5	3	
3						2		
								4
		1		9				
			6		3	7	9	

874

3						8	2	9
				3				
	5				8			
	6		4	8				2
		5		6				4
	8		3	7				5
	4				9			
				2				
1						2	5	3

875

7	3			9				
6	9		3		8		7	2
4					7	9	3	
				9				7
5	7	9		4		3		8
			7					
	6	7						3
8	2		6		1	7		5
				7			6	

876

							2	
6	8			2				
			5	3			4	1
	1		4			5		
		5	9					4
	7		6			8		
			2	6			7	5
2	4			5				
							6	

Very Hard

877

	4			3	7			
5					4		1	
	2	1						
		6			5		4	2
	8							5
		5	4					
			7		9	3		
1				2		4		9
	7						6	

878

	4		9	2				
	3						7	
9					7	1		
		2			1	3		
				6				5
	7							1
5					6			
	1		7				9	2
3		7				6		

879

8			6	7	4			
	7				3		2	
1			9					
		4					1	6
	8			6				9
						2		3
5					1			
				2			3	
		9				5		8

880

2					3			
					9	8	1	
				7			6	
			6	2			9	3
3	2				1	7		
		7						
		9	8					
8	5			1				
	6			5				7

881

1						7		9
	3						2	
	2			5		3		6
4	7		1					
	5	8				2		
			4		8			
		3		6				
			4	9		6	5	
					1			2

882

1			7	2				
		4				8	3	
7					4		5	
						5		
4			6					8
		3		7				9
		5	4				9	
	2							
6				5		3		1

883

2		9				5		
			1			3	9	
	7						6	8
				2				
		7	4		5			
	1		7	3			8	
3		6		7				5
			2			8		
		1						4

884

							4	3
	3				7			2
9				1		8		
		1			9		2	
		8	3			6		
	7			5				
8				6	4			
			2				1	
3		5				4		

885

	3						4	
8							1	9
2				3				
	4	1			6			
3	7			8		6		
			5					
1					9			
				5	1			2
		2		7		8	5	

886

	3	7			4	9		
	1		9					
					8	2		5
	6					5		7
	8							
	7	4	5				3	
		8	4					6
			6	8	7		2	1

887

	5		8	1				3
		1					7	
			2		3	5		
6					9	7		
	9	7						5
						6		2
				2			6	
4				8				7
9	2				4			

888

6								
	7	9	8				2	
5				3		6		
		1						
				9		4		
8	6		7				5	
2					3		9	
			6				1	
		5	1			8		2

889

4							6	3
					1		4	2
2		6	3					
		4			6		1	
				3				
	6					9		
					8	5		
7	8		2					
1	2					4		6

890

		6	3	8				7
	4		2				9	
				9	5			
8				5	2			
2								3
							7	1
1	6							2
		9					8	
		2		9	6			

891

						5		
	3			9	2			
	2	6	5					1
			8		9		7	
6							4	
	7		6		5	9		
	9					1		
		2	4			6	5	
4				2				

892

		4		9		8		
7		9						
		3		4		6		9
3					5			
				1		4		8
5		8						
			4			1	7	5
9			7		6		3	

893

5	3	2		8				
		1						
7			5	6		9		
					3			
	1			7		5		3
			9			7		
							2	8
4				9				1
1	7					4		9

894

	4					5		
	8	2			1		9	
		3	5			8		4
7				9			4	
3				6	7			
	1					7		
						9	2	
			6				7	8
				3	5			

895

		6		1	9		2	
2								8
	3				7	1		
				4		7		2
					8			5
	9							
5		2						3
			2			4		
4		7					1	

896

7				8	1			4
			7			6		
1			2				8	
			3					2
		2						7
	7				8	3	5	
2		4		9				
			8					
3		6				2		5

897

2					8	6		7
	7				5	4		
							5	9
	6			8	7		2	5
					6			
9			4					
1								
	3				2		7	
		8	6					4

898

5			2				6	1
	7	6						8
				7		4		
6			1					
4		1		3		8		
					7			2
	6			9			2	
		8					4	
				2	1			9

899

2	8				4			5
			9				7	
		7	3	1				
			5					8
	7	3				6		
		4			6	7	9	
			2	6		5		
	6			8				7
								2

900

6								4
	5				9	8		
					3	5	7	
		3		6		2	8	
8		2		9	4			
	8			4	2			
		1					2	
5				1				8

901

	4							2
8			6		5		3	
					4			
	5			3		9	8	
	8				2			
9							1	
		4						
	7			5	6			1
6			8				9	

902

6		5	8					
								1
8					2		6	
5			4		3		2	
				9				3
		7	5			9		
					5			2
		6	9				3	
	3			1		6		4

903

			9		2	1	4	
		4		3				
	2							
3			6	7				
	8		2					9
6					4	7	2	
8					1	5		
1					9			3
				6			7	

904

		1	6			3		8
					2			
6				9				
8			3	2				
		6	8					5
	7						4	
9						1		3
					9		8	7
5				8		9	2	

905

8	6				4		7	
5					8	2	9	
			6					
		7	4		3			
				2		1		
4	5		1					
	1			5			6	
6	2					5	1	
								9

906

	7					9	3	
4			7					
		6			8			7
	6			3			1	4
			5	6			7	
		8						3
2						8		
3			6	1				
		7	4		5			

907

3		8	5					7
		9					2	
2	7	4					9	
9					3			
						6		
			9				1	5
				8				4
	4	6			2			
5					7	2		1

908

		5		3		4		
	8	3						
4	7	1				8		2
			6		3		1	
5				7				
			8				9	
2		6						3
			1		5			
		8				6		7

909

8	4		6			9		
2			1	5				
					7			
1	8							
	2			1			5	
		3				1	6	
3					9	2		5
				7	3		9	
						3		8

910

4			8		1		2	
					5		7	6
								4
1						8		
						9		
9	4				6			5
			3	7				
5	2							
	1	3			8			

911

		8						9
	3				2	5		4
7		6			3			
					7		1	
				6				8
	7	2	9		1			
	5					1		
			2				9	
4	8			3				

912

			3	9			6	
			8	4			3	2
		9			5			
9	2		6			8		
6	3							
		1			4			6
			5					1
4	9							
	7				3	5		

913

	6		9				7	2
2					8	1		
		1	5					
6		9	1					
							9	
	2				5		4	
	9					5		
4				3	7		8	
8								3

914

				7	2		4	
	4				1	6	9	
								8
						7		
9				3		5		6
7	6							2
	5		4	8				
6	2							
		9		6	5			3

915

	2	3		4			1	
1			2	8	3			
5								
	3							6
6	1				5			
	9			6	7	8		
					6	2		8
7								
			4			5		

916

				6				3
	3				7	4		
		6	2				5	
		3						7
4				5				
	8				3		1	5
	1					9	7	
		5			2	8		
6			9		1			

917

	3					7		9
8			3		5		1	
		9						
	4		9					5
					1	2		
	1			3			4	
3				7			6	
	6				9	3	5	
4			8					

918

				7	5		6	
	4	7	3					
	6			9	1		8	
	3							
2		9		8				
6		5				1	3	
					2			8
3		6			8		1	
					7			

919

		3					2	9
	9				8	6		5
1								
			3			9		
				8				6
	6					1		4
	4		7		9	5		
6								
5	7			2	4			8

920

7		8			6		1	
	2							4
5								
					1	5		
				4		3	6	
1			6			9		7
			8	9	2	4		
3				7				
	8				4			

921

5				2		7		8
				7		1	9	
		2	4					
		3				6		
2	4			3				
					7		2	
1	5		9			2		
	3				5		6	
9								1

922

					9		8	3
		1		6		4		
		8					5	
			4					5
		4	9	1	6	8		
6					8			
	6					7		
		2		7		3		
8	1		2					

923

9				8				
			9		5		3	4
		7			3			
	7						2	
1				2				3
	6	4				5		
					7	4	6	
	9		5			1		
	2			9				

924

1	3	5	2			6		
9					3	2		
7							3	
5			6					
				9				
	2				8	7	4	
3	8				5			
		6			9			5
							6	1

925

	1							
7		8	2			4	1	
	2				6	9		
	5		3		8			2
		4	6			5		
	8	2			5		9	
	9					2	3	
			8					1

926

1		3			9			
	4		3					
9		8			2	5	3	
	8							
				7	8		9	
2		6		5				3
		9						
		2		4				7
					3		2	4

927

9		4	5				3	
	6							
3					8		7	6
7			8	1				
			2					4
		3			7	6		
					4		5	
5		1				2		
		9		8				1

928

		6	8					1
	5			4			2	
9		8		6			5	
4								
	7	2		3				6
					5		1	
						2		
	9	3			7		8	
1				8				9

929

9	3			1		5	8	
2							4	
		5		8		6		
			6			3		
1		7			9	4		
				5			7	
6		2	4	7				
3	8				2			

930

			1					5
				3	8		9	
		3			2		8	
6			2			1	7	
	1							
	4	8						
			5			8		7
	3	9	7				2	
7						4		9

931

	6	8				2		
3	9		8			5	7	
4							6	
	1							
					6			3
				7		9	2	
9	4				1			
	2	5			3		8	
				9				6

932

	4				9	2		
9					4			
		1	6	3		5	4	
		5			8	6		
		4						
6	9		5					
5		3	9				7	
		7				4		5
						2		

933

3								9
	6			5	7			
				2			5	
			9				2	8
	9	1			5			
	4			1	2	9		
					8	4		6
		9	7					
5			2			3		

934

6								
	4		8	6			3	
		7				2		9
	9		2					7
	7						9	
					1		2	
		3				6	4	
	6			8	4	9		
		5	9					

935

6						3		9
					2		4	
					9	1		5
			4		1			
				7		6		
	4	3	2					
9		5		1		4		
	1						5	7
3		8					9	

936

					8			2
	7				6	8		
		1	3			5	7	
		7		9			3	
			5					
6	5							
	6	2				7	8	
		3	6			4		
7								9

937

				8				
	5	2			9		6	
	7	6	3					
		1						3
4				9			5	
	3				2			7
						8		1
	4			3			9	
			2		5	7		

938

9								
		3	2					8
	7	4			1		3	
	8			7				
				2			1	4
		2	5	6				3
								6
		1		8				
	9			4	5	8		

939

1					7			9
	8							
		3	9	5			7	
		2						
		6			2	9		
5				7	1	2	6	
				8	4	6	3	
		4			6	1		
8								

940

					2			6
			8		1	5		
		2	6		7		4	
	8	6					7	
				4				
2	5	7						9
	6						9	
		9	1			2		
1					6			

941

5							7	
			1				6	
			7	3				9
	9	4		5		8		3
		2	8					
						4		7
			4		7			
9	8							
		6	3		9			8

942

		3	8				2	
						5		9
5							4	
9						3		6
				4		9	7	
						2		
	6		4	9	8			
3		2		6			5	
	1		5					

943

9				6				
	1					2	7	
			2					5
		3		1	5			
8			7					
			8				9	4
	6					9	2	
	2				4	8		
		5			8			

944

	1				7			9
9			4				1	
			2					8
	6	7	5			4		
				7				
4						2		6
			9		1			5
	5						3	
7		3			5	1		

945

					7			
	2		1					
		9	3	6		5		
	5	3			8	7		
		8					9	
7			4					3
		1	6			2	8	
				8		6	4	
					4			1

946

5			1					7
	7	8						3
	2						4	
1			8		3			
								2
			4		7	1		
					9	7		5
		6						
7	9			5		8		6

947

		8	5	6	2	1		
	7						5	
2				7				9
		3	2		8	7		
6				4				2
				3				
1								7
		6				5		
			4	8	6			

948

			5		1			
		6	7		8	3		
	3						7	
			1		2			
	6						8	
1	2						6	7
	4						9	
		2	9		6	1		
7								5

949

		1		8		9		
		3	6	5	9	1		
7		9		6		2		5
3								7
	9						4	
		5	2		7	6		
	7		8		4		3	

950

	5			3			8	
			2	7	5			
		2				7		
	9	8				2	1	
				9				
5		7				4		6
		4		2		8		
1				8				7
			5		1			

951

	3						1	
	1	4				2	9	
	8		7		9		4	
			6		2			
8		9				5		6
	2	7	1		4	9	5	
		1		6		4		

952

5			1		3			6
	9		5		6		2	
				7				
6	7						9	5
		2	9		4	1		
		8				6		
		3				5		
	4		3		9		8	

953

9				8				2
	1			3			9	
6	4						7	3
			6		4			
5		3				4		9
4								5
			9		7			
	6		1		3		2	

954

			3		5			
1				6				3
6				1				2
2								5
	7		5		4		8	
		6				5		
		2	6		9	7		
4		9		5		8		6

955

			3		1			
6								3
	1						2	
				7				
	2			9			1	
	9		2	3	4		8	
7		8				4		6
			5		7			
		4				7		

956

7					4	5		
			3					
4	8				7		3	
		6				1	5	
	7			4			2	
	1	8				6		
	6		4				1	3
					1			
		3	9					4

957

	1						6	
		2				5		
9		6		2		1		7
1	9						5	3
			1	9	8			
	5						4	
			6	3	7			
6			4		5			2

958

9			5	2	1			3
		2	4		7	8		
		8		6		2		
	4	3				6	9	
5								1
			8		6			
3				7				9
	5						4	

959

	1			5			8	
7		8				6		1
				1				
		1				2		
	3		1		7		4	
		6				7		
3			4		8			2
		5	3	7	2	8		

960

	6						2	
		8		9		3		
			7	3	2			
1								2
4		7		2		9		8
		5				6		
	8		1	4	9		6	
				8				
		3				2		

961

2				5				7
	9		7		1		8	
		4				1		
			8	7	2			
				6				
	8		9		4		2	
				8				
9		5		2		8		6
6								1

962

	3	5				4	8	
	2						9	
9			5		1			6
		4				6		
7			9		4			2
1				2				5
	8			1			3	
			3		8			

963

7					4	5		
			3					
4	8				7		3	
		6				1	5	
	7			4			2	
	1	8				6		
	6		4				1	3
					1			
		3	9					4

964

	8			7			9	
	3		8		6		4	
		5				1		
2				4				8
		7		6		2		
				9				
		6	2		1	9		
		9	7		4	8		
				5				

965

		9	3	5	4	2		
		8		9		7		
	3			8			7	
	1			4			9	
	8		2		7		4	
	5		7		3		6	
				2				
8								1

966

5	3						2	6
1		6				8		5
	4	2				1	7	
			1		9			
				2				
		3	5	6	7	9		
	8			3			5	
	7						4	

967

		5	2		7	1		
	4						8	
			4	5	6			
		7				2		
2	5	8				7	3	4
			7		5			
	6						7	
5			3		1			2

968

							7	9
	8					6	5	
			6		4		8	
2			7			1		
			5	2	8			
		9			3			8
	9		4		1			
	3	2					9	
4	6							

969

		9	3	5	4	2		
		8		9		7		
	3			8			7	
	1			4			9	
	8		2		7		4	
	5		7		3		6	
				2				
8								1

970

5	3						2	6
1		6				8		5
	4	2				1	7	
			1		9			
				2				
		3	5	6	7	9		
	8			3			5	
	7						4	

971

		5	2		7	1		
	4						8	
			4	5	6			
		7				2		
2	5	8				7	3	4
			7		5			
	6						7	
5			3		1			2

972

	3	9				8	5	
		2		9		7		
	4			7			9	
8			9	2	4			3
		5				6		
6				1				4
			3		7			
	2			5			8	

973

			7			1		
				1	9			6
8		7						
6	8		5					2
2			4				5	
1	4		2					8
4		6						
				6	2			9
			1			6		

974

			5			4	9	
		2					5	
7	5							
2		8		4				7
			1	8				
5		7		9				8
3	8							
		4					2	
			7			5	6	

975

				7				
6		1		3				8
		5			9			2
			1			8		
3		9		6			7	
			9			4		
		4			1			9
8		6		9				1
				2				

976

	3			9				
6			3		8		7	2
4						9		
					9			
5		9		4		3		8
			7					
		7						3
8	2		6		1			5
				7			6	

977

					2		8	
			3	7	9			6
			4					9
	2	7	8					1
	3					4		
5	1							
				1		6		8
9							5	
	7	1	9			2		

978

		6	7					3
5			8		2			
	9							6
	8			3		6		
		4		1		8		
		3		2			4	
3							9	
			6		5			8
8					3	5		

979

		8			9			
		6	7					4
2							7	
3				9		1		
			4			7	6	3
1				6		2		
9							3	
		5	9					8
		4			5			

980

	2	4	1					
						9		
			4		7		3	
3			7			4		9
	5				9	6		
6			2			5		8
			9		2		4	
						7		
	6	7	5					

981

		8		1				
	5		2		4			9
6								
	8	6			7	4		
	7		3				5	
	2	3			9	7		
8								
	9		4		5			2
		2		6				

982

		1	7				9	
2				6	4			
	8					6		
			6				3	
	3				2	4	7	
			9				6	
	6					9		
8				7	3			
		3	1				5	

983

		1		4	3	7		
7				9			2	
							1	4
	1							2
		3		8		5		
9							7	
3	6							
	4			3				5
		7	9	6		3		

984

	1				5		9	
4		2						3
			7					
	2			1			6	
5	6		3					
	4			9			2	
			4					
8		1						7
	9				6		8	

985

6					7			
	5	3						8
			4			9		
5				1			9	7
		7	8				6	
3				9			5	1
			2			7		
	8	5						2
2					6			

986

	8			1		3	4	
		3				1		
			2		9			
		5						1
		1		2	3		7	9
		4						3
			4		8			
		8				9		
	4			7		6	2	

987

				1	6	7		
	4				9			5
	7		4			3		
	3						9	4
				5				
9	5						2	
		3			4		6	
6			1				5	
		8	6	2				

988

3								
		6	3	4			2	
	2	7						4
					7	8		
	3	2			5	1	4	
					4	7		
	5	8						9
		4	9	2			6	
9								

989

	2		3		5			
	8							
			6	9				1
2			7					6
	1	6		2		9	4	
7					3			8
8				7	1			
							9	
			9		2		1	

990

			7				2	4
	7			8	3			
	8							3
4				3	1			
		3	5			1		
5				9	6			
	4							2
	3			7	8			
			4				6	8

991

	3						8	
6			3			4		2
4					7	9		
					9			
	7	9		4		3	2	
			7					
		7	4					3
8		4			1			5
	5						6	

992

					9			3
		1			2		7	
		8		4			5	
	8		4				2	5
				1				
6	7				8		4	
	6			8		7		
	4		6			3		
8			2					

993

8				5			6	
	7	5		9				
			2					9
			1					7
1	8					3	9	
			9					4
			4					2
	5	4		8				
7				1			3	

994

		5	9					
9					1	3		
	6						8	
6							7	4
8		9	7	5				3
1							6	5
	7						3	
3					8	5		
		1	2					

995

	2		7			1		
							7	
				4			5	
	8				7	6	2	
2		4		1		8		7
	7	3	5				4	
	6			8				
	4							
		7			3		6	

996

6		1						
		4	2		7			
5		3		9				1
					9			6
	1			2			4	
7			1					
8				7		3		2
			8		6	7		
						8		5

997

	7	2				8	5	
	9			4			7	
1								3
		9	8		4	3		
			1		7			
4				9				5
	1			2			8	
6		4				2		7

998

5	9	1						
		6	1	3			8	
					6			
					5	1		6
2		4						8
					3	7		2
					4			
		3	8	1			9	
7	8	5						

999

					9	1		
	3		8					9
		8					5	6
	8		4					5
		4		1		8		
6					8		4	
3	6					7		
9					5		1	
		7	2					

1000

7				9				6
					8		7	
4							3	
			8				5	7
5			1	4	6			8
2	1				3			
	6							3
	2		6					
1				7				4

1001

4								
	8	2	6	5				
	7	6						1
				9	6			2
			1	7	3			
9			5	4				
7						5	9	
				3	8	1	7	
								8

Answers

Easy

1

5	8	3	4	1	9	7	2	6
1	9	7	6	2	3	8	4	5
2	4	6	8	7	5	1	9	3
6	2	1	9	5	4	3	7	8
7	5	9	1	3	8	4	6	2
8	3	4	7	6	2	5	1	9
3	6	5	2	4	1	9	8	7
4	7	8	5	9	6	2	3	1
9	1	2	3	8	7	6	5	4

2

8	6	7	5	2	9	3	4	1
4	2	3	8	7	1	5	6	9
1	5	9	4	6	3	8	2	7
6	7	1	9	3	8	2	5	4
5	4	8	7	1	2	6	9	3
9	3	2	6	4	5	1	7	8
2	9	6	1	8	4	7	3	5
3	1	5	2	9	7	4	8	6
7	8	4	3	5	6	9	1	2

3

4	1	9	6	7	2	5	3	8
5	7	8	3	9	4	2	1	6
6	3	2	8	1	5	4	9	7
8	4	6	9	3	7	1	5	2
3	5	7	2	4	1	8	6	9
9	2	1	5	8	6	3	7	4
1	9	3	4	6	8	7	2	5
7	8	5	1	2	9	6	4	3
2	6	4	7	5	3	9	8	1

4

5	4	1	6	7	2	8	9	3
2	7	8	9	3	4	1	6	5
6	9	3	5	1	8	2	4	7
9	5	2	1	8	6	3	7	4
4	1	6	3	2	7	5	8	9
8	3	7	4	9	5	6	1	2
1	2	4	8	5	9	7	3	6
3	6	5	7	4	1	9	2	8
7	8	9	2	6	3	4	5	1

5

9	8	4	1	6	5	3	7	2
3	7	2	4	8	9	6	1	5
6	1	5	2	3	7	8	4	9
4	2	1	9	7	3	5	8	6
5	3	8	6	4	1	2	9	7
7	9	6	5	2	8	1	3	4
2	6	9	8	1	4	7	5	3
8	5	7	3	9	2	4	6	1
1	4	3	7	5	6	9	2	8

6

9	5	7	2	1	8	4	6	3
2	3	1	7	6	4	8	5	9
6	8	4	5	3	9	7	1	2
8	9	5	4	7	3	6	2	1
1	7	6	9	2	5	3	8	4
4	2	3	6	8	1	9	7	5
5	4	2	8	9	7	1	3	6
7	1	9	3	5	6	2	4	8
3	6	8	1	4	2	5	9	7

7

9	7	5	2	8	3	4	6	1
6	8	1	7	5	4	3	2	9
3	4	2	9	6	1	7	8	5
5	3	7	4	1	2	6	9	8
1	2	8	3	9	6	5	4	7
4	9	6	8	7	5	2	1	3
7	6	3	1	4	8	9	5	2
8	5	9	6	2	7	1	3	4
2	1	4	5	3	9	8	7	6

8

9	8	5	2	6	4	3	7	1
3	6	1	8	7	5	2	4	9
4	2	7	3	9	1	5	6	8
8	7	4	1	5	2	9	3	6
6	1	2	7	3	9	4	8	5
5	3	9	4	8	6	1	2	7
1	9	3	6	2	7	8	5	4
2	5	6	9	4	8	7	1	3
7	4	8	5	1	3	6	9	2

9

7	9	6	8	2	3	4	5	1
5	8	3	6	1	4	9	2	7
1	4	2	9	7	5	6	8	3
3	7	8	2	6	1	5	4	9
6	5	4	3	8	9	7	1	2
2	1	9	5	4	7	8	3	6
9	6	1	4	3	8	2	7	5
4	2	7	1	5	6	3	9	8
8	3	5	7	9	2	1	6	4

10

4	2	1	9	6	8	7	5	3
7	3	6	1	4	5	8	2	9
5	9	8	2	7	3	1	4	6
8	5	7	4	9	6	3	1	2
1	4	2	8	3	7	6	9	5
9	6	3	5	1	2	4	7	8
3	7	9	6	5	1	2	8	4
6	8	4	7	2	9	5	3	1
2	1	5	3	8	4	9	6	7

11

9	8	7	3	1	2	5	4	6
5	2	6	7	4	9	3	1	8
1	3	4	8	6	5	7	9	2
4	5	2	1	7	3	8	6	9
8	9	3	2	5	6	4	7	1
6	7	1	9	8	4	2	5	3
2	4	8	5	9	1	6	3	7
3	6	9	4	2	7	1	8	5
7	1	5	6	3	8	9	2	4

12

5	8	9	1	2	3	7	6	4
1	7	6	9	4	8	5	3	2
4	3	2	5	6	7	9	8	1
3	5	7	2	8	6	1	4	9
9	1	4	7	3	5	6	2	8
6	2	8	4	9	1	3	5	7
2	6	3	8	1	9	4	7	5
7	4	1	3	5	2	8	9	6
8	9	5	6	7	4	2	1	3

13

3	2	7	5	6	1	8	4	9
8	5	6	7	9	4	2	1	3
1	9	4	8	2	3	7	5	6
2	1	8	4	5	6	3	9	7
4	3	9	2	7	8	1	6	5
7	6	5	3	1	9	4	8	2
6	4	3	9	8	7	5	2	1
9	7	2	1	4	5	6	3	8
5	8	1	6	3	2	9	7	4

14

7	2	4	3	9	5	8	1	6
8	6	1	7	2	4	5	3	9
3	5	9	6	8	1	2	7	4
1	3	8	4	5	9	7	6	2
2	7	5	1	3	6	4	9	8
9	4	6	8	7	2	3	5	1
5	1	2	9	4	7	6	8	3
6	8	7	2	1	3	9	4	5
4	9	3	5	6	8	1	2	7

15

6	5	9	1	8	3	2	4	7
2	4	3	7	6	9	8	1	5
7	1	8	4	5	2	3	6	9
5	2	6	8	7	1	9	3	4
3	9	1	2	4	5	7	8	6
8	7	4	9	3	6	5	2	1
4	3	7	5	1	8	6	9	2
1	6	2	3	9	7	4	5	8
9	8	5	6	2	4	1	7	3

16

6	4	9	3	5	7	1	2	8
7	3	8	1	6	2	9	5	4
2	5	1	4	9	8	6	7	3
8	6	2	5	1	3	4	9	7
9	7	5	2	8	4	3	6	1
3	1	4	9	7	6	2	8	5
5	8	3	6	2	1	7	4	9
1	2	7	8	4	9	5	3	6
4	9	6	7	3	5	8	1	2

17

5	9	7	4	6	2	3	8	1
6	3	2	1	8	9	4	7	5
8	4	1	5	3	7	9	2	6
2	7	9	8	4	6	1	5	3
1	5	8	9	7	3	6	4	2
4	6	3	2	5	1	7	9	8
9	2	4	6	1	5	8	3	7
3	8	6	7	2	4	5	1	9
7	1	5	3	9	8	2	6	4

18

5	2	9	3	8	7	4	6	1
6	4	7	1	2	9	5	8	3
8	3	1	4	5	6	9	2	7
7	5	2	9	6	8	1	3	4
3	6	4	2	1	5	7	9	8
1	9	8	7	3	4	2	5	6
2	1	5	6	7	3	8	4	9
9	7	6	8	4	2	3	1	5
4	8	3	5	9	1	6	7	2

19

4	2	1	7	8	6	5	9	3
6	9	3	4	5	1	8	2	7
8	5	7	9	2	3	1	4	6
7	3	2	8	6	5	4	1	9
1	8	4	2	7	9	6	3	5
9	6	5	1	3	4	7	8	2
3	7	9	6	4	8	2	5	1
2	1	8	5	9	7	3	6	4
5	4	6	3	1	2	9	7	8

20

4	8	5	2	6	9	7	1	3
7	3	2	4	1	5	6	9	8
6	9	1	8	3	7	5	2	4
9	5	8	3	7	2	4	6	1
1	6	4	5	9	8	3	7	2
2	7	3	1	4	6	9	8	5
5	1	6	7	2	4	8	3	9
3	4	9	6	8	1	2	5	7
8	2	7	9	5	3	1	4	6

21

2	4	5	1	9	6	7	8	3
7	3	8	4	5	2	1	9	6
9	6	1	3	8	7	2	4	5
4	8	9	6	7	5	3	2	1
1	7	2	8	3	9	5	6	4
6	5	3	2	1	4	8	7	9
5	2	6	7	4	3	9	1	8
8	9	4	5	2	1	6	3	7
3	1	7	9	6	8	4	5	2

22

4	3	9	2	1	8	7	5	6
7	5	8	9	4	6	1	2	3
2	1	6	7	3	5	9	8	4
9	7	2	4	8	1	3	6	5
8	6	5	3	2	7	4	1	9
3	4	1	6	5	9	2	7	8
6	2	3	8	7	4	5	9	1
5	8	7	1	9	3	6	4	2
1	9	4	5	6	2	8	3	7

23

9	6	5	7	8	1	4	2	3
4	1	3	6	2	5	8	9	7
7	8	2	4	9	3	1	6	5
5	2	8	1	4	6	7	3	9
3	4	9	5	7	8	2	1	6
1	7	6	9	3	2	5	4	8
6	9	1	2	5	7	3	8	4
8	5	4	3	1	9	6	7	2
2	3	7	8	6	4	9	5	1

24

9	4	5	7	2	8	6	1	3
1	3	2	9	6	4	7	8	5
8	6	7	3	5	1	2	4	9
7	8	9	4	3	5	1	6	2
4	1	6	2	9	7	3	5	8
2	5	3	8	1	6	9	7	4
3	7	4	6	8	9	5	2	1
6	2	1	5	4	3	8	9	7
5	9	8	1	7	2	4	3	6

25

1	9	3	5	6	2	4	7	8
4	6	8	1	3	7	9	2	5
5	7	2	9	8	4	1	6	3
2	5	7	8	9	3	6	4	1
9	8	6	4	2	1	3	5	7
3	1	4	7	5	6	2	8	9
8	4	5	6	1	9	7	3	2
6	2	9	3	7	5	8	1	4
7	3	1	2	4	8	5	9	6

26

7	2	3	5	1	4	6	9	8
1	6	8	9	3	2	4	7	5
9	4	5	6	8	7	1	2	3
8	7	4	3	5	1	9	6	2
3	1	9	2	4	6	5	8	7
6	5	2	8	7	9	3	4	1
4	8	6	1	2	3	7	5	9
2	9	1	7	6	5	8	3	4
5	3	7	4	9	8	2	1	6

27

5	7	4	6	9	3	1	8	2
9	8	2	1	4	5	3	7	6
6	3	1	7	8	2	5	9	4
8	6	5	2	7	9	4	1	3
4	9	3	5	6	1	7	2	8
2	1	7	4	3	8	6	5	9
1	4	6	8	2	7	9	3	5
3	5	8	9	1	6	2	4	7
7	2	9	3	5	4	8	6	1

28

9	1	2	7	5	6	4	3	8
8	4	7	3	9	2	1	6	5
3	5	6	1	8	4	2	9	7
6	7	9	5	2	3	8	4	1
5	3	4	8	1	9	7	2	6
1	2	8	6	4	7	9	5	3
7	9	5	4	3	8	6	1	2
4	6	3	2	7	1	5	8	9
2	8	1	9	6	5	3	7	4

29

3	9	2	5	4	1	8	6	7
5	7	6	9	2	8	4	3	1
8	4	1	7	6	3	5	9	2
2	3	5	6	8	4	7	1	9
1	6	9	3	5	7	2	8	4
7	8	4	1	9	2	6	5	3
9	2	8	4	1	6	3	7	5
6	5	3	2	7	9	1	4	8
4	1	7	8	3	5	9	2	6

30

9	8	4	7	6	5	1	2	3
5	3	2	1	9	8	4	7	6
7	6	1	4	3	2	8	5	9
8	9	5	2	1	4	6	3	7
4	7	6	5	8	3	2	9	1
2	1	3	6	7	9	5	4	8
6	5	9	8	4	7	3	1	2
1	2	7	3	5	6	9	8	4
3	4	8	9	2	1	7	6	5

31

9	2	4	3	8	5	1	6	7
3	6	1	9	4	7	8	2	5
8	7	5	2	6	1	3	4	9
5	9	7	8	3	4	6	1	2
2	3	6	5	1	9	4	7	8
4	1	8	7	2	6	5	9	3
7	4	3	6	5	2	9	8	1
6	5	2	1	9	8	7	3	4
1	8	9	4	7	3	2	5	6

32

6	8	5	3	7	9	2	1	4
4	3	1	5	2	8	7	6	9
7	2	9	4	1	6	5	3	8
9	5	3	8	4	1	6	7	2
1	6	8	2	3	7	9	4	5
2	7	4	9	6	5	1	8	3
5	9	6	1	8	3	4	2	7
3	1	2	7	5	4	8	9	6
8	4	7	6	9	2	3	5	1

33

3	1	5	4	7	9	2	6	8
9	2	6	1	5	8	7	3	4
7	4	8	6	3	2	5	1	9
8	6	1	2	9	5	4	7	3
4	7	9	8	1	3	6	2	5
5	3	2	7	6	4	8	9	1
1	8	4	3	2	6	9	5	7
6	9	7	5	4	1	3	8	2
2	5	3	9	8	7	1	4	6

34

2	6	9	4	5	7	8	3	1
8	4	1	9	2	3	6	5	7
7	5	3	6	8	1	2	9	4
5	3	4	1	7	8	9	6	2
6	1	2	5	9	4	7	8	3
9	7	8	3	6	2	1	4	5
4	2	7	8	3	9	5	1	6
1	9	6	7	4	5	3	2	8
3	8	5	2	1	6	4	7	9

35

5	3	6	8	4	2	7	9	1
8	2	1	7	5	9	6	3	4
9	7	4	3	6	1	8	5	2
4	6	9	1	8	3	2	7	5
7	5	8	2	9	6	4	1	3
3	1	2	5	7	4	9	6	8
1	4	3	6	2	7	5	8	9
6	9	5	4	3	8	1	2	7
2	8	7	9	1	5	3	4	6

36

9	8	7	4	2	1	5	3	6
5	6	4	3	7	9	1	2	8
1	3	2	5	8	6	9	4	7
4	9	1	7	5	2	8	6	3
3	5	6	9	4	8	2	7	1
2	7	8	1	6	3	4	5	9
8	2	3	6	9	4	7	1	5
7	1	9	2	3	5	6	8	4
6	4	5	8	1	7	3	9	2

37

6	1	8	2	3	4	7	9	5
5	4	9	7	8	6	2	1	3
7	2	3	1	9	5	8	6	4
2	3	5	9	6	1	4	7	8
8	6	4	3	2	7	9	5	1
1	9	7	5	4	8	3	2	6
4	8	2	6	5	9	1	3	7
3	5	1	4	7	2	6	8	9
9	7	6	8	1	3	5	4	2

38

5	2	4	8	1	3	9	6	7
8	6	1	5	9	7	3	2	4
7	3	9	6	4	2	1	5	8
2	1	8	9	7	5	4	3	6
3	4	7	2	8	6	5	1	9
9	5	6	1	3	4	7	8	2
1	8	2	7	5	9	6	4	3
6	7	3	4	2	1	8	9	5
4	9	5	3	6	8	2	7	1

39

8	7	2	3	4	9	6	5	1
9	5	3	2	1	6	4	7	8
4	1	6	5	8	7	3	9	2
1	3	5	4	7	8	2	6	9
6	2	8	1	9	5	7	4	3
7	4	9	6	2	3	8	1	5
5	6	4	9	3	2	1	8	7
2	9	7	8	6	1	5	3	4
3	8	1	7	5	4	9	2	6

40

1	7	2	9	3	8	6	5	4
4	8	5	6	1	7	2	3	9
6	9	3	5	4	2	8	7	1
2	3	8	1	6	9	7	4	5
9	4	1	7	8	5	3	2	6
5	6	7	4	2	3	1	9	8
7	2	4	8	5	6	9	1	3
8	1	9	3	7	4	5	6	2
3	5	6	2	9	1	4	8	7

41

1	4	7	5	3	8	9	6	2
6	9	5	4	2	1	7	8	3
8	2	3	6	7	9	5	4	1
5	7	8	9	6	2	3	1	4
3	1	2	8	4	7	6	9	5
4	6	9	3	1	5	2	7	8
7	8	1	2	9	3	4	5	6
2	5	6	7	8	4	1	3	9
9	3	4	1	5	6	8	2	7

42

8	2	4	3	6	1	5	7	9
1	7	5	2	9	8	6	4	3
9	3	6	7	5	4	1	8	2
4	6	9	1	8	3	2	5	7
2	5	8	4	7	9	3	6	1
7	1	3	5	2	6	4	9	8
3	8	1	9	4	5	7	2	6
6	4	2	8	1	7	9	3	5
5	9	7	6	3	2	8	1	4

43

2	8	3	6	4	1	9	7	5
6	9	7	2	8	5	4	1	3
5	4	1	9	7	3	8	2	6
7	1	5	8	6	9	3	4	2
3	6	4	1	2	7	5	8	9
8	2	9	3	5	4	7	6	1
1	7	8	5	3	2	6	9	4
9	5	6	4	1	8	2	3	7
4	3	2	7	9	6	1	5	8

44

3	2	5	1	9	7	6	8	4
1	6	8	2	5	4	9	3	7
7	9	4	8	6	3	2	1	5
5	4	3	9	2	8	1	7	6
8	7	6	5	4	1	3	2	9
2	1	9	7	3	6	4	5	8
9	8	2	4	1	5	7	6	3
6	5	1	3	7	9	8	4	2
4	3	7	6	8	2	5	9	1

45

8	7	2	3	4	1	5	9	6
4	3	6	5	2	9	8	1	7
9	5	1	7	8	6	3	2	4
3	2	9	8	7	5	6	4	1
1	4	5	9	6	2	7	8	3
7	6	8	4	1	3	9	5	2
2	1	3	6	9	8	4	7	5
5	8	4	2	3	7	1	6	9
6	9	7	1	5	4	2	3	8

46

3	1	4	8	2	5	7	9	6
9	6	8	7	1	3	2	4	5
2	7	5	4	9	6	8	1	3
4	9	7	3	5	2	6	8	1
8	5	6	9	7	1	3	2	4
1	2	3	6	8	4	5	7	9
5	4	9	2	3	7	1	6	8
6	3	2	1	4	8	9	5	7
7	8	1	5	6	9	4	3	2

47

5	2	7	9	1	4	6	8	3
1	9	6	8	7	3	4	5	2
4	3	8	6	2	5	7	1	9
6	7	4	2	3	1	5	9	8
8	5	2	4	9	7	3	6	1
3	1	9	5	6	8	2	4	7
7	8	5	3	4	9	1	2	6
2	4	1	7	8	6	9	3	5
9	6	3	1	5	2	8	7	4

48

5	4	3	9	2	8	6	7	1
6	1	8	7	3	4	2	9	5
2	7	9	1	6	5	3	8	4
3	5	1	8	7	6	9	4	2
8	6	4	2	9	3	5	1	7
9	2	7	4	5	1	8	6	3
1	9	6	5	4	2	7	3	8
7	8	5	3	1	9	4	2	6
4	3	2	6	8	7	1	5	9

49

9	3	8	7	5	2	6	4	1
6	2	1	9	3	4	5	7	8
7	5	4	6	8	1	3	2	9
8	7	5	4	1	6	9	3	2
3	4	2	8	9	7	1	5	6
1	6	9	3	2	5	7	8	4
5	9	6	2	7	8	4	1	3
2	1	3	5	4	9	8	6	7
4	8	7	1	6	3	2	9	5

50

8	5	9	3	1	2	7	6	4
3	7	6	5	4	9	8	2	1
4	2	1	7	6	8	9	3	5
9	3	4	8	2	5	1	7	6
6	1	7	4	9	3	5	8	2
2	8	5	1	7	6	4	9	3
7	6	2	9	5	1	3	4	8
5	4	8	6	3	7	2	1	9
1	9	3	2	8	4	6	5	7

51

9	2	3	7	8	5	6	1	4
4	6	1	2	9	3	7	8	5
8	5	7	6	1	4	3	9	2
3	8	5	9	2	1	4	6	7
2	9	6	8	4	7	5	3	1
1	7	4	3	5	6	8	2	9
6	3	2	5	7	9	1	4	8
5	1	9	4	3	8	2	7	6
7	4	8	1	6	2	9	5	3

52

8	7	2	4	3	9	5	6	1
5	4	6	7	8	1	3	9	2
3	9	1	2	6	5	8	4	7
6	8	3	5	1	7	4	2	9
4	1	9	3	2	6	7	8	5
7	2	5	8	9	4	1	3	6
1	3	7	9	4	2	6	5	8
9	6	8	1	5	3	2	7	4
2	5	4	6	7	8	9	1	3

53

1	6	7	9	8	3	2	5	4
3	5	8	4	2	7	6	9	1
2	4	9	6	5	1	7	8	3
5	2	4	1	3	9	8	6	7
7	9	6	8	4	2	1	3	5
8	1	3	7	6	5	4	2	9
9	7	5	2	1	6	3	4	8
4	3	2	5	7	8	9	1	6
6	8	1	3	9	4	5	7	2

54

2	7	1	6	9	8	3	4	5
6	5	3	1	7	4	9	2	8
9	8	4	5	3	2	1	6	7
8	4	5	9	6	7	2	1	3
1	2	7	3	4	5	6	8	9
3	6	9	8	2	1	5	7	4
7	9	2	4	1	3	8	5	6
5	1	6	7	8	9	4	3	2
4	3	8	2	5	6	7	9	1

55

1	5	4	8	6	7	3	2	9
9	6	2	1	3	5	7	4	8
8	3	7	2	4	9	6	5	1
2	1	3	5	8	4	9	7	6
6	9	5	3	7	1	2	8	4
4	7	8	6	9	2	1	3	5
5	8	6	7	1	3	4	9	2
3	4	1	9	2	8	5	6	7
7	2	9	4	5	6	8	1	3

56

9	1	3	6	2	5	4	8	7
8	4	7	9	3	1	5	2	6
5	6	2	8	4	7	3	1	9
3	5	4	2	9	8	7	6	1
2	7	8	1	5	6	9	4	3
6	9	1	3	7	4	8	5	2
7	2	5	4	6	9	1	3	8
1	3	9	5	8	2	6	7	4
4	8	6	7	1	3	2	9	5

57

2	6	1	5	7	9	3	8	4
7	4	8	6	1	3	9	5	2
3	5	9	2	4	8	6	7	1
6	9	7	8	2	4	5	1	3
1	8	5	9	3	6	2	4	7
4	3	2	7	5	1	8	6	9
8	2	6	1	9	7	4	3	5
5	7	3	4	6	2	1	9	8
9	1	4	3	8	5	7	2	6

58

3	9	6	1	5	7	8	4	2
1	4	2	3	8	9	5	7	6
7	5	8	4	2	6	9	1	3
8	3	5	6	7	2	1	9	4
9	7	1	5	4	3	6	2	8
2	6	4	8	9	1	7	3	5
5	8	9	2	1	4	3	6	7
6	2	7	9	3	8	4	5	1
4	1	3	7	6	5	2	8	9

59

8	6	2	3	9	5	7	4	1
7	9	3	1	2	4	5	8	6
4	5	1	7	8	6	3	9	2
1	7	6	2	4	3	9	5	8
9	3	8	5	7	1	2	6	4
2	4	5	8	6	9	1	7	3
3	2	9	4	5	8	6	1	7
6	8	7	9	1	2	4	3	5
5	1	4	6	3	7	8	2	9

60

1	3	8	4	6	5	7	9	2
4	2	7	3	8	9	1	5	6
9	5	6	7	1	2	8	4	3
5	7	4	9	2	3	6	1	8
8	9	2	1	4	6	3	7	5
6	1	3	5	7	8	9	2	4
7	8	1	6	5	4	2	3	9
3	6	5	2	9	1	4	8	7
2	4	9	8	3	7	5	6	1

61

9	7	3	5	1	2	4	8	6
6	2	8	7	3	4	1	9	5
4	1	5	8	6	9	7	3	2
3	5	4	6	8	7	2	1	9
1	9	2	3	4	5	8	6	7
8	6	7	2	9	1	5	4	3
2	4	1	9	7	6	3	5	8
5	8	6	4	2	3	9	7	1
7	3	9	1	5	8	6	2	4

62

5	6	9	3	2	4	8	1	7
7	8	1	6	9	5	4	3	2
2	4	3	1	8	7	5	6	9
8	2	5	9	6	1	7	4	3
3	9	6	4	7	8	2	5	1
1	7	4	5	3	2	9	8	6
9	1	7	8	4	6	3	2	5
6	3	8	2	5	9	1	7	4
4	5	2	7	1	3	6	9	8

63

6	1	3	4	8	2	9	7	5
4	8	5	9	7	6	1	2	3
7	9	2	5	3	1	4	8	6
8	2	9	3	6	5	7	4	1
1	5	4	2	9	7	3	6	8
3	6	7	8	1	4	5	9	2
9	7	6	1	2	3	8	5	4
5	3	8	6	4	9	2	1	7
2	4	1	7	5	8	6	3	9

64

4	8	5	9	3	2	6	1	7
2	7	1	4	6	5	3	8	9
9	3	6	7	8	1	5	2	4
7	4	9	1	2	3	8	5	6
5	2	8	6	4	9	7	3	1
1	6	3	5	7	8	9	4	2
6	5	2	8	1	7	4	9	3
3	9	4	2	5	6	1	7	8
8	1	7	3	9	4	2	6	5

65

1	2	9	7	6	3	5	4	8
8	4	3	5	1	2	6	9	7
6	5	7	4	8	9	2	3	1
5	8	1	3	2	7	4	6	9
9	6	2	1	5	4	7	8	3
3	7	4	6	9	8	1	5	2
7	3	6	9	4	1	8	2	5
4	9	8	2	7	5	3	1	6
2	1	5	8	3	6	9	7	4

66

1	4	3	5	8	2	7	9	6
5	8	9	6	1	7	2	3	4
7	6	2	9	3	4	5	1	8
4	5	6	3	7	9	1	8	2
3	2	8	1	4	5	6	7	9
9	7	1	8	2	6	4	5	3
8	9	5	4	6	1	3	2	7
2	3	4	7	5	8	9	6	1
6	1	7	2	9	3	8	4	5

67

7	9	2	5	8	3	6	1	4
1	8	4	9	2	6	3	5	7
5	3	6	7	1	4	2	9	8
4	2	8	1	9	5	7	6	3
6	7	5	8	3	2	9	4	1
3	1	9	4	6	7	8	2	5
8	5	1	2	7	9	4	3	6
2	4	3	6	5	8	1	7	9
9	6	7	3	4	1	5	8	2

68

6	3	8	9	5	4	2	1	7
2	5	7	6	3	1	4	9	8
1	4	9	7	8	2	6	3	5
7	2	5	3	4	8	1	6	9
8	6	3	1	9	7	5	4	2
9	1	4	2	6	5	7	8	3
4	8	6	5	7	9	3	2	1
3	7	1	8	2	6	9	5	4
5	9	2	4	1	3	8	7	6

69

8	7	6	3	2	5	1	4	9
2	4	9	1	6	8	3	5	7
5	3	1	9	4	7	8	2	6
6	8	3	2	1	4	9	7	5
1	9	5	7	3	6	4	8	2
4	2	7	8	5	9	6	3	1
7	5	4	6	8	1	2	9	3
9	1	2	4	7	3	5	6	8
3	6	8	5	9	2	7	1	4

70

8	7	5	2	4	1	9	3	6
4	9	3	7	5	6	1	8	2
1	2	6	3	9	8	4	5	7
7	6	2	8	3	9	5	1	4
9	3	1	5	6	4	2	7	8
5	4	8	1	2	7	6	9	3
2	5	4	9	7	3	8	6	1
3	8	9	6	1	2	7	4	5
6	1	7	4	8	5	3	2	9

71

5	9	1	8	3	4	2	7	6
3	6	4	2	7	9	8	1	5
2	8	7	1	5	6	9	4	3
6	3	9	5	2	1	4	8	7
7	1	8	4	6	3	5	2	9
4	5	2	7	9	8	6	3	1
1	2	5	9	8	7	3	6	4
9	7	3	6	4	2	1	5	8
8	4	6	3	1	5	7	9	2

72

6	2	3	7	1	4	5	8	9
5	9	7	6	3	8	4	1	2
1	4	8	2	5	9	3	6	7
8	1	9	4	7	5	2	3	6
7	3	6	1	8	2	9	5	4
2	5	4	9	6	3	8	7	1
4	8	1	3	9	6	7	2	5
9	7	5	8	2	1	6	4	3
3	6	2	5	4	7	1	9	8

73

2	5	1	8	6	4	9	7	3
3	6	7	1	9	2	5	8	4
4	8	9	7	3	5	2	1	6
5	4	3	6	2	1	7	9	8
6	7	8	9	5	3	4	2	1
9	1	2	4	7	8	6	3	5
1	2	6	3	4	7	8	5	9
8	9	5	2	1	6	3	4	7
7	3	4	5	8	9	1	6	2

74

3	1	5	4	2	9	6	7	8
4	6	8	1	7	3	9	5	2
9	7	2	8	5	6	4	1	3
8	5	3	6	4	2	7	9	1
1	2	7	5	9	8	3	6	4
6	9	4	3	1	7	8	2	5
7	4	1	9	8	5	2	3	6
2	8	6	7	3	1	5	4	9
5	3	9	2	6	4	1	8	7

75

1	4	5	3	6	2	8	7	9
7	9	8	5	1	4	2	3	6
2	6	3	9	8	7	5	1	4
4	8	7	2	9	6	1	5	3
6	5	2	1	4	3	9	8	7
9	3	1	7	5	8	6	4	2
3	2	6	8	7	1	4	9	5
5	1	4	6	3	9	7	2	8
8	7	9	4	2	5	3	6	1

76

4	3	2	9	7	1	6	8	5
6	7	8	3	2	5	1	9	4
5	1	9	4	8	6	3	2	7
8	5	6	2	9	3	4	7	1
7	4	1	5	6	8	9	3	2
9	2	3	7	1	4	8	5	6
1	6	5	8	3	7	2	4	9
2	8	4	6	5	9	7	1	3
3	9	7	1	4	2	5	6	8

77

5	1	9	8	3	4	6	2	7
8	2	7	9	5	6	3	4	1
4	3	6	7	1	2	8	5	9
1	6	3	2	9	7	5	8	4
7	4	5	6	8	1	2	9	3
9	8	2	5	4	3	7	1	6
2	9	4	3	6	5	1	7	8
6	7	8	1	2	9	4	3	5
3	5	1	4	7	8	9	6	2

78

3	6	1	5	7	8	2	9	4
5	8	9	2	1	4	7	6	3
2	4	7	6	9	3	8	1	5
8	2	4	7	3	6	9	5	1
1	5	3	8	2	9	4	7	6
9	7	6	4	5	1	3	8	2
4	3	8	9	6	5	1	2	7
6	1	2	3	8	7	5	4	9
7	9	5	1	4	2	6	3	8

79

3	9	1	5	7	8	2	6	4
6	4	7	9	2	1	8	5	3
8	5	2	6	3	4	7	9	1
4	2	8	3	9	5	1	7	6
5	6	3	1	4	7	9	8	2
1	7	9	8	6	2	4	3	5
2	8	4	7	5	6	3	1	9
7	3	5	2	1	9	6	4	8
9	1	6	4	8	3	5	2	7

80

7	1	6	3	4	2	9	5	8
9	5	4	8	7	6	3	1	2
3	2	8	1	5	9	7	6	4
2	4	9	7	1	8	6	3	5
6	7	5	2	3	4	8	9	1
8	3	1	6	9	5	2	4	7
5	6	7	9	8	1	4	2	3
4	9	3	5	2	7	1	8	6
1	8	2	4	6	3	5	7	9

81

8	2	5	7	4	3	9	1	6
6	9	4	1	2	5	3	7	8
1	3	7	8	9	6	2	4	5
4	6	2	9	8	1	5	3	7
3	5	9	6	7	2	4	8	1
7	1	8	3	5	4	6	9	2
9	4	6	2	1	7	8	5	3
5	7	3	4	6	8	1	2	9
2	8	1	5	3	9	7	6	4

82

4	6	5	2	1	8	3	7	9
8	9	7	4	6	3	1	5	2
3	1	2	7	5	9	6	4	8
7	2	6	3	4	1	9	8	5
5	4	1	8	9	6	2	3	7
9	8	3	5	2	7	4	6	1
2	5	9	6	7	4	8	1	3
6	7	8	1	3	2	5	9	4
1	3	4	9	8	5	7	2	6

83

6	7	2	1	4	5	9	3	8
9	5	3	2	8	7	4	6	1
4	8	1	9	6	3	2	5	7
8	1	5	3	7	4	6	9	2
2	6	9	8	5	1	3	7	4
7	3	4	6	9	2	1	8	5
1	2	6	7	3	8	5	4	9
5	9	8	4	1	6	7	2	3
3	4	7	5	2	9	8	1	6

84

3	5	4	7	9	6	2	1	8
1	6	8	3	5	2	9	7	4
2	7	9	8	4	1	5	3	6
4	8	2	6	7	9	1	5	3
5	1	7	4	8	3	6	9	2
9	3	6	1	2	5	4	8	7
8	4	1	9	6	7	3	2	5
7	9	5	2	3	4	8	6	1
6	2	3	5	1	8	7	4	9

85

8	7	3	4	2	5	6	9	1
9	2	6	7	3	1	4	5	8
1	4	5	9	8	6	2	7	3
6	8	9	3	5	7	1	2	4
4	1	7	6	9	2	8	3	5
3	5	2	8	1	4	9	6	7
5	6	4	1	7	9	3	8	2
2	9	8	5	4	3	7	1	6
7	3	1	2	6	8	5	4	9

86

2	9	8	4	3	1	7	6	5
5	7	3	6	9	2	1	4	8
4	6	1	8	7	5	3	9	2
7	8	4	2	1	9	5	3	6
3	5	9	7	6	4	2	8	1
1	2	6	3	5	8	4	7	9
6	1	7	9	2	3	8	5	4
8	3	5	1	4	6	9	2	7
9	4	2	5	8	7	6	1	3

87

2	3	7	9	5	1	4	6	8
4	5	6	3	7	8	2	1	9
9	8	1	2	4	6	7	5	3
6	9	8	4	1	2	3	7	5
1	7	4	6	3	5	9	8	2
5	2	3	8	9	7	6	4	1
8	4	9	1	6	3	5	2	7
3	1	5	7	2	4	8	9	6
7	6	2	5	8	9	1	3	4

88

3	5	2	6	4	8	9	1	7
4	7	9	1	2	3	8	6	5
1	8	6	9	7	5	4	2	3
5	3	8	4	6	7	1	9	2
9	6	1	8	3	2	5	7	4
7	2	4	5	9	1	3	8	6
8	9	3	2	5	6	7	4	1
2	4	7	3	1	9	6	5	8
6	1	5	7	8	4	2	3	9

89

4	6	9	8	7	1	5	3	2
3	1	2	5	4	9	8	7	6
8	5	7	3	2	6	1	4	9
7	3	4	9	6	8	2	1	5
1	2	6	4	5	3	9	8	7
5	9	8	2	1	7	3	6	4
6	8	1	7	9	5	4	2	3
2	7	5	1	3	4	6	9	8
9	4	3	6	8	2	7	5	1

90

8	6	7	9	4	1	3	5	2
5	2	3	8	6	7	9	4	1
4	9	1	3	5	2	6	7	8
2	4	6	5	8	3	1	9	7
1	8	9	7	2	6	4	3	5
7	3	5	4	1	9	2	8	6
6	7	4	2	3	8	5	1	9
3	1	8	6	9	5	7	2	4
9	5	2	1	7	4	8	6	3

91

2	5	6	7	4	1	9	3	8
8	9	7	2	3	5	1	6	4
1	4	3	6	8	9	5	2	7
5	1	2	3	9	7	8	4	6
9	7	8	1	6	4	2	5	3
6	3	4	5	2	8	7	9	1
4	8	5	9	7	3	6	1	2
7	2	9	4	1	6	3	8	5
3	6	1	8	5	2	4	7	9

92

1	3	8	9	6	7	5	4	2
6	4	9	2	5	1	3	7	8
5	2	7	4	8	3	9	6	1
8	7	4	3	1	2	6	9	5
3	5	6	7	9	8	1	2	4
2	9	1	5	4	6	8	3	7
9	8	2	1	3	4	7	5	6
7	1	3	6	2	5	4	8	9
4	6	5	8	7	9	2	1	3

93

7	2	6	9	5	1	8	4	3
8	3	5	2	6	4	7	9	1
9	4	1	3	8	7	6	5	2
5	1	3	6	4	2	9	8	7
6	9	8	7	3	5	1	2	4
4	7	2	1	9	8	3	6	5
1	8	7	5	2	6	4	3	9
2	6	9	4	1	3	5	7	8
3	5	4	8	7	9	2	1	6

94

5	4	6	3	9	7	2	1	8
3	1	7	2	4	8	5	9	6
9	2	8	6	5	1	7	3	4
2	5	3	1	6	9	4	8	7
4	7	9	8	2	5	1	6	3
8	6	1	7	3	4	9	5	2
1	8	2	9	7	3	6	4	5
6	3	5	4	1	2	8	7	9
7	9	4	5	8	6	3	2	1

95

8	1	5	9	7	6	3	4	2
2	4	6	8	5	3	9	7	1
9	7	3	1	2	4	5	6	8
4	8	9	6	3	5	1	2	7
3	2	1	4	8	7	6	9	5
5	6	7	2	9	1	4	8	3
1	5	2	7	6	9	8	3	4
6	3	8	5	4	2	7	1	9
7	9	4	3	1	8	2	5	6

96

5	7	3	9	6	4	1	2	8
8	1	2	3	5	7	4	9	6
9	4	6	2	8	1	7	5	3
2	3	4	8	9	5	6	7	1
6	9	1	4	7	2	3	8	5
7	5	8	1	3	6	2	4	9
1	6	5	7	4	8	9	3	2
4	8	9	6	2	3	5	1	7
3	2	7	5	1	9	8	6	4

97

4	7	6	1	2	5	9	8	3
5	8	9	4	7	3	6	2	1
1	3	2	8	9	6	7	4	5
8	5	7	3	6	1	2	9	4
9	1	4	5	8	2	3	7	6
6	2	3	9	4	7	5	1	8
2	6	1	7	3	8	4	5	9
3	4	8	2	5	9	1	6	7
7	9	5	6	1	4	8	3	2

98

4	5	3	7	1	6	9	2	8
8	2	9	3	4	5	1	6	7
6	7	1	9	8	2	5	3	4
1	9	7	5	2	3	8	4	6
3	4	5	8	6	1	2	7	9
2	6	8	4	7	9	3	1	5
7	1	4	2	5	8	6	9	3
9	8	6	1	3	7	4	5	2
5	3	2	6	9	4	7	8	1

99

2	3	8	1	4	9	5	7	6
4	9	7	6	2	5	8	3	1
5	6	1	8	3	7	2	4	9
1	4	3	2	6	8	7	9	5
8	5	9	3	7	1	6	2	4
6	7	2	5	9	4	1	8	3
3	8	5	4	1	2	9	6	7
7	2	6	9	5	3	4	1	8
9	1	4	7	8	6	3	5	2

100

2	7	4	1	3	5	6	9	8
6	5	8	7	9	2	1	3	4
1	3	9	6	4	8	5	7	2
3	1	5	2	8	4	7	6	9
4	2	6	3	7	9	8	5	1
8	9	7	5	1	6	4	2	3
5	8	3	4	2	7	9	1	6
9	6	2	8	5	1	3	4	7
7	4	1	9	6	3	2	8	5

101

4	1	8	2	7	5	3	9	6
7	9	3	8	6	4	1	2	5
5	2	6	3	9	1	7	8	4
9	5	1	7	4	3	8	6	2
6	3	7	5	8	2	4	1	9
8	4	2	6	1	9	5	7	3
3	6	5	1	2	7	9	4	8
2	7	9	4	3	8	6	5	1
1	8	4	9	5	6	2	3	7

102

5	4	1	3	2	6	9	7	8
8	2	9	4	1	7	5	6	3
3	7	6	8	5	9	1	4	2
4	8	5	7	3	1	2	9	6
2	6	3	9	8	4	7	5	1
9	1	7	2	6	5	3	8	4
7	9	8	1	4	2	6	3	5
1	5	4	6	9	3	8	2	7
6	3	2	5	7	8	4	1	9

103

6	1	8	3	5	7	9	2	4
5	2	4	1	9	8	3	6	7
7	9	3	4	6	2	5	8	1
2	6	9	5	1	4	8	7	3
4	3	5	8	7	9	6	1	2
8	7	1	2	3	6	4	5	9
1	8	2	6	4	3	7	9	5
3	5	7	9	8	1	2	4	6
9	4	6	7	2	5	1	3	8

104

7	5	3	1	4	8	6	2	9
6	1	9	7	5	2	3	4	8
8	2	4	9	6	3	5	1	7
9	4	5	8	1	7	2	6	3
1	8	2	4	3	6	9	7	5
3	7	6	5	2	9	1	8	4
5	9	7	2	8	1	4	3	6
4	3	1	6	7	5	8	9	2
2	6	8	3	9	4	7	5	1

105

9	5	8	7	3	2	4	6	1
3	1	6	4	5	8	7	9	2
4	7	2	1	6	9	8	3	5
8	6	3	5	4	1	2	7	9
2	9	7	6	8	3	1	5	4
1	4	5	2	9	7	6	8	3
7	3	9	8	1	4	5	2	6
5	2	1	9	7	6	3	4	8
6	8	4	3	2	5	9	1	7

106

7	9	5	2	6	8	4	1	3
3	4	2	5	1	7	9	8	6
8	1	6	3	4	9	5	7	2
4	5	8	9	2	3	7	6	1
6	7	1	4	8	5	2	3	9
2	3	9	6	7	1	8	4	5
1	2	4	7	5	6	3	9	8
9	8	7	1	3	2	6	5	4
5	6	3	8	9	4	1	2	7

107

3	4	2	8	7	6	5	9	1
9	1	6	2	4	5	7	8	3
8	5	7	3	9	1	2	4	6
6	9	4	7	2	3	1	5	8
1	7	5	9	6	8	3	2	4
2	3	8	5	1	4	6	7	9
7	2	1	6	8	9	4	3	5
5	6	9	4	3	2	8	1	7
4	8	3	1	5	7	9	6	2

108

4	8	6	1	2	7	3	9	5
5	7	3	8	9	4	6	2	1
9	1	2	6	3	5	7	4	8
1	9	5	2	7	8	4	6	3
2	6	4	3	5	1	9	8	7
7	3	8	9	4	6	5	1	2
3	5	9	4	8	2	1	7	6
8	4	1	7	6	3	2	5	9
6	2	7	5	1	9	8	3	4

109

7	4	3	2	1	9	5	8	6
6	2	8	3	4	5	7	1	9
5	1	9	6	8	7	4	3	2
9	6	1	8	5	4	2	7	3
3	8	4	7	2	1	9	6	5
2	5	7	9	3	6	8	4	1
1	3	5	4	9	8	6	2	7
4	7	2	5	6	3	1	9	8
8	9	6	1	7	2	3	5	4

110

4	9	8	1	3	5	2	6	7
7	5	6	2	9	4	3	1	8
2	3	1	6	7	8	4	9	5
8	4	2	3	6	7	9	5	1
5	1	9	4	8	2	7	3	6
6	7	3	5	1	9	8	2	4
1	8	7	9	2	6	5	4	3
3	2	5	7	4	1	6	8	9
9	6	4	8	5	3	1	7	2

111

6	7	9	8	3	2	1	5	4
3	8	1	4	6	5	2	7	9
5	4	2	1	7	9	6	3	8
1	3	8	2	4	7	9	6	5
2	6	7	9	5	1	8	4	3
4	9	5	6	8	3	7	2	1
8	2	6	3	9	4	5	1	7
7	1	3	5	2	8	4	9	6
9	5	4	7	1	6	3	8	2

112

4	2	7	6	8	9	5	1	3
5	8	9	2	3	1	6	7	4
3	6	1	5	7	4	2	9	8
9	7	3	1	5	8	4	6	2
2	4	5	7	9	6	3	8	1
6	1	8	3	4	2	9	5	7
7	9	2	4	1	5	8	3	6
8	3	6	9	2	7	1	4	5
1	5	4	8	6	3	7	2	9

113

6	1	4	9	7	2	3	5	8
2	9	5	3	4	8	6	7	1
3	8	7	5	6	1	2	9	4
9	2	3	1	5	4	7	8	6
5	6	8	7	9	3	1	4	2
4	7	1	2	8	6	9	3	5
8	4	9	6	1	7	5	2	3
7	3	6	8	2	5	4	1	9
1	5	2	4	3	9	8	6	7

114

6	7	4	1	9	8	5	3	2
2	3	1	7	5	4	9	8	6
8	9	5	6	3	2	4	7	1
9	6	7	4	1	3	2	5	8
1	8	2	9	6	5	3	4	7
5	4	3	8	2	7	6	1	9
3	2	8	5	7	9	1	6	4
4	1	9	3	8	6	7	2	5
7	5	6	2	4	1	8	9	3

115

3	4	2	5	1	7	8	6	9
1	7	9	3	6	8	4	5	2
8	6	5	4	2	9	7	3	1
6	2	3	7	8	5	1	9	4
4	8	1	6	9	2	5	7	3
9	5	7	1	3	4	2	8	6
5	3	4	2	7	6	9	1	8
2	9	6	8	5	1	3	4	7
7	1	8	9	4	3	6	2	5

116

9	7	6	1	2	5	3	4	8
2	1	8	4	9	3	5	7	6
4	5	3	6	8	7	9	1	2
6	8	5	7	3	1	2	9	4
3	2	4	8	5	9	1	6	7
1	9	7	2	4	6	8	3	5
8	4	9	3	7	2	6	5	1
5	6	2	9	1	4	7	8	3
7	3	1	5	6	8	4	2	9

117

1	3	5	9	7	2	4	6	8
8	7	6	1	4	5	9	3	2
9	2	4	8	3	6	7	5	1
4	1	8	6	5	7	3	2	9
6	9	3	2	1	8	5	7	4
2	5	7	4	9	3	1	8	6
7	6	9	5	8	1	2	4	3
3	4	2	7	6	9	8	1	5
5	8	1	3	2	4	6	9	7

118

9	7	5	2	3	1	4	6	8
2	6	1	8	5	4	3	7	9
4	8	3	6	7	9	2	5	1
6	1	8	4	9	5	7	3	2
3	4	2	7	8	6	1	9	5
7	5	9	3	1	2	6	8	4
1	3	7	5	4	8	9	2	6
5	9	6	1	2	7	8	4	3
8	2	4	9	6	3	5	1	7

119

9	7	4	3	2	5	8	1	6
3	1	5	7	6	8	9	2	4
8	2	6	4	1	9	7	3	5
7	3	2	5	8	1	4	6	9
5	6	9	2	3	4	1	8	7
4	8	1	6	9	7	3	5	2
2	4	7	1	5	3	6	9	8
6	9	3	8	4	2	5	7	1
1	5	8	9	7	6	2	4	3

120

2	7	5	6	1	4	9	8	3
1	8	3	5	9	2	7	6	4
9	4	6	3	8	7	1	2	5
6	5	9	4	2	8	3	1	7
8	3	7	9	5	1	2	4	6
4	2	1	7	3	6	5	9	8
3	9	2	8	4	5	6	7	1
7	1	8	2	6	3	4	5	9
5	6	4	1	7	9	8	3	2

121

4	1	9	2	7	8	5	3	6
8	6	2	5	9	3	4	7	1
7	3	5	1	6	4	2	8	9
6	2	8	9	3	7	1	5	4
9	4	7	6	5	1	3	2	8
3	5	1	8	4	2	6	9	7
2	9	6	7	1	5	8	4	3
1	8	3	4	2	9	7	6	5
5	7	4	3	8	6	9	1	2

122

7	3	6	5	9	1	8	2	4
2	4	8	6	7	3	5	9	1
5	9	1	2	4	8	3	7	6
8	6	7	4	3	5	9	1	2
3	1	2	9	8	6	4	5	7
9	5	4	1	2	7	6	3	8
1	7	9	8	5	4	2	6	3
4	2	3	7	6	9	1	8	5
6	8	5	3	1	2	7	4	9

123

3	8	6	5	9	7	2	1	4
9	1	2	8	4	3	6	5	7
7	4	5	1	2	6	3	8	9
6	2	4	9	1	5	7	3	8
8	7	1	4	3	2	5	9	6
5	3	9	6	7	8	1	4	2
4	6	3	7	8	1	9	2	5
2	9	7	3	5	4	8	6	1
1	5	8	2	6	9	4	7	3

124

2	3	8	9	4	6	5	1	7
7	4	6	5	1	3	8	2	9
1	9	5	8	7	2	4	6	3
9	7	3	6	8	1	2	5	4
6	2	4	3	9	5	1	7	8
5	8	1	4	2	7	3	9	6
8	6	9	1	5	4	7	3	2
4	5	2	7	3	9	6	8	1
3	1	7	2	6	8	9	4	5

125

8	7	1	5	9	2	3	6	4
9	6	2	4	3	1	5	7	8
3	5	4	8	7	6	2	9	1
4	9	3	6	2	5	1	8	7
2	1	6	9	8	7	4	5	3
7	8	5	3	1	4	6	2	9
1	4	8	2	6	9	7	3	5
5	2	9	7	4	3	8	1	6
6	3	7	1	5	8	9	4	2

126

3	8	2	9	4	7	6	1	5
5	6	4	2	1	8	7	9	3
7	1	9	5	6	3	2	8	4
9	5	8	6	2	4	3	7	1
1	7	6	8	3	5	4	2	9
4	2	3	7	9	1	8	5	6
2	3	1	4	7	9	5	6	8
8	9	7	3	5	6	1	4	2
6	4	5	1	8	2	9	3	7

127

3	4	2	1	5	7	9	8	6
9	8	1	3	6	2	7	4	5
5	6	7	9	8	4	1	2	3
6	9	4	7	3	8	5	1	2
1	3	5	4	2	6	8	9	7
7	2	8	5	9	1	3	6	4
4	1	6	8	7	5	2	3	9
2	7	9	6	1	3	4	5	8
8	5	3	2	4	9	6	7	1

128

3	2	1	8	9	4	5	7	6
6	9	7	3	2	5	4	8	1
5	8	4	1	7	6	2	9	3
8	5	6	7	3	1	9	2	4
4	3	2	6	8	9	1	5	7
1	7	9	4	5	2	6	3	8
7	6	5	2	4	3	8	1	9
9	4	3	5	1	8	7	6	2
2	1	8	9	6	7	3	4	5

129

2	1	4	9	6	7	8	3	5
3	9	5	1	2	8	7	6	4
8	7	6	4	5	3	2	9	1
5	6	8	7	1	2	3	4	9
9	4	7	3	8	5	6	1	2
1	3	2	6	4	9	5	8	7
4	2	3	8	7	1	9	5	6
6	5	9	2	3	4	1	7	8
7	8	1	5	9	6	4	2	3

130

9	7	2	6	4	8	1	3	5
6	1	3	9	5	7	4	2	8
4	8	5	1	3	2	7	6	9
3	4	1	8	6	5	9	7	2
2	6	9	7	1	4	5	8	3
7	5	8	2	9	3	6	4	1
1	3	7	5	2	6	8	9	4
5	2	6	4	8	9	3	1	7
8	9	4	3	7	1	2	5	6

131

9	8	7	6	4	1	5	3	2
6	5	2	3	7	8	1	4	9
4	3	1	9	5	2	7	8	6
8	7	4	5	2	6	3	9	1
3	1	5	8	9	7	2	6	4
2	6	9	1	3	4	8	7	5
1	9	3	7	6	5	4	2	8
5	4	6	2	8	3	9	1	7
7	2	8	4	1	9	6	5	3

132

2	1	7	6	9	3	5	8	4
5	8	3	4	2	1	7	9	6
9	4	6	8	5	7	1	3	2
6	7	1	9	4	8	3	2	5
3	2	4	1	6	5	8	7	9
8	9	5	7	3	2	6	4	1
1	5	8	2	7	4	9	6	3
7	6	2	3	1	9	4	5	8
4	3	9	5	8	6	2	1	7

133

9	1	5	3	7	2	6	4	8
2	6	4	5	1	8	3	7	9
8	7	3	9	4	6	5	1	2
5	8	7	1	2	4	9	6	3
3	4	2	6	9	5	1	8	7
6	9	1	8	3	7	4	2	5
4	5	6	7	8	3	2	9	1
7	2	9	4	5	1	8	3	6
1	3	8	2	6	9	7	5	4

134

7	2	3	5	9	6	1	8	4
5	6	8	1	4	3	9	2	7
1	4	9	8	7	2	3	6	5
9	1	5	3	6	4	8	7	2
2	7	4	9	8	5	6	1	3
3	8	6	7	2	1	5	4	9
4	3	1	6	5	7	2	9	8
8	5	7	2	1	9	4	3	6
6	9	2	4	3	8	7	5	1

135

5	6	9	7	3	4	1	8	2
8	7	1	6	5	2	3	9	4
2	4	3	8	1	9	7	6	5
4	1	2	3	6	8	5	7	9
3	9	7	1	2	5	8	4	6
6	8	5	9	4	7	2	1	3
9	2	8	4	7	3	6	5	1
7	3	6	5	9	1	4	2	8
1	5	4	2	8	6	9	3	7

136

2	9	1	4	3	6	8	5	7
7	5	4	8	2	9	6	1	3
8	3	6	7	5	1	4	2	9
9	8	7	1	4	2	3	6	5
6	4	3	5	8	7	1	9	2
1	2	5	6	9	3	7	8	4
4	6	8	2	7	5	9	3	1
5	1	9	3	6	4	2	7	8
3	7	2	9	1	8	5	4	6

137

9	7	6	2	8	5	4	1	3
5	4	3	1	6	7	9	8	2
8	1	2	9	3	4	6	5	7
6	2	4	7	9	1	8	3	5
1	5	8	3	4	6	7	2	9
7	3	9	5	2	8	1	4	6
2	9	1	4	7	3	5	6	8
3	8	5	6	1	9	2	7	4
4	6	7	8	5	2	3	9	1

138

6	9	7	1	3	4	8	2	5
4	3	5	8	6	2	9	1	7
2	1	8	9	5	7	3	4	6
9	6	4	2	7	3	5	8	1
7	8	2	5	1	6	4	9	3
3	5	1	4	8	9	7	6	2
5	4	9	7	2	1	6	3	8
1	7	6	3	4	8	2	5	9
8	2	3	6	9	5	1	7	4

139

7	3	4	9	8	1	6	5	2
2	6	8	5	3	7	1	9	4
9	5	1	2	4	6	8	7	3
4	1	6	7	9	5	3	2	8
5	2	3	8	6	4	7	1	9
8	7	9	1	2	3	4	6	5
3	8	5	6	1	2	9	4	7
1	9	7	4	5	8	2	3	6
6	4	2	3	7	9	5	8	1

140

7	8	4	1	9	5	2	3	6
3	6	9	8	4	2	5	7	1
1	5	2	3	6	7	8	9	4
4	7	1	5	8	3	6	2	9
2	9	8	4	1	6	7	5	3
5	3	6	2	7	9	4	1	8
6	4	5	7	3	1	9	8	2
9	1	7	6	2	8	3	4	5
8	2	3	9	5	4	1	6	7

141

1	2	8	6	9	3	7	4	5
4	5	3	7	2	8	1	6	9
7	6	9	4	1	5	2	3	8
3	8	6	5	4	7	9	2	1
2	7	5	9	6	1	4	8	3
9	1	4	8	3	2	6	5	7
8	9	2	1	5	4	3	7	6
5	4	1	3	7	6	8	9	2
6	3	7	2	8	9	5	1	4

142

8	2	5	9	4	7	1	6	3
1	4	3	8	2	6	7	9	5
7	9	6	5	3	1	8	4	2
4	6	8	2	5	9	3	1	7
9	7	1	6	8	3	2	5	4
5	3	2	1	7	4	9	8	6
2	5	9	7	6	8	4	3	1
6	8	4	3	1	2	5	7	9
3	1	7	4	9	5	6	2	8

143

8	3	7	9	5	2	1	6	4
5	1	6	4	7	3	2	9	8
9	4	2	1	6	8	5	7	3
1	9	3	5	2	6	8	4	7
6	7	8	3	1	4	9	5	2
2	5	4	8	9	7	3	1	6
7	6	9	2	8	5	4	3	1
3	2	1	7	4	9	6	8	5
4	8	5	6	3	1	7	2	9

144

7	6	9	4	8	3	2	5	1
8	2	1	6	5	7	3	4	9
4	3	5	2	1	9	6	8	7
9	7	3	5	4	8	1	2	6
6	8	2	7	3	1	5	9	4
1	5	4	9	6	2	8	7	3
3	9	7	8	2	6	4	1	5
2	4	6	1	9	5	7	3	8
5	1	8	3	7	4	9	6	2

145

8	7	2	4	3	9	5	6	1
5	4	6	7	8	1	3	9	2
3	9	1	2	6	5	8	4	7
6	8	3	5	1	7	4	2	9
4	1	9	3	2	6	7	8	5
7	2	5	8	9	4	1	3	6
1	3	7	9	4	2	6	5	8
9	6	8	1	5	3	2	7	4
2	5	4	6	7	8	9	1	3

146

8	1	7	5	2	3	9	4	6
9	5	6	8	4	7	1	2	3
4	2	3	6	9	1	8	5	7
1	7	4	2	6	5	3	8	9
3	8	2	4	7	9	6	1	5
6	9	5	1	3	8	2	7	4
2	6	1	9	5	4	7	3	8
7	4	8	3	1	6	5	9	2
5	3	9	7	8	2	4	6	1

147

8	1	9	5	2	4	6	3	7
6	4	3	7	1	8	2	9	5
2	5	7	9	3	6	8	4	1
1	8	6	4	7	3	5	2	9
4	9	2	6	8	5	1	7	3
3	7	5	1	9	2	4	6	8
9	6	4	8	5	7	3	1	2
5	2	1	3	6	9	7	8	4
7	3	8	2	4	1	9	5	6

148

5	8	1	9	2	6	7	4	3
2	3	6	7	1	4	9	8	5
4	9	7	5	8	3	2	6	1
6	5	4	2	7	8	3	1	9
9	2	8	3	4	1	5	7	6
7	1	3	6	5	9	8	2	4
1	4	5	8	3	2	6	9	7
8	7	9	4	6	5	1	3	2
3	6	2	1	9	7	4	5	8

149

2	3	1	8	9	4	6	7	5
4	5	9	6	7	1	8	2	3
8	7	6	5	2	3	9	1	4
9	1	7	4	5	6	3	8	2
6	2	3	7	8	9	5	4	1
5	8	4	3	1	2	7	6	9
7	4	2	9	6	5	1	3	8
1	9	8	2	3	7	4	5	6
3	6	5	1	4	8	2	9	7

150

5	1	8	3	9	7	6	4	2
2	4	6	1	8	5	7	3	9
9	3	7	2	4	6	1	8	5
4	8	2	7	6	1	5	9	3
1	9	3	4	5	8	2	7	6
6	7	5	9	3	2	8	1	4
3	2	1	5	7	4	9	6	8
8	5	9	6	1	3	4	2	7
7	6	4	8	2	9	3	5	1

151

1	5	2	4	3	6	9	8	7
6	7	9	8	2	5	3	4	1
8	3	4	9	1	7	6	5	2
4	9	7	3	6	8	2	1	5
2	1	6	5	9	4	7	3	8
5	8	3	2	7	1	4	6	9
7	4	8	6	5	2	1	9	3
3	6	1	7	8	9	5	2	4
9	2	5	1	4	3	8	7	6

152

5	6	4	2	7	1	8	9	3
7	9	3	6	8	5	1	2	4
2	1	8	9	3	4	6	7	5
6	3	5	8	4	2	7	1	9
1	7	2	5	9	6	4	3	8
8	4	9	7	1	3	5	6	2
3	8	6	4	2	7	9	5	1
9	5	1	3	6	8	2	4	7
4	2	7	1	5	9	3	8	6

153

6	3	9	2	5	8	4	7	1
8	4	7	3	6	1	2	9	5
1	2	5	7	9	4	3	6	8
5	7	2	8	1	3	9	4	6
4	8	1	6	2	9	5	3	7
9	6	3	4	7	5	1	8	2
2	1	8	9	4	7	6	5	3
7	5	4	1	3	6	8	2	9
3	9	6	5	8	2	7	1	4

154

8	5	1	3	4	7	6	2	9
9	2	6	8	1	5	4	3	7
7	3	4	6	9	2	5	8	1
3	4	2	5	7	9	1	6	8
6	1	8	2	3	4	9	7	5
5	7	9	1	6	8	3	4	2
2	9	3	4	8	1	7	5	6
4	8	7	9	5	6	2	1	3
1	6	5	7	2	3	8	9	4

155

1	8	6	3	5	9	4	7	2
7	4	5	8	2	1	9	6	3
3	9	2	6	4	7	8	5	1
5	6	1	7	3	8	2	4	9
9	2	4	1	6	5	7	3	8
8	3	7	2	9	4	5	1	6
4	5	3	9	8	6	1	2	7
2	7	9	4	1	3	6	8	5
6	1	8	5	7	2	3	9	4

156

3	7	5	1	9	4	2	8	6
2	8	9	7	5	6	3	4	1
6	1	4	8	3	2	9	7	5
5	4	7	9	8	1	6	2	3
9	2	3	6	4	7	5	1	8
1	6	8	5	2	3	7	9	4
4	5	1	2	6	9	8	3	7
7	9	6	3	1	8	4	5	2
8	3	2	4	7	5	1	6	9

157

1	2	9	8	6	5	3	7	4
8	7	4	1	9	3	5	6	2
5	3	6	2	7	4	9	1	8
3	9	5	6	4	2	7	8	1
7	6	8	3	1	9	2	4	5
2	4	1	7	5	8	6	3	9
4	1	2	5	3	7	8	9	6
9	8	3	4	2	6	1	5	7
6	5	7	9	8	1	4	2	3

158

3	9	6	7	8	2	4	5	1
5	1	7	4	3	6	9	8	2
4	8	2	9	5	1	3	7	6
8	3	5	6	9	4	1	2	7
9	2	1	3	7	5	6	4	8
6	7	4	2	1	8	5	3	9
2	6	9	5	4	7	8	1	3
1	4	3	8	2	9	7	6	5
7	5	8	1	6	3	2	9	4

159

8	6	4	7	3	9	1	2	5
2	5	9	8	1	4	6	7	3
1	3	7	2	5	6	4	9	8
7	2	6	9	4	8	5	3	1
5	8	1	3	2	7	9	6	4
4	9	3	1	6	5	2	8	7
3	4	5	6	8	2	7	1	9
6	7	8	5	9	1	3	4	2
9	1	2	4	7	3	8	5	6

160

2	5	4	6	1	3	9	7	8
6	9	7	2	8	5	3	1	4
1	8	3	4	9	7	6	5	2
4	1	8	3	7	6	2	9	5
9	6	2	1	5	4	8	3	7
3	7	5	9	2	8	4	6	1
5	4	9	8	6	1	7	2	3
7	3	6	5	4	2	1	8	9
8	2	1	7	3	9	5	4	6

161

3	4	5	7	1	9	6	2	8
7	2	9	5	8	6	4	1	3
6	1	8	4	2	3	7	9	5
2	5	7	8	4	1	3	6	9
4	9	3	6	7	2	8	5	1
8	6	1	3	9	5	2	7	4
5	7	2	9	3	8	1	4	6
1	8	6	2	5	4	9	3	7
9	3	4	1	6	7	5	8	2

162

7	1	8	4	9	2	5	6	3
9	6	3	5	7	1	8	4	2
5	4	2	8	3	6	1	7	9
3	2	4	6	5	7	9	1	8
8	9	6	1	4	3	2	5	7
1	5	7	9	2	8	4	3	6
4	7	9	2	6	5	3	8	1
2	3	1	7	8	4	6	9	5
6	8	5	3	1	9	7	2	4

163

2	9	4	1	8	7	3	5	6
7	8	5	6	3	2	4	9	1
6	3	1	4	5	9	2	8	7
4	7	8	2	1	6	9	3	5
9	1	3	7	4	5	8	6	2
5	6	2	8	9	3	1	7	4
8	5	6	9	2	4	7	1	3
1	4	7	3	6	8	5	2	9
3	2	9	5	7	1	6	4	8

164

5	4	7	1	8	3	9	6	2
9	1	8	6	2	4	7	5	3
6	3	2	7	9	5	1	8	4
7	2	1	4	5	8	6	3	9
3	5	6	9	1	2	8	4	7
8	9	4	3	7	6	5	2	1
4	7	3	8	6	1	2	9	5
1	8	5	2	3	9	4	7	6
2	6	9	5	4	7	3	1	8

165

1	8	4	6	2	5	9	3	7
3	9	5	7	4	8	6	2	1
7	2	6	3	1	9	4	5	8
8	4	7	9	5	2	1	6	3
6	5	1	4	3	7	8	9	2
9	3	2	8	6	1	7	4	5
2	7	9	5	8	6	3	1	4
4	1	8	2	9	3	5	7	6
5	6	3	1	7	4	2	8	9

166

2	5	7	3	1	6	8	9	4
4	3	8	9	5	7	6	1	2
1	9	6	2	4	8	7	3	5
3	1	9	7	2	4	5	8	6
8	7	5	6	3	9	2	4	1
6	4	2	5	8	1	9	7	3
5	2	1	8	9	3	4	6	7
9	6	4	1	7	5	3	2	8
7	8	3	4	6	2	1	5	9

167

2	5	6	9	7	3	4	1	8
9	4	7	1	8	6	3	2	5
8	3	1	5	4	2	9	7	6
5	8	2	7	6	9	1	3	4
7	1	3	4	2	8	6	5	9
6	9	4	3	1	5	7	8	2
3	6	5	2	9	7	8	4	1
1	2	8	6	3	4	5	9	7
4	7	9	8	5	1	2	6	3

168

9	3	2	4	8	5	7	1	6
7	6	8	1	9	3	5	2	4
4	5	1	6	2	7	8	9	3
2	4	3	7	5	8	1	6	9
1	8	9	2	6	4	3	7	5
6	7	5	9	3	1	2	4	8
5	1	4	3	7	6	9	8	2
3	9	6	8	1	2	4	5	7
8	2	7	5	4	9	6	3	1

169

2	1	6	3	7	8	4	5	9
8	5	4	2	9	1	6	3	7
9	7	3	4	5	6	8	1	2
7	8	1	5	6	2	3	9	4
5	3	2	9	4	7	1	8	6
4	6	9	1	8	3	2	7	5
6	2	8	7	3	5	9	4	1
1	4	5	8	2	9	7	6	3
3	9	7	6	1	4	5	2	8

170

7	5	4	6	3	1	8	9	2
3	9	8	4	5	2	7	1	6
2	6	1	9	8	7	5	3	4
5	1	2	7	6	9	3	4	8
9	4	3	2	1	8	6	7	5
6	8	7	5	4	3	1	2	9
1	7	6	8	2	4	9	5	3
8	2	9	3	7	5	4	6	1
4	3	5	1	9	6	2	8	7

171

2	3	7	9	5	8	1	6	4
4	1	5	6	2	3	9	8	7
8	9	6	4	7	1	2	3	5
6	2	4	1	8	5	3	7	9
7	5	3	2	6	9	8	4	1
1	8	9	3	4	7	5	2	6
3	6	8	5	9	4	7	1	2
5	7	2	8	1	6	4	9	3
9	4	1	7	3	2	6	5	8

172

3	6	4	8	5	9	1	7	2
7	8	1	6	3	2	4	5	9
9	5	2	4	1	7	6	3	8
2	4	3	1	8	6	7	9	5
5	9	6	7	4	3	8	2	1
1	7	8	2	9	5	3	6	4
6	1	9	3	2	4	5	8	7
8	2	7	5	6	1	9	4	3
4	3	5	9	7	8	2	1	6

173

2	5	6	9	3	4	7	1	8
8	7	1	2	6	5	3	9	4
3	4	9	7	8	1	6	2	5
9	1	4	8	2	3	5	7	6
6	3	5	1	7	9	4	8	2
7	8	2	4	5	6	1	3	9
5	6	8	3	9	7	2	4	1
1	2	7	5	4	8	9	6	3
4	9	3	6	1	2	8	5	7

174

4	2	3	1	8	5	7	9	6
9	6	7	3	2	4	1	8	5
8	1	5	7	9	6	2	4	3
3	9	6	2	1	7	4	5	8
2	7	8	5	4	3	6	1	9
1	5	4	9	6	8	3	7	2
7	3	1	6	5	9	8	2	4
6	4	9	8	7	2	5	3	1
5	8	2	4	3	1	9	6	7

175

5	7	6	1	8	9	4	3	2
4	2	3	7	6	5	1	9	8
9	8	1	4	2	3	5	7	6
3	5	9	2	7	6	8	4	1
6	1	8	9	3	4	2	5	7
7	4	2	8	5	1	9	6	3
2	3	7	5	9	8	6	1	4
1	6	5	3	4	2	7	8	9
8	9	4	6	1	7	3	2	5

176

7	3	5	6	4	9	8	1	2
2	6	4	1	8	5	9	3	7
9	8	1	7	2	3	6	4	5
3	2	8	5	6	1	4	7	9
4	9	7	8	3	2	5	6	1
5	1	6	9	7	4	2	8	3
8	5	3	2	1	6	7	9	4
1	7	9	4	5	8	3	2	6
6	4	2	3	9	7	1	5	8

177

6	9	4	5	3	2	8	1	7
8	7	5	9	6	1	3	2	4
2	3	1	8	7	4	5	6	9
9	4	7	2	8	3	6	5	1
1	8	3	7	5	6	4	9	2
5	6	2	1	4	9	7	3	8
3	2	8	4	1	5	9	7	6
7	1	6	3	9	8	2	4	5
4	5	9	6	2	7	1	8	3

178

8	9	5	2	4	3	6	1	7
6	7	1	5	9	8	2	4	3
4	3	2	6	1	7	9	5	8
3	6	8	9	2	5	4	7	1
1	5	4	7	8	6	3	2	9
7	2	9	4	3	1	8	6	5
9	8	7	1	6	2	5	3	4
5	4	6	3	7	9	1	8	2
2	1	3	8	5	4	7	9	6

179

7	8	4	1	9	5	2	3	6
3	6	9	8	4	2	5	7	1
1	5	2	3	6	7	8	9	4
4	7	1	5	8	3	6	2	9
2	9	8	4	1	6	7	5	3
5	3	6	2	7	9	4	1	8
6	4	5	7	3	1	9	8	2
9	1	7	6	2	8	3	4	5
8	2	3	9	5	4	1	6	7

180

8	3	1	7	4	9	2	6	5
5	4	9	2	3	6	1	8	7
2	7	6	1	8	5	4	9	3
3	8	4	5	9	2	6	7	1
6	1	2	3	7	4	9	5	8
9	5	7	6	1	8	3	2	4
1	6	3	8	2	7	5	4	9
7	9	5	4	6	3	8	1	2
4	2	8	9	5	1	7	3	6

181

2	6	8	5	1	7	3	4	9
7	3	9	4	2	6	8	5	1
1	4	5	8	9	3	6	7	2
6	9	1	2	5	8	7	3	4
3	2	7	9	6	4	1	8	5
8	5	4	3	7	1	2	9	6
5	8	6	7	4	2	9	1	3
9	1	3	6	8	5	4	2	7
4	7	2	1	3	9	5	6	8

182

3	2	8	5	7	4	9	1	6
5	1	4	6	3	9	2	8	7
6	7	9	8	1	2	4	3	5
9	4	2	7	6	3	8	5	1
7	8	5	9	2	1	6	4	3
1	3	6	4	5	8	7	9	2
2	9	3	1	4	7	5	6	8
8	6	1	2	9	5	3	7	4
4	5	7	3	8	6	1	2	9

183

6	1	3	5	8	9	4	2	7
8	2	7	3	4	6	9	5	1
9	5	4	7	2	1	8	3	6
4	6	2	8	1	5	7	9	3
1	9	8	4	3	7	5	6	2
3	7	5	9	6	2	1	8	4
7	8	1	6	9	3	2	4	5
5	4	6	2	7	8	3	1	9
2	3	9	1	5	4	6	7	8

184

7	2	8	9	1	6	3	5	4
4	3	1	8	5	2	6	7	9
6	5	9	4	3	7	1	8	2
2	8	3	5	7	4	9	6	1
1	9	6	2	8	3	5	4	7
5	4	7	6	9	1	8	2	3
8	6	4	3	2	9	7	1	5
9	7	2	1	6	5	4	3	8
3	1	5	7	4	8	2	9	6

185

9	3	6	7	1	8	4	5	2
5	8	4	2	9	6	1	7	3
1	7	2	5	3	4	9	6	8
4	1	8	3	5	7	2	9	6
2	9	5	6	4	1	8	3	7
7	6	3	8	2	9	5	4	1
3	4	9	1	7	2	6	8	5
6	2	7	9	8	5	3	1	4
8	5	1	4	6	3	7	2	9

186

3	6	5	4	8	7	2	1	9
1	9	2	6	3	5	4	7	8
7	8	4	1	2	9	6	5	3
2	3	1	8	7	6	9	4	5
5	7	8	2	9	4	3	6	1
9	4	6	3	5	1	7	8	2
4	5	9	7	1	2	8	3	6
6	1	3	9	4	8	5	2	7
8	2	7	5	6	3	1	9	4

187

9	8	7	4	5	1	3	2	6
6	4	2	3	7	8	5	9	1
1	3	5	2	9	6	4	7	8
3	7	6	9	8	2	1	4	5
5	2	1	7	3	4	8	6	9
8	9	4	6	1	5	2	3	7
7	5	9	1	2	3	6	8	4
2	6	8	5	4	7	9	1	3
4	1	3	8	6	9	7	5	2

188

6	3	9	7	2	5	1	4	8
1	8	5	3	4	6	9	2	7
7	2	4	1	9	8	6	3	5
5	1	6	2	8	4	3	7	9
3	4	7	5	1	9	8	6	2
8	9	2	6	7	3	5	1	4
9	7	8	4	3	1	2	5	6
2	5	3	9	6	7	4	8	1
4	6	1	8	5	2	7	9	3

189

8	5	7	6	2	9	1	4	3
6	1	3	4	7	8	9	2	5
2	4	9	5	3	1	8	7	6
7	9	2	3	4	6	5	8	1
5	6	8	1	9	2	4	3	7
1	3	4	7	8	5	6	9	2
4	8	5	2	1	7	3	6	9
9	2	1	8	6	3	7	5	4
3	7	6	9	5	4	2	1	8

190

4	5	2	3	7	1	6	8	9
8	6	3	4	5	9	7	2	1
1	9	7	2	6	8	5	4	3
9	8	6	7	1	2	3	5	4
7	3	5	6	9	4	8	1	2
2	4	1	8	3	5	9	7	6
6	1	8	5	4	3	2	9	7
3	2	4	9	8	7	1	6	5
5	7	9	1	2	6	4	3	8

191

5	6	7	4	2	9	1	3	8
3	8	4	7	1	6	9	5	2
1	9	2	3	8	5	4	6	7
2	5	6	8	9	4	7	1	3
7	3	1	5	6	2	8	9	4
9	4	8	1	7	3	5	2	6
6	2	5	9	4	8	3	7	1
8	7	3	6	5	1	2	4	9
4	1	9	2	3	7	6	8	5

192

4	9	2	7	5	6	8	3	1
7	3	5	8	9	1	6	4	2
6	1	8	3	2	4	9	5	7
3	8	7	5	6	2	1	9	4
9	2	4	1	8	7	5	6	3
5	6	1	9	4	3	7	2	8
8	4	9	2	1	5	3	7	6
1	7	6	4	3	9	2	8	5
2	5	3	6	7	8	4	1	9

193

3	6	8	4	2	5	7	1	9
5	7	9	3	8	1	2	4	6
2	1	4	6	9	7	5	8	3
6	5	7	2	4	9	8	3	1
4	3	1	5	7	8	6	9	2
8	9	2	1	3	6	4	5	7
1	4	5	9	6	2	3	7	8
7	2	3	8	1	4	9	6	5
9	8	6	7	5	3	1	2	4

194

6	8	9	4	3	7	2	1	5
5	4	1	6	9	2	7	3	8
7	3	2	5	8	1	4	9	6
1	9	4	7	2	8	5	6	3
3	2	6	1	4	5	8	7	9
8	7	5	3	6	9	1	4	2
9	6	7	8	5	4	3	2	1
2	1	8	9	7	3	6	5	4
4	5	3	2	1	6	9	8	7

195

5	7	6	1	8	9	4	3	2
4	2	3	7	6	5	1	9	8
9	8	1	4	2	3	5	7	6
3	5	9	2	7	6	8	4	1
6	1	8	9	3	4	2	5	7
7	4	2	8	5	1	9	6	3
2	3	7	5	9	8	6	1	4
1	6	5	3	4	2	7	8	9
8	9	4	6	1	7	3	2	5

196

2	1	6	5	3	8	4	9	7
4	3	9	6	7	1	5	8	2
7	5	8	9	4	2	3	6	1
6	7	3	1	5	9	8	2	4
8	4	5	3	2	6	1	7	9
9	2	1	4	8	7	6	5	3
5	8	2	7	1	3	9	4	6
1	9	4	2	6	5	7	3	8
3	6	7	8	9	4	2	1	5

197

1	8	2	6	4	3	5	9	7
5	9	6	2	7	8	4	3	1
7	4	3	9	5	1	6	8	2
4	1	7	3	2	6	9	5	8
9	6	5	1	8	7	2	4	3
2	3	8	5	9	4	1	7	6
6	7	1	4	3	5	8	2	9
8	5	9	7	6	2	3	1	4
3	2	4	8	1	9	7	6	5

198

3	2	1	8	9	4	5	7	6
6	9	7	3	2	5	4	8	1
5	8	4	1	7	6	2	9	3
8	5	6	7	3	1	9	2	4
4	3	2	6	8	9	1	5	7
1	7	9	4	5	2	6	3	8
7	6	5	2	4	3	8	1	9
9	4	3	5	1	8	7	6	2
2	1	8	9	6	7	3	4	5

199

6	9	5	2	7	8	4	1	3
8	3	2	6	4	1	5	9	7
1	4	7	5	9	3	2	6	8
5	2	9	1	3	4	8	7	6
4	8	3	7	6	5	1	2	9
7	1	6	8	2	9	3	5	4
3	5	4	9	1	6	7	8	2
9	7	8	3	5	2	6	4	1
2	6	1	4	8	7	9	3	5

200

4	7	1	8	6	3	2	9	5
3	2	9	4	7	5	6	1	8
6	5	8	2	1	9	3	4	7
5	9	7	1	8	6	4	3	2
2	3	4	5	9	7	8	6	1
1	8	6	3	4	2	5	7	9
8	4	5	7	3	1	9	2	6
9	1	3	6	2	8	7	5	4
7	6	2	9	5	4	1	8	3

201

5	1	8	2	6	3	4	7	9
2	3	7	4	5	9	6	1	8
6	9	4	7	8	1	5	3	2
3	8	9	6	1	5	7	2	4
1	4	2	3	7	8	9	6	5
7	6	5	9	2	4	3	8	1
4	2	6	8	9	7	1	5	3
8	5	3	1	4	6	2	9	7
9	7	1	5	3	2	8	4	6

202

6	8	3	1	4	7	2	5	9
5	9	4	8	6	2	7	3	1
2	1	7	3	5	9	6	4	8
8	7	2	9	3	1	4	6	5
9	5	6	7	2	4	8	1	3
4	3	1	5	8	6	9	2	7
3	6	5	4	9	8	1	7	2
7	2	8	6	1	3	5	9	4
1	4	9	2	7	5	3	8	6

203

6	9	8	3	1	4	7	5	2
7	5	3	6	8	2	1	4	9
1	2	4	9	5	7	8	6	3
4	3	7	2	6	9	5	1	8
5	8	9	1	7	3	4	2	6
2	6	1	8	4	5	9	3	7
9	7	6	4	3	1	2	8	5
3	4	5	7	2	8	6	9	1
8	1	2	5	9	6	3	7	4

204

7	3	9	4	2	8	5	1	6
6	2	1	7	5	9	8	4	3
8	5	4	3	1	6	9	7	2
2	1	6	9	8	3	7	5	4
5	4	3	6	7	1	2	9	8
9	8	7	5	4	2	3	6	1
1	9	2	8	6	7	4	3	5
4	7	8	1	3	5	6	2	9
3	6	5	2	9	4	1	8	7

205

1	2	5	9	3	8	6	4	7
6	8	4	5	7	2	3	1	9
7	3	9	1	6	4	2	8	5
4	9	3	6	8	1	7	5	2
8	7	2	4	9	5	1	3	6
5	6	1	7	2	3	8	9	4
9	1	6	3	5	7	4	2	8
3	5	8	2	4	6	9	7	1
2	4	7	8	1	9	5	6	3

206

8	2	3	4	7	1	6	5	9
6	7	9	5	8	2	4	3	1
1	4	5	3	6	9	8	7	2
9	5	2	1	3	4	7	6	8
4	6	8	9	5	7	1	2	3
3	1	7	8	2	6	9	4	5
7	9	1	2	4	5	3	8	6
2	8	6	7	9	3	5	1	4
5	3	4	6	1	8	2	9	7

207

4	5	7	1	9	2	8	6	3
3	8	9	4	6	7	1	5	2
1	6	2	5	8	3	4	7	9
8	4	6	3	7	5	9	2	1
5	9	3	6	2	1	7	8	4
2	7	1	8	4	9	6	3	5
6	1	8	2	3	4	5	9	7
7	3	5	9	1	6	2	4	8
9	2	4	7	5	8	3	1	6

208

3	5	2	8	9	7	4	1	6
7	1	4	6	2	3	5	9	8
6	9	8	1	5	4	2	3	7
8	7	1	9	6	2	3	5	4
4	3	9	7	8	5	6	2	1
5	2	6	4	3	1	7	8	9
9	8	3	2	4	6	1	7	5
2	6	7	5	1	9	8	4	3
1	4	5	3	7	8	9	6	2

209

8	3	2	4	5	6	1	9	7
7	1	4	9	3	8	2	6	5
6	5	9	1	7	2	4	8	3
2	4	6	7	8	1	5	3	9
3	7	5	2	6	9	8	1	4
9	8	1	5	4	3	7	2	6
1	6	7	3	2	5	9	4	8
4	9	8	6	1	7	3	5	2
5	2	3	8	9	4	6	7	1

210

6	1	8	2	7	3	9	5	4
7	9	5	4	1	8	3	2	6
3	2	4	5	6	9	1	8	7
1	8	7	9	3	5	6	4	2
2	6	9	8	4	1	7	3	5
4	5	3	6	2	7	8	9	1
9	4	2	1	8	6	5	7	3
5	7	6	3	9	2	4	1	8
8	3	1	7	5	4	2	6	9

211

7	8	6	4	1	5	3	9	2
1	3	2	9	7	8	6	5	4
5	9	4	2	3	6	8	7	1
3	5	9	7	2	4	1	8	6
4	1	8	6	9	3	7	2	5
2	6	7	8	5	1	9	4	3
8	4	5	1	6	7	2	3	9
9	7	1	3	4	2	5	6	8
6	2	3	5	8	9	4	1	7

212

7	1	8	5	3	4	9	2	6
2	5	4	9	7	6	1	8	3
9	3	6	1	8	2	7	5	4
5	2	7	8	4	1	3	6	9
8	9	1	6	5	3	4	7	2
6	4	3	2	9	7	5	1	8
1	7	9	4	6	8	2	3	5
3	8	5	7	2	9	6	4	1
4	6	2	3	1	5	8	9	7

213

4	8	1	3	6	2	7	9	5
5	6	3	9	7	8	4	2	1
7	2	9	1	4	5	3	8	6
9	3	4	2	5	1	6	7	8
2	5	6	7	8	3	1	4	9
8	1	7	6	9	4	5	3	2
1	7	2	5	3	9	8	6	4
6	9	8	4	1	7	2	5	3
3	4	5	8	2	6	9	1	7

214

5	2	9	7	6	1	4	8	3
6	8	4	3	2	9	7	1	5
7	1	3	8	4	5	2	6	9
4	7	1	9	3	8	5	2	6
8	9	2	5	7	6	3	4	1
3	5	6	2	1	4	9	7	8
1	6	7	4	5	3	8	9	2
2	3	8	6	9	7	1	5	4
9	4	5	1	8	2	6	3	7

215

1	8	4	3	7	5	2	9	6
2	5	7	6	9	8	4	1	3
6	9	3	1	2	4	8	5	7
7	6	1	9	3	2	5	4	8
4	3	9	8	5	7	6	2	1
8	2	5	4	1	6	7	3	9
5	1	2	7	8	9	3	6	4
9	4	8	2	6	3	1	7	5
3	7	6	5	4	1	9	8	2

216

4	1	7	2	3	5	8	6	9
8	6	2	9	7	4	5	3	1
9	5	3	8	1	6	2	4	7
6	8	5	4	9	7	1	2	3
3	2	1	6	5	8	7	9	4
7	9	4	1	2	3	6	8	5
1	4	8	5	6	9	3	7	2
2	3	9	7	8	1	4	5	6
5	7	6	3	4	2	9	1	8

217

6	5	4	8	2	3	7	9	1
7	3	8	6	9	1	2	4	5
9	2	1	5	7	4	3	8	6
5	8	7	2	4	6	9	1	3
2	1	3	9	5	8	6	7	4
4	6	9	3	1	7	5	2	8
3	7	6	4	8	9	1	5	2
8	9	5	1	6	2	4	3	7
1	4	2	7	3	5	8	6	9

218

7	1	8	3	4	5	6	2	9
6	9	2	8	1	7	5	4	3
4	5	3	2	6	9	1	8	7
9	3	1	5	8	4	2	7	6
8	2	7	6	9	3	4	5	1
5	4	6	1	7	2	3	9	8
2	8	5	7	3	1	9	6	4
1	6	9	4	5	8	7	3	2
3	7	4	9	2	6	8	1	5

219

2	7	3	9	4	5	8	1	6
8	6	4	1	3	7	5	9	2
1	5	9	2	8	6	7	3	4
6	2	5	3	1	9	4	8	7
3	1	8	7	2	4	6	5	9
9	4	7	6	5	8	3	2	1
5	8	2	4	7	1	9	6	3
7	3	6	5	9	2	1	4	8
4	9	1	8	6	3	2	7	5

220

9	5	3	4	2	7	1	6	8
7	1	4	8	9	6	3	5	2
8	6	2	3	1	5	4	9	7
3	2	7	5	8	9	6	4	1
1	4	6	2	7	3	5	8	9
5	8	9	1	6	4	7	2	3
4	3	8	9	5	1	2	7	6
2	7	5	6	3	8	9	1	4
6	9	1	7	4	2	8	3	5

221

5	3	1	4	2	7	9	8	6
2	6	7	8	1	9	4	3	5
9	4	8	5	3	6	2	7	1
8	7	4	2	9	5	6	1	3
1	2	3	6	7	4	5	9	8
6	9	5	1	8	3	7	4	2
3	8	9	7	5	2	1	6	4
7	5	6	3	4	1	8	2	9
4	1	2	9	6	8	3	5	7

222

2	9	4	5	3	6	1	7	8
7	6	8	1	2	4	3	5	9
1	3	5	9	7	8	4	6	2
6	2	7	8	5	1	9	3	4
8	4	9	2	6	3	5	1	7
3	5	1	4	9	7	8	2	6
5	1	2	7	4	9	6	8	3
4	8	6	3	1	2	7	9	5
9	7	3	6	8	5	2	4	1

223

9	6	3	1	8	2	4	5	7
2	7	5	4	6	3	8	9	1
1	4	8	7	5	9	2	6	3
7	5	6	2	9	8	1	3	4
3	9	4	6	1	7	5	2	8
8	1	2	5	3	4	6	7	9
4	2	1	3	7	6	9	8	5
5	3	9	8	2	1	7	4	6
6	8	7	9	4	5	3	1	2

224

4	3	2	5	8	1	9	6	7
9	1	8	7	6	4	3	5	2
5	6	7	2	9	3	8	4	1
7	9	5	6	4	2	1	8	3
1	2	3	9	5	8	4	7	6
6	8	4	1	3	7	5	2	9
2	5	6	8	1	9	7	3	4
3	7	9	4	2	5	6	1	8
8	4	1	3	7	6	2	9	5

225

2	9	**5**	7	**4**	6	3	1	8
8	3	6	1	2	9	5	**7**	**4**
4	7	**1**	8	5	3	**2**	6	9
1	**5**	3	9	7	2	8	4	**6**
9	4	2	**6**	**3**	**8**	1	5	7
6	8	7	**5**	1	4	9	3	**2**
3	6	**9**	4	8	5	**7**	2	1
7	**2**	4	**3**	9	**1**	6	8	5
5	1	8	**2**	6	7	**4**	9	3

226

5	**4**	**7**	**9**	2	3	**8**	1	6
1	8	6	4	5	7	2	9	3
3	9	2	8	1	6	**5**	**7**	**4**
4	3	1	5	6	8	**9**	2	7
6	7	9	**2**	**4**	**1**	3	5	**8**
8	2	5	7	**3**	**9**	4	**6**	1
7	**1**	**8**	3	9	2	6	4	**5**
2	5	3	6	7	4	1	8	9
9	6	**4**	**1**	8	**5**	7	3	**2**

227

7	9	6	5	**3**	**4**	2	1	8
8	3	**1**	9	**7**	**2**	**4**	5	**6**
5	4	**2**	6	8	1	3	9	7
6	7	**9**	1	2	5	8	**3**	4
4	1	8	3	**6**	7	**5**	2	**9**
2	**5**	3	4	9	8	**7**	6	1
9	2	4	**7**	1	3	**6**	8	5
3	**6**	**5**	**8**	**4**	**9**	**1**	**7**	**2**
1	8	7	**2**	**5**	**6**	9	4	3

228

7	4	2	**9**	**1**	6	3	**5**	8
6	**8**	5	3	**7**	2	**4**	**1**	9
1	**9**	3	4	**5**	8	6	**2**	7
9	5	7	**8**	6	1	2	4	3
3	**2**	6	**5**	**9**	**4**	7	**8**	1
4	1	8	2	3	**7**	5	9	**6**
8	**7**	4	6	**2**	9	1	3	5
2	**3**	**1**	7	**8**	5	9	**6**	4
5	**6**	9	1	**4**	**3**	8	7	2

229

1	4	6	2	9	5	7	3	8
5	7	3	1	6	8	2	9	4
9	2	8	4	3	7	6	1	5
8	1	9	6	2	4	5	7	3
4	3	5	9	7	1	8	2	6
2	6	7	5	8	3	1	4	9
6	8	2	3	1	9	4	5	7
3	5	1	7	4	6	9	8	2
7	9	4	8	5	2	3	6	1

230

8	5	2	4	9	1	6	3	7
7	1	3	8	2	6	4	9	5
9	4	6	7	3	5	2	8	1
3	9	7	5	6	8	1	4	2
6	8	4	2	1	9	7	5	3
5	2	1	3	4	7	9	6	8
2	6	9	1	5	3	8	7	4
1	3	8	9	7	4	5	2	6
4	7	5	6	8	2	3	1	9

231

4	1	2	3	5	7	9	6	8
8	9	7	6	2	4	5	3	1
3	6	5	1	9	8	4	2	7
6	5	9	4	8	1	3	7	2
7	8	3	2	6	9	1	5	4
2	4	1	7	3	5	8	9	6
5	2	6	8	4	3	7	1	9
1	3	8	9	7	6	2	4	5
9	7	4	5	1	2	6	8	3

232

1	7	8	9	3	4	2	6	5
6	9	3	5	1	2	4	7	8
2	4	5	6	8	7	9	3	1
3	8	6	7	2	5	1	4	9
7	1	9	4	6	8	3	5	2
5	2	4	1	9	3	7	8	6
8	3	7	2	5	1	6	9	4
9	5	1	3	4	6	8	2	7
4	6	2	8	7	9	5	1	3

233

8	5	7	1	9	6	3	2	4
3	4	6	8	5	2	9	1	7
1	9	2	7	4	3	5	8	6
9	3	5	2	8	7	4	6	1
6	2	4	3	1	5	8	7	9
7	8	1	4	6	9	2	3	5
2	7	9	6	3	4	1	5	8
5	6	8	9	2	1	7	4	3
4	1	3	5	7	8	6	9	2

234

5	1	9	3	2	6	7	4	8
3	6	4	5	7	8	1	9	2
8	7	2	4	9	1	5	3	6
7	9	3	8	5	2	6	1	4
2	4	1	6	3	9	8	7	5
6	8	5	1	4	7	3	2	9
1	5	7	9	6	4	2	8	3
4	3	8	2	1	5	9	6	7
9	2	6	7	8	3	4	5	1

235

2	9	5	4	3	7	1	6	8
6	1	8	5	9	2	4	7	3
7	4	3	8	6	1	2	9	5
8	5	4	1	2	6	9	3	7
1	3	7	9	4	8	6	5	2
9	6	2	7	5	3	8	1	4
5	2	1	6	7	4	3	8	9
4	8	9	3	1	5	7	2	6
3	7	6	2	8	9	5	4	1

236

5	2	1	6	3	9	4	8	7
6	7	3	8	5	4	2	9	1
9	8	4	2	1	7	3	6	5
3	5	9	4	6	1	7	2	8
8	6	2	9	7	3	1	5	4
4	1	7	5	8	2	9	3	6
2	4	8	7	9	5	6	1	3
7	3	5	1	2	6	8	4	9
1	9	6	3	4	8	5	7	2

237

7	5	8	4	9	3	6	1	2
6	1	9	2	7	5	4	8	3
4	2	3	6	8	1	5	7	9
1	7	2	9	6	8	3	4	5
9	3	5	7	1	4	8	2	6
8	6	4	3	5	2	7	9	1
2	8	6	1	3	7	9	5	4
5	9	1	8	4	6	2	3	7
3	4	7	5	2	9	1	6	8

238

1	7	4	9	6	8	5	3	2
8	2	3	7	4	5	6	9	1
9	5	6	3	1	2	7	8	4
7	9	1	8	3	6	4	2	5
2	4	8	1	5	7	3	6	9
6	3	5	2	9	4	1	7	8
3	8	2	5	7	1	9	4	6
5	6	7	4	2	9	8	1	3
4	1	9	6	8	3	2	5	7

239

5	4	1	3	7	2	9	8	6
9	3	7	6	1	8	5	4	2
6	8	2	5	4	9	1	7	3
3	9	6	1	8	4	7	2	5
7	2	8	9	5	6	3	1	4
1	5	4	7	2	3	6	9	8
2	6	3	4	9	1	8	5	7
8	7	9	2	6	5	4	3	1
4	1	5	8	3	7	2	6	9

240

7	1	9	8	3	4	6	5	2
5	6	8	7	2	1	4	3	9
4	2	3	9	5	6	8	7	1
9	8	1	3	4	7	5	2	6
2	4	6	5	1	8	7	9	3
3	5	7	6	9	2	1	8	4
6	9	4	2	7	5	3	1	8
8	7	2	1	6	3	9	4	5
1	3	5	4	8	9	2	6	7

241

6	5	7	9	3	4	1	8	2
8	4	2	1	7	6	3	9	5
9	1	3	2	5	8	4	7	6
1	6	8	7	9	2	5	3	4
2	3	5	4	8	1	7	6	9
4	7	9	5	6	3	2	1	8
5	8	4	6	1	7	9	2	3
3	9	1	8	2	5	6	4	7
7	2	6	3	4	9	8	5	1

242

8	2	1	7	6	4	9	5	3
6	9	3	1	8	5	7	2	4
7	5	4	3	9	2	6	1	8
4	6	7	2	1	9	8	3	5
3	8	9	4	5	7	1	6	2
2	1	5	8	3	6	4	9	7
9	7	2	6	4	3	5	8	1
1	4	6	5	2	8	3	7	9
5	3	8	9	7	1	2	4	6

243

4	1	8	2	9	3	6	5	7
9	6	7	1	5	4	2	3	8
2	3	5	6	7	8	4	9	1
8	4	9	5	6	2	7	1	3
7	5	3	4	1	9	8	2	6
6	2	1	3	8	7	5	4	9
3	9	2	7	4	6	1	8	5
5	8	6	9	2	1	3	7	4
1	7	4	8	3	5	9	6	2

244

7	3	6	9	8	2	4	1	5
8	1	9	4	5	6	7	3	2
2	5	4	3	1	7	6	9	8
4	8	7	5	3	9	2	6	1
6	9	1	2	7	4	8	5	3
3	2	5	8	6	1	9	4	7
9	4	8	1	2	3	5	7	6
5	6	3	7	4	8	1	2	9
1	7	2	6	9	5	3	8	4

245

2	7	8	1	9	4	3	5	6
3	5	9	8	2	6	7	1	4
1	6	4	5	7	3	8	9	2
4	2	1	9	3	8	6	7	5
6	3	7	4	1	5	2	8	9
9	8	5	2	6	7	1	4	3
8	1	3	6	5	9	4	2	7
7	9	2	3	4	1	5	6	8
5	4	6	7	8	2	9	3	1

246

8	6	2	9	1	4	5	3	7
9	5	4	7	3	8	1	6	2
3	1	7	2	6	5	9	8	4
6	8	1	4	9	7	2	5	3
4	9	5	6	2	3	7	1	8
7	2	3	8	5	1	4	9	6
2	3	9	5	4	6	8	7	1
1	4	8	3	7	9	6	2	5
5	7	6	1	8	2	3	4	9

247

5	4	8	7	6	2	1	3	9
2	1	6	4	3	9	7	5	8
3	7	9	1	8	5	4	2	6
6	3	2	8	9	1	5	7	4
9	5	7	2	4	6	8	1	3
1	8	4	3	5	7	9	6	2
7	2	3	9	1	4	6	8	5
8	9	5	6	7	3	2	4	1
4	6	1	5	2	8	3	9	7

248

8	9	5	4	3	6	7	1	2
4	7	1	8	5	2	3	6	9
6	2	3	7	1	9	4	8	5
5	6	7	9	2	4	1	3	8
2	4	8	3	6	1	5	9	7
3	1	9	5	8	7	2	4	6
1	3	2	6	9	5	8	7	4
9	8	4	2	7	3	6	5	1
7	5	6	1	4	8	9	2	3

249

3	4	6	9	2	5	8	7	1
1	7	2	4	8	6	3	5	9
5	9	8	7	3	1	6	2	4
9	1	7	5	6	4	2	8	3
8	6	4	3	7	2	1	9	5
2	3	5	1	9	8	4	6	7
4	8	1	2	5	7	9	3	6
7	2	9	6	1	3	5	4	8
6	5	3	8	4	9	7	1	2

250

9	3	1	6	2	8	4	5	7
4	6	5	3	7	1	2	8	9
8	7	2	4	9	5	3	1	6
7	2	3	5	8	4	6	9	1
1	9	4	7	6	3	5	2	8
6	5	8	9	1	2	7	3	4
2	1	7	8	3	6	9	4	5
5	8	9	2	4	7	1	6	3
3	4	6	1	5	9	8	7	2

251

1	5	4	9	8	6	2	3	7
9	7	6	3	4	2	1	8	5
2	8	3	1	7	5	6	9	4
4	2	9	7	6	8	5	1	3
8	3	5	2	1	4	7	6	9
6	1	7	5	9	3	4	2	8
5	9	8	6	2	7	3	4	1
3	6	1	4	5	9	8	7	2
7	4	2	8	3	1	9	5	6

252

4	7	2	6	3	8	9	1	5
9	3	5	4	7	1	8	6	2
8	1	6	9	5	2	4	3	7
6	5	1	8	4	9	2	7	3
2	9	7	3	1	6	5	4	8
3	4	8	5	2	7	6	9	1
5	8	3	7	9	4	1	2	6
1	6	4	2	8	3	7	5	9
7	2	9	1	6	5	3	8	4

253

3	9	2	5	1	6	8	7	4
4	8	5	7	3	2	1	6	9
7	1	6	4	8	9	2	3	5
1	4	7	3	2	8	9	5	6
5	3	9	1	6	4	7	2	8
6	2	8	9	7	5	4	1	3
9	6	3	2	4	7	5	8	1
2	5	1	8	9	3	6	4	7
8	7	4	6	5	1	3	9	2

254

7	8	3	5	2	9	1	4	6
4	1	9	8	6	7	5	3	2
6	2	5	4	1	3	7	9	8
8	5	2	9	7	6	4	1	3
3	7	1	2	5	4	8	6	9
9	6	4	3	8	1	2	7	5
2	4	6	1	9	5	3	8	7
5	3	7	6	4	8	9	2	1
1	9	8	7	3	2	6	5	4

255

7	9	5	1	2	3	8	6	4
8	3	1	4	6	9	2	5	7
2	6	4	7	8	5	9	3	1
6	7	8	9	4	1	5	2	3
4	5	2	8	3	6	1	7	9
9	1	3	2	5	7	4	8	6
5	4	7	6	1	8	3	9	2
3	2	9	5	7	4	6	1	8
1	8	6	3	9	2	7	4	5

256

9	3	4	6	8	2	1	7	5
6	1	7	9	5	4	8	2	3
5	8	2	1	3	7	9	4	6
7	6	5	3	4	9	2	1	8
8	2	3	5	7	1	6	9	4
4	9	1	2	6	8	5	3	7
1	4	6	7	9	5	3	8	2
2	5	8	4	1	3	7	6	9
3	7	9	8	2	6	4	5	1

257

9	2	7	4	1	5	3	6	8
3	8	6	2	9	7	4	1	5
1	4	5	3	8	6	2	7	9
2	3	1	7	4	8	9	5	6
6	5	8	9	3	1	7	2	4
4	7	9	5	6	2	1	8	3
8	9	2	1	5	3	6	4	7
7	6	3	8	2	4	5	9	1
5	1	4	6	7	9	8	3	2

258

4	5	9	3	6	8	1	7	2
3	6	1	5	2	7	8	9	4
8	7	2	9	1	4	6	5	3
7	9	8	6	4	2	5	3	1
5	2	3	8	9	1	4	6	7
1	4	6	7	5	3	2	8	9
2	8	7	1	3	5	9	4	6
9	1	5	4	7	6	3	2	8
6	3	4	2	8	9	7	1	5

259

1	4	2	7	5	9	8	6	3
8	3	5	4	6	1	2	9	7
7	6	9	2	8	3	4	1	5
2	7	3	1	4	5	6	8	9
5	1	6	9	3	8	7	4	2
4	9	8	6	7	2	3	5	1
9	2	7	8	1	4	5	3	6
6	5	4	3	9	7	1	2	8
3	8	1	5	2	6	9	7	4

260

6	5	1	8	9	4	3	2	7
8	2	7	1	6	3	9	4	5
4	3	9	7	2	5	6	1	8
9	8	3	5	4	1	7	6	2
7	6	2	3	8	9	4	5	1
5	1	4	2	7	6	8	3	9
3	7	8	4	5	2	1	9	6
1	9	5	6	3	7	2	8	4
2	4	6	9	1	8	5	7	3

261

7	4	8	2	5	6	3	9	1
3	5	1	9	4	8	2	6	7
6	2	9	7	1	3	5	4	8
1	3	4	6	8	9	7	5	2
9	8	5	4	7	2	6	1	3
2	6	7	1	3	5	9	8	4
8	7	2	5	9	4	1	3	6
5	1	3	8	6	7	4	2	9
4	9	6	3	2	1	8	7	5

262

9	4	3	5	8	1	6	2	7
6	1	2	7	9	3	4	5	8
7	8	5	2	6	4	3	9	1
3	9	6	8	4	7	2	1	5
5	7	8	1	3	2	9	4	6
1	2	4	9	5	6	7	8	3
4	5	1	6	7	9	8	3	2
2	3	7	4	1	8	5	6	9
8	6	9	3	2	5	1	7	4

263

9	7	4	6	2	8	3	5	1
1	2	3	4	5	9	8	6	7
5	8	6	1	3	7	4	9	2
8	1	9	2	4	3	6	7	5
7	6	5	9	8	1	2	3	4
4	3	2	7	6	5	1	8	9
6	9	8	5	1	4	7	2	3
2	4	7	3	9	6	5	1	8
3	5	1	8	7	2	9	4	6

264

5	6	7	8	1	4	3	2	9
3	1	9	2	6	7	5	8	4
4	2	8	5	3	9	6	7	1
6	5	4	1	7	8	2	9	3
9	7	3	4	2	6	1	5	8
1	8	2	9	5	3	4	6	7
7	9	6	3	4	5	8	1	2
8	4	1	6	9	2	7	3	5
2	3	5	7	8	1	9	4	6

265

1	4	9	7	8	3	2	6	5
5	7	3	1	6	2	9	4	8
8	2	6	5	4	9	3	1	7
2	6	8	3	1	5	7	9	4
3	1	4	8	9	7	6	5	2
9	5	7	6	2	4	8	3	1
4	3	1	9	7	8	5	2	6
7	9	2	4	5	6	1	8	3
6	8	5	2	3	1	4	7	9

266

9	1	8	2	5	4	3	7	6
6	2	7	3	9	8	1	5	4
3	4	5	6	7	1	9	2	8
4	8	1	9	2	6	7	3	5
2	9	3	5	8	7	6	4	1
5	7	6	1	4	3	8	9	2
1	3	9	4	6	2	5	8	7
7	5	4	8	1	9	2	6	3
8	6	2	7	3	5	4	1	9

267

3	4	7	2	8	1	9	6	5
1	5	6	9	7	4	3	8	2
9	2	8	5	6	3	7	1	4
2	7	1	8	5	9	4	3	6
4	6	3	1	2	7	5	9	8
5	8	9	3	4	6	1	2	7
7	3	2	6	9	5	8	4	1
8	9	4	7	1	2	6	5	3
6	1	5	4	3	8	2	7	9

268

7	8	2	4	3	6	5	1	9
9	5	6	2	7	1	8	3	4
3	4	1	8	5	9	2	7	6
8	1	3	6	2	4	9	5	7
5	7	4	9	8	3	6	2	1
2	6	9	7	1	5	4	8	3
4	3	7	5	9	8	1	6	2
6	2	5	1	4	7	3	9	8
1	9	8	3	6	2	7	4	5

269

7	4	2	5	8	1	3	9	6
3	1	9	7	6	2	8	4	5
5	6	8	9	3	4	1	7	2
2	8	5	4	9	3	7	6	1
1	3	7	6	2	5	4	8	9
4	9	6	1	7	8	2	5	3
8	5	4	3	1	6	9	2	7
6	7	3	2	4	9	5	1	8
9	2	1	8	5	7	6	3	4

270

7	5	6	8	9	4	3	1	2
2	4	1	3	6	5	9	7	8
8	9	3	7	2	1	4	5	6
6	1	8	4	3	2	5	9	7
5	2	4	1	7	9	8	6	3
3	7	9	6	5	8	2	4	1
1	8	2	9	4	7	6	3	5
4	3	5	2	1	6	7	8	9
9	6	7	5	8	3	1	2	4

271

9	5	3	6	1	2	4	7	8
1	8	7	9	4	5	2	6	3
4	6	2	7	8	3	9	1	5
3	2	6	5	7	1	8	9	4
8	1	4	3	6	9	7	5	2
7	9	5	4	2	8	1	3	6
2	3	1	8	9	6	5	4	7
5	4	8	1	3	7	6	2	9
6	7	9	2	5	4	3	8	1

272

1	7	3	4	9	5	2	8	6
8	9	6	3	2	1	7	4	5
2	5	4	7	6	8	1	9	3
7	3	5	6	4	2	8	1	9
4	1	9	8	5	3	6	7	2
6	8	2	1	7	9	3	5	4
5	2	7	9	8	6	4	3	1
9	4	1	2	3	7	5	6	8
3	6	8	5	1	4	9	2	7

273

5	8	3	6	2	9	7	4	1
9	1	4	5	7	8	2	3	6
2	7	6	1	4	3	5	9	8
7	3	8	4	5	6	1	2	9
1	2	5	9	8	7	4	6	3
4	6	9	2	3	1	8	7	5
3	5	1	7	6	4	9	8	2
6	4	2	8	9	5	3	1	7
8	9	7	3	1	2	6	5	4

274

2	6	1	3	5	8	4	9	7
5	9	3	7	4	1	6	8	2
8	7	4	2	9	6	1	5	3
1	5	9	8	7	2	3	6	4
7	4	2	5	6	3	9	1	8
3	8	6	9	1	4	7	2	5
4	1	7	6	8	5	2	3	9
9	3	5	1	2	7	8	4	6
6	2	8	4	3	9	5	7	1

275

2	6	3	7	5	8	1	9	4
8	4	9	2	1	3	5	6	7
7	1	5	9	4	6	8	3	2
1	2	4	8	7	9	6	5	3
3	5	6	1	2	4	9	7	8
9	7	8	6	3	5	2	4	1
5	8	7	4	9	1	3	2	6
4	3	1	5	6	2	7	8	9
6	9	2	3	8	7	4	1	5

276

2	4	3	9	8	7	1	6	5
8	1	7	5	6	3	9	4	2
6	5	9	4	1	2	8	3	7
4	3	5	2	7	9	6	1	8
1	2	8	6	3	5	7	9	4
7	9	6	1	4	8	5	2	3
5	6	4	8	2	1	3	7	9
9	7	1	3	5	4	2	8	6
3	8	2	7	9	6	4	5	1

277

5	7	2	3	6	9	1	4	8
8	1	4	5	7	2	6	9	3
9	3	6	1	4	8	5	7	2
4	6	1	7	3	5	2	8	9
7	8	9	6	2	4	3	5	1
2	5	3	8	9	1	4	6	7
1	4	5	2	8	7	9	3	6
3	2	7	9	5	6	8	1	4
6	9	8	4	1	3	7	2	5

278

5	1	4	9	2	3	7	6	8
7	2	6	1	8	5	9	3	4
3	8	9	6	4	7	1	2	5
9	3	5	7	1	4	6	8	2
8	6	2	5	3	9	4	1	7
4	7	1	8	6	2	5	9	3
1	4	8	2	7	6	3	5	9
6	5	7	3	9	8	2	4	1
2	9	3	4	5	1	8	7	6

279

9	5	3	4	2	6	8	7	1
6	2	1	7	8	3	9	4	5
8	4	7	1	9	5	3	6	2
3	7	4	6	5	1	2	9	8
2	6	9	3	4	8	1	5	7
5	1	8	9	7	2	6	3	4
4	3	6	8	1	7	5	2	9
1	9	5	2	6	4	7	8	3
7	8	2	5	3	9	4	1	6

280

4	1	7	6	5	3	8	9	2
5	8	2	7	4	9	1	6	3
6	9	3	2	8	1	4	7	5
7	4	5	9	6	2	3	1	8
1	3	9	4	7	8	2	5	6
8	2	6	3	1	5	7	4	9
9	6	1	8	3	7	5	2	4
2	5	8	1	9	4	6	3	7
3	7	4	5	2	6	9	8	1

281

6	7	5	4	9	3	8	1	2
2	4	8	5	7	1	6	9	3
1	9	3	8	6	2	4	5	7
4	8	9	3	2	5	7	6	1
5	6	2	7	1	4	9	3	8
3	1	7	9	8	6	2	4	5
9	2	1	6	5	7	3	8	4
8	5	4	2	3	9	1	7	6
7	3	6	1	4	8	5	2	9

282

5	6	4	7	8	3	2	9	1
1	7	9	4	2	6	8	3	5
3	8	2	1	9	5	7	4	6
9	2	6	5	1	4	3	7	8
8	3	7	9	6	2	5	1	4
4	1	5	8	3	7	6	2	9
2	9	1	3	5	8	4	6	7
6	4	8	2	7	9	1	5	3
7	5	3	6	4	1	9	8	2

283

7	9	4	3	2	8	5	1	6
5	6	8	4	9	1	3	2	7
1	3	2	7	5	6	8	4	9
4	8	9	2	6	3	7	5	1
2	1	7	5	4	9	6	3	8
3	5	6	1	8	7	2	9	4
8	2	5	6	1	4	9	7	3
9	4	3	8	7	2	1	6	5
6	7	1	9	3	5	4	8	2

284

2	4	5	7	9	6	1	3	8
9	8	3	1	5	4	6	7	2
1	6	7	2	3	8	4	5	9
7	5	1	3	6	9	2	8	4
8	2	4	5	1	7	9	6	3
3	9	6	4	8	2	5	1	7
6	7	9	8	4	5	3	2	1
4	3	8	6	2	1	7	9	5
5	1	2	9	7	3	8	4	6

285

8	7	9	5	6	3	2	1	4
5	4	1	8	7	2	3	6	9
6	2	3	4	9	1	7	5	8
9	6	2	7	5	8	4	3	1
4	1	7	3	2	9	5	8	6
3	5	8	1	4	6	9	2	7
7	3	6	2	8	4	1	9	5
1	8	4	9	3	5	6	7	2
2	9	5	6	1	7	8	4	3

286

3	4	2	1	5	8	6	7	9
1	5	9	6	3	7	4	8	2
8	6	7	9	4	2	5	1	3
2	1	6	4	7	3	9	5	8
7	9	8	2	6	5	3	4	1
5	3	4	8	1	9	2	6	7
4	7	5	3	2	1	8	9	6
9	2	1	5	8	6	7	3	4
6	8	3	7	9	4	1	2	5

287

2	5	8	6	4	3	7	1	9
1	7	9	5	2	8	6	3	4
3	6	4	1	7	9	5	2	8
7	8	2	3	1	6	4	9	5
9	4	3	7	5	2	8	6	1
6	1	5	9	8	4	3	7	2
4	9	1	8	6	7	2	5	3
5	2	6	4	3	1	9	8	7
8	3	7	2	9	5	1	4	6

288

1	6	8	4	9	3	7	2	5
3	4	2	6	5	7	9	1	8
9	5	7	8	1	2	6	4	3
4	7	9	2	8	6	5	3	1
2	3	1	5	7	9	8	6	4
5	8	6	3	4	1	2	7	9
6	1	3	9	2	8	4	5	7
8	2	4	7	3	5	1	9	6
7	9	5	1	6	4	3	8	2

289

6	2	3	1	7	5	9	4	8
1	9	8	3	4	6	7	5	2
4	7	5	2	9	8	3	6	1
5	4	2	9	8	7	1	3	6
3	8	6	4	1	2	5	7	9
7	1	9	5	6	3	8	2	4
2	5	1	8	3	4	6	9	7
9	3	7	6	2	1	4	8	5
8	6	4	7	5	9	2	1	3

290

3	1	6	5	2	4	7	9	8
2	8	7	9	6	3	5	1	4
5	9	4	8	7	1	6	2	3
6	4	8	1	9	7	2	3	5
1	2	5	4	3	8	9	7	6
7	3	9	2	5	6	4	8	1
8	7	2	3	4	5	1	6	9
9	5	3	6	1	2	8	4	7
4	6	1	7	8	9	3	5	2

291

2	1	4	8	5	6	7	9	3
5	9	3	4	1	7	6	8	2
6	7	8	2	3	9	4	5	1
7	4	9	1	6	3	8	2	5
8	3	2	7	4	5	1	6	9
1	6	5	9	2	8	3	7	4
9	5	6	3	7	1	2	4	8
4	8	1	6	9	2	5	3	7
3	2	7	5	8	4	9	1	6

292

6	9	7	8	2	3	4	1	5
5	8	3	1	4	7	2	6	9
4	1	2	6	9	5	3	8	7
8	6	5	4	1	9	7	3	2
3	2	1	7	5	6	9	4	8
7	4	9	3	8	2	6	5	1
1	7	8	2	3	4	5	9	6
9	3	6	5	7	8	1	2	4
2	5	4	9	6	1	8	7	3

293

5	6	2	9	4	8	3	1	7
8	7	1	6	5	3	2	9	4
4	3	9	1	7	2	6	8	5
1	8	4	3	2	6	7	5	9
3	5	7	4	9	1	8	2	6
9	2	6	7	8	5	4	3	1
6	1	5	2	3	7	9	4	8
2	9	8	5	6	4	1	7	3
7	4	3	8	1	9	5	6	2

294

8	7	2	6	3	1	4	5	9
4	9	1	2	7	5	8	6	3
5	3	6	8	9	4	7	1	2
2	6	8	5	1	9	3	4	7
9	4	5	7	2	3	6	8	1
3	1	7	4	6	8	2	9	5
6	5	3	9	4	7	1	2	8
7	2	9	1	8	6	5	3	4
1	8	4	3	5	2	9	7	6

295

7	1	4	9	8	5	2	3	6
8	6	9	1	3	2	7	5	4
2	3	5	4	7	6	1	9	8
5	4	2	6	9	1	3	8	7
1	9	7	8	4	3	5	6	2
6	8	3	5	2	7	9	4	1
3	7	6	2	5	4	8	1	9
9	5	1	7	6	8	4	2	3
4	2	8	3	1	9	6	7	5

296

4	7	1	8	3	6	5	9	2
8	5	2	4	7	9	3	1	6
3	6	9	2	1	5	4	8	7
5	2	6	9	4	1	7	3	8
1	9	8	3	5	7	6	2	4
7	3	4	6	2	8	1	5	9
6	4	3	1	8	2	9	7	5
2	1	5	7	9	4	8	6	3
9	8	7	5	6	3	2	4	1

297

5	2	9	1	7	6	8	3	4
4	3	6	8	5	9	1	7	2
1	7	8	2	4	3	6	5	9
7	8	4	3	2	5	9	1	6
2	1	3	9	6	7	4	8	5
9	6	5	4	8	1	3	2	7
8	5	1	6	9	2	7	4	3
6	4	7	5	3	8	2	9	1
3	9	2	7	1	4	5	6	8

298

6	8	2	1	9	4	3	7	5
9	4	7	3	5	8	6	1	2
1	3	5	7	6	2	9	4	8
5	9	4	8	3	7	1	2	6
8	6	1	5	2	9	7	3	4
2	7	3	4	1	6	5	8	9
4	5	8	6	7	3	2	9	1
7	1	9	2	8	5	4	6	3
3	2	6	9	4	1	8	5	7

299

4	2	7	9	8	1	5	3	6
5	8	6	4	2	3	7	1	9
1	9	3	6	5	7	2	8	4
6	5	9	1	4	8	3	7	2
2	7	1	3	9	5	4	6	8
3	4	8	7	6	2	1	9	5
7	6	5	8	3	4	9	2	1
9	3	4	2	1	6	8	5	7
8	1	2	5	7	9	6	4	3

300

5	2	1	3	4	8	9	6	7
6	7	4	9	2	5	3	1	8
9	8	3	7	6	1	4	5	2
4	5	8	2	7	6	1	3	9
3	1	6	8	9	4	2	7	5
7	9	2	1	5	3	8	4	6
8	3	7	6	1	2	5	9	4
1	4	9	5	8	7	6	2	3
2	6	5	4	3	9	7	8	1

301

5	6	3	1	7	9	2	4	8
2	1	8	5	4	6	9	7	3
4	7	9	3	8	2	1	5	6
3	8	6	4	9	5	7	2	1
7	4	1	6	2	3	8	9	5
9	5	2	8	1	7	3	6	4
6	3	7	9	5	1	4	8	2
8	2	5	7	3	4	6	1	9
1	9	4	2	6	8	5	3	7

302

2	8	4	1	6	9	3	5	7
7	5	6	3	2	8	4	9	1
1	3	9	7	5	4	8	6	2
5	1	2	6	3	7	9	4	8
3	6	8	9	4	2	7	1	5
9	4	7	8	1	5	2	3	6
4	2	3	5	8	1	6	7	9
6	9	1	2	7	3	5	8	4
8	7	5	4	9	6	1	2	3

303

2	5	1	9	4	8	6	7	3
6	7	4	2	5	3	9	8	1
9	3	8	6	7	1	5	2	4
7	2	5	1	3	9	4	6	8
3	1	6	8	2	4	7	5	9
4	8	9	5	6	7	3	1	2
5	9	2	4	8	6	1	3	7
1	6	7	3	9	2	8	4	5
8	4	3	7	1	5	2	9	6

304

4	3	2	5	9	8	7	1	6
8	5	6	1	2	7	3	4	9
7	1	9	3	6	4	8	5	2
1	8	7	6	3	9	4	2	5
2	9	3	4	8	5	1	6	7
5	6	4	7	1	2	9	3	8
9	7	1	2	4	6	5	8	3
6	4	8	9	5	3	2	7	1
3	2	5	8	7	1	6	9	4

305

6	8	4	9	3	2	5	7	1
7	9	1	4	8	5	6	3	2
5	2	3	1	6	7	4	9	8
8	1	5	3	9	4	7	2	6
3	6	7	2	1	8	9	4	5
2	4	9	5	7	6	1	8	3
4	7	8	6	5	3	2	1	9
9	5	2	8	4	1	3	6	7
1	3	6	7	2	9	8	5	4

306

2	3	5	8	6	9	4	7	1
1	7	8	4	5	3	2	9	6
6	9	4	2	1	7	3	5	8
3	1	7	5	9	4	6	8	2
4	8	6	1	7	2	5	3	9
5	2	9	3	8	6	1	4	7
9	6	1	7	4	5	8	2	3
8	4	2	9	3	1	7	6	5
7	5	3	6	2	8	9	1	4

307

7	2	1	9	8	5	6	3	4
5	6	8	4	3	1	7	2	9
4	9	3	6	7	2	1	5	8
1	5	2	3	9	6	8	4	7
3	8	7	1	2	4	9	6	5
6	4	9	7	5	8	2	1	3
8	1	6	5	4	9	3	7	2
2	7	4	8	6	3	5	9	1
9	3	5	2	1	7	4	8	6

308

4	5	3	7	1	6	9	2	8
8	2	9	3	4	5	1	6	7
6	7	1	9	8	2	5	3	4
1	9	7	5	2	3	8	4	6
3	4	5	8	6	1	2	7	9
2	6	8	4	7	9	3	1	5
7	1	4	2	5	8	6	9	3
9	8	6	1	3	7	4	5	2
5	3	2	6	9	4	7	8	1

309

1	4	2	7	5	3	8	6	9
8	3	6	4	2	9	5	1	7
5	9	7	1	6	8	3	2	4
2	1	8	5	9	7	4	3	6
9	5	3	6	8	4	2	7	1
7	6	4	3	1	2	9	5	8
3	8	9	2	7	6	1	4	5
4	7	5	9	3	1	6	8	2
6	2	1	8	4	5	7	9	3

310

3	1	5	9	7	4	2	8	6
4	6	2	1	5	8	9	7	3
9	8	7	2	3	6	5	4	1
7	3	1	6	8	2	4	9	5
5	2	9	4	1	3	8	6	7
6	4	8	5	9	7	1	3	2
8	9	6	7	2	5	3	1	4
1	5	4	3	6	9	7	2	8
2	7	3	8	4	1	6	5	9

311

8	2	9	1	4	7	6	5	3
3	6	5	9	2	8	4	1	7
7	4	1	3	5	6	8	2	9
4	1	7	8	6	9	2	3	5
5	9	3	4	1	2	7	6	8
6	8	2	7	3	5	1	9	4
2	7	4	6	9	3	5	8	1
1	3	6	5	8	4	9	7	2
9	5	8	2	7	1	3	4	6

312

8	2	5	3	6	7	4	1	9
3	1	7	9	4	2	5	6	8
4	6	9	5	1	8	2	7	3
7	5	2	8	3	1	9	4	6
6	9	4	7	2	5	3	8	1
1	3	8	6	9	4	7	5	2
5	8	1	2	7	3	6	9	4
2	4	6	1	5	9	8	3	7
9	7	3	4	8	6	1	2	5

313

4	9	5	7	3	2	6	1	8
6	3	8	1	9	4	2	7	5
2	7	1	6	8	5	3	9	4
8	5	7	3	4	1	9	2	6
9	6	3	5	2	7	8	4	1
1	2	4	9	6	8	7	5	3
7	4	2	8	1	3	5	6	9
5	8	6	4	7	9	1	3	2
3	1	9	2	5	6	4	8	7

314

9	5	6	1	7	3	2	8	4
3	2	4	8	9	6	7	5	1
1	8	7	5	2	4	6	9	3
8	6	3	7	1	9	5	4	2
2	1	9	4	8	5	3	7	6
4	7	5	3	6	2	9	1	8
6	9	1	2	5	8	4	3	7
5	3	8	6	4	7	1	2	9
7	4	2	9	3	1	8	6	5

315

4	2	1	3	6	8	5	9	7
7	8	6	2	5	9	3	4	1
9	3	5	4	1	7	6	2	8
8	5	9	1	2	3	4	7	6
6	1	4	7	9	5	2	8	3
3	7	2	8	4	6	1	5	9
5	9	7	6	3	2	8	1	4
1	6	8	5	7	4	9	3	2
2	4	3	9	8	1	7	6	5

316

8	1	2	7	6	4	3	5	9
9	3	7	2	8	5	4	6	1
6	5	4	3	1	9	8	2	7
7	2	5	6	9	8	1	4	3
4	8	1	5	2	3	7	9	6
3	6	9	4	7	1	5	8	2
5	9	8	1	3	6	2	7	4
2	4	3	9	5	7	6	1	8
1	7	6	8	4	2	9	3	5

317

9	8	5	2	1	6	4	7	3
2	3	1	5	4	7	6	8	9
7	6	4	9	8	3	5	2	1
6	1	7	8	9	5	3	4	2
8	2	3	4	6	1	7	9	5
5	4	9	7	3	2	8	1	6
1	5	8	6	2	4	9	3	7
4	7	2	3	5	9	1	6	8
3	9	6	1	7	8	2	5	4

318

8	7	1	5	9	2	3	6	4
9	6	2	4	3	1	5	7	8
3	5	4	8	7	6	2	9	1
4	9	3	6	2	5	1	8	7
2	1	6	9	8	7	4	5	3
7	8	5	3	1	4	6	2	9
1	4	8	2	6	9	7	3	5
5	2	9	7	4	3	8	1	6
6	3	7	1	5	8	9	4	2

319

5	2	1	8	7	6	3	9	4
7	6	9	3	2	4	5	8	1
4	3	8	5	9	1	7	2	6
8	9	4	7	6	3	1	5	2
2	1	3	4	5	8	9	6	7
6	7	5	2	1	9	4	3	8
1	4	6	9	8	5	2	7	3
9	8	7	1	3	2	6	4	5
3	5	2	6	4	7	8	1	9

320

2	7	3	1	6	5	8	9	4
1	6	4	7	9	8	2	3	5
5	8	9	3	2	4	1	7	6
9	2	6	4	7	3	5	1	8
8	3	1	6	5	2	9	4	7
7	4	5	8	1	9	6	2	3
6	5	7	9	4	1	3	8	2
3	9	2	5	8	7	4	6	1
4	1	8	2	3	6	7	5	9

321

2	7	6	3	5	9	4	8	1
9	5	1	2	4	8	6	7	3
8	3	4	1	7	6	9	2	5
1	9	2	7	6	4	3	5	8
7	8	5	9	3	2	1	4	6
4	6	3	5	8	1	2	9	7
6	2	9	8	1	5	7	3	4
5	4	7	6	9	3	8	1	2
3	1	8	4	2	7	5	6	9

322

7	1	2	3	6	4	8	5	9
4	6	8	5	1	9	7	2	3
5	3	9	7	8	2	6	1	4
3	8	1	6	2	5	4	9	7
9	5	6	1	4	7	3	8	2
2	4	7	9	3	8	1	6	5
1	2	4	8	9	3	5	7	6
8	9	5	4	7	6	2	3	1
6	7	3	2	5	1	9	4	8

323

1	2	3	5	4	9	6	8	7
8	9	7	2	3	6	1	4	5
4	6	5	1	7	8	9	3	2
7	3	1	4	5	2	8	9	6
5	4	9	8	6	1	2	7	3
6	8	2	3	9	7	5	1	4
9	1	6	7	2	3	4	5	8
3	5	8	6	1	4	7	2	9
2	7	4	9	8	5	3	6	1

324

2	3	7	4	1	5	8	6	9
4	9	6	2	8	3	1	7	5
1	8	5	7	9	6	3	4	2
6	1	2	5	3	4	7	9	8
3	7	4	8	2	9	6	5	1
9	5	8	6	7	1	2	3	4
5	2	3	9	6	8	4	1	7
7	4	1	3	5	2	9	8	6
8	6	9	1	4	7	5	2	3

325

1	9	7	2	5	3	8	6	4
8	5	4	9	7	6	1	3	2
3	2	6	4	1	8	7	5	9
2	6	5	7	3	9	4	1	8
4	7	3	1	8	5	2	9	6
9	8	1	6	4	2	5	7	3
5	4	8	3	6	7	9	2	1
6	1	2	5	9	4	3	8	7
7	3	9	8	2	1	6	4	5

326

1	4	6	7	2	9	5	8	3
5	7	2	3	8	6	4	1	9
9	8	3	1	5	4	2	7	6
7	6	1	2	4	5	3	9	8
4	9	5	8	7	3	1	6	2
3	2	8	9	6	1	7	5	4
2	1	4	5	9	8	6	3	7
6	3	9	4	1	7	8	2	5
8	5	7	6	3	2	9	4	1

327

2	6	4	3	1	5	7	9	8
8	1	7	2	4	9	5	6	3
3	5	9	7	8	6	1	4	2
4	7	1	6	5	2	8	3	9
9	2	8	4	3	7	6	1	5
6	3	5	1	9	8	2	7	4
5	8	3	9	6	1	4	2	7
7	9	6	5	2	4	3	8	1
1	4	2	8	7	3	9	5	6

328

7	9	3	8	5	6	1	2	4
2	5	6	9	4	1	8	3	7
8	4	1	3	7	2	9	5	6
4	1	2	5	6	9	7	8	3
9	3	7	1	8	4	2	6	5
6	8	5	2	3	7	4	1	9
1	6	9	7	2	5	3	4	8
3	2	4	6	9	8	5	7	1
5	7	8	4	1	3	6	9	2

329

1	8	7	5	6	3	4	2	9
4	9	3	7	1	2	6	8	5
5	6	2	8	9	4	3	1	7
9	1	4	3	7	5	8	6	2
2	3	6	1	8	9	7	5	4
7	5	8	4	2	6	9	3	1
3	2	5	9	4	8	1	7	6
6	7	9	2	3	1	5	4	8
8	4	1	6	5	7	2	9	3

330

9	2	3	4	5	6	7	8	1
5	8	7	1	3	9	4	6	2
6	1	4	2	8	7	5	9	3
4	9	5	7	1	3	8	2	6
8	6	1	5	2	4	9	3	7
7	3	2	6	9	8	1	4	5
2	7	9	8	6	5	3	1	4
3	4	6	9	7	1	2	5	8
1	5	8	3	4	2	6	7	9

331

8	7	4	6	5	2	9	1	3
5	9	3	1	7	8	2	4	6
6	2	1	4	9	3	7	8	5
9	3	8	2	4	1	5	6	7
7	1	6	8	3	5	4	2	9
2	4	5	9	6	7	8	3	1
1	6	7	5	8	4	3	9	2
3	8	9	7	2	6	1	5	4
4	5	2	3	1	9	6	7	8

332

4	2	8	7	1	9	5	3	6
3	5	6	8	4	2	7	9	1
9	1	7	5	3	6	4	2	8
5	8	2	9	7	1	6	4	3
1	9	3	6	2	4	8	7	5
7	6	4	3	8	5	2	1	9
2	7	5	1	9	8	3	6	4
6	3	9	4	5	7	1	8	2
8	4	1	2	6	3	9	5	7

333

9	2	6	8	1	7	3	5	4
8	7	3	5	4	9	6	2	1
5	1	4	6	2	3	7	9	8
2	9	7	1	3	6	4	8	5
3	4	5	7	9	8	1	6	2
1	6	8	4	5	2	9	3	7
7	5	2	3	6	1	8	4	9
6	8	9	2	7	4	5	1	3
4	3	1	9	8	5	2	7	6

334

9	6	2	4	7	3	8	5	1
1	3	5	6	8	9	4	7	2
7	8	4	2	1	5	9	6	3
4	1	6	8	2	7	5	3	9
2	9	3	5	4	6	7	1	8
5	7	8	9	3	1	2	4	6
3	4	9	7	6	2	1	8	5
8	5	1	3	9	4	6	2	7
6	2	7	1	5	8	3	9	4

335

5	7	9	4	1	3	8	2	6
2	8	1	6	9	7	4	3	5
4	3	6	8	2	5	7	9	1
8	9	7	5	3	4	6	1	2
3	2	4	9	6	1	5	7	8
6	1	5	7	8	2	3	4	9
7	4	8	1	5	9	2	6	3
9	5	2	3	4	6	1	8	7
1	6	3	2	7	8	9	5	4

336

4	5	3	1	8	6	7	9	2
7	6	2	4	9	5	1	3	8
1	9	8	2	7	3	5	4	6
3	2	4	6	5	7	8	1	9
8	1	9	3	2	4	6	7	5
5	7	6	9	1	8	4	2	3
2	4	5	8	3	1	9	6	7
6	3	7	5	4	9	2	8	1
9	8	1	7	6	2	3	5	4

337

8	6	9	5	7	3	2	4	1
1	3	5	4	6	2	7	9	8
4	2	7	8	1	9	6	5	3
2	7	8	9	4	5	1	3	6
6	4	1	7	3	8	9	2	5
5	9	3	1	2	6	4	8	7
7	1	2	3	5	4	8	6	9
9	5	6	2	8	7	3	1	4
3	8	4	6	9	1	5	7	2

338

1	6	5	4	8	3	9	2	7
3	9	8	6	7	2	4	1	5
2	7	4	1	9	5	6	3	8
9	1	7	8	6	4	3	5	2
8	5	3	9	2	1	7	6	4
4	2	6	5	3	7	1	8	9
5	3	1	7	4	8	2	9	6
6	4	2	3	5	9	8	7	1
7	8	9	2	1	6	5	4	3

339

5	6	7	8	2	9	4	3	1
2	4	1	3	7	5	9	8	6
8	3	9	1	4	6	2	5	7
7	9	4	5	3	8	6	1	2
6	5	8	2	1	4	7	9	3
1	2	3	6	9	7	8	4	5
9	8	2	7	5	3	1	6	4
4	1	5	9	6	2	3	7	8
3	7	6	4	8	1	5	2	9

340

8	3	5	2	1	7	6	4	9
2	1	9	8	4	6	7	3	5
7	6	4	9	3	5	8	1	2
9	2	8	5	7	3	4	6	1
6	5	7	1	8	4	9	2	3
3	4	1	6	2	9	5	7	8
5	7	6	3	9	2	1	8	4
4	8	2	7	5	1	3	9	6
1	9	3	4	6	8	2	5	7

341

9	1	6	5	2	7	4	3	8
5	4	3	6	9	8	1	7	2
7	2	8	1	4	3	5	9	6
4	3	5	2	1	9	8	6	7
1	6	2	7	8	5	9	4	3
8	9	7	3	6	4	2	5	1
3	5	4	8	7	2	6	1	9
6	8	9	4	3	1	7	2	5
2	7	1	9	5	6	3	8	4

342

3	9	4	6	7	5	8	2	1
8	1	6	9	2	3	5	4	7
7	5	2	8	4	1	3	6	9
4	2	9	3	6	7	1	8	5
1	8	5	2	9	4	6	7	3
6	3	7	5	1	8	4	9	2
2	4	1	7	5	6	9	3	8
9	6	3	1	8	2	7	5	4
5	7	8	4	3	9	2	1	6

343

3	1	5	9	7	6	8	2	4
9	8	4	3	2	5	1	7	6
2	7	6	1	8	4	3	5	9
5	6	2	4	1	3	9	8	7
1	9	8	5	6	7	4	3	2
4	3	7	2	9	8	5	6	1
7	4	1	8	5	2	6	9	3
6	5	9	7	3	1	2	4	8
8	2	3	6	4	9	7	1	5

344

5	6	2	9	7	1	4	3	8
1	8	4	2	3	6	7	5	9
3	9	7	4	8	5	2	6	1
4	3	9	1	6	2	8	7	5
6	5	1	8	9	7	3	2	4
2	7	8	5	4	3	9	1	6
9	1	6	7	2	8	5	4	3
7	4	5	3	1	9	6	8	2
8	2	3	6	5	4	1	9	7

345

7	4	1	6	9	3	5	8	2
2	8	5	7	4	1	9	3	6
9	6	3	8	5	2	7	1	4
6	2	9	1	8	5	4	7	3
1	5	4	2	3	7	8	6	9
8	3	7	9	6	4	2	5	1
4	7	8	3	2	6	1	9	5
3	9	2	5	1	8	6	4	7
5	1	6	4	7	9	3	2	8

346

7	6	3	4	2	1	5	8	9
1	5	8	9	7	6	4	2	3
4	9	2	5	8	3	7	6	1
8	7	9	2	1	5	6	3	4
6	3	4	7	9	8	1	5	2
5	2	1	3	6	4	8	9	7
9	8	7	1	5	2	3	4	6
2	4	6	8	3	7	9	1	5
3	1	5	6	4	9	2	7	8

347

2	4	1	8	9	5	6	3	7
3	6	9	1	7	2	4	8	5
5	7	8	3	6	4	9	2	1
6	1	4	7	3	8	2	5	9
8	3	5	6	2	9	7	1	4
9	2	7	4	5	1	3	6	8
1	9	2	5	4	3	8	7	6
7	8	3	9	1	6	5	4	2
4	5	6	2	8	7	1	9	3

348

1	8	6	5	3	7	4	2	9
9	7	5	2	1	4	3	8	6
3	2	4	6	8	9	1	5	7
4	6	1	7	5	8	9	3	2
7	5	2	9	4	3	8	6	1
8	3	9	1	6	2	7	4	5
5	1	3	4	9	6	2	7	8
2	9	8	3	7	5	6	1	4
6	4	7	8	2	1	5	9	3

349

5	9	7	2	4	8	6	3	1
6	2	8	9	1	3	5	4	7
4	3	1	6	7	5	2	9	8
8	7	3	5	9	2	4	1	6
1	5	6	3	8	4	9	7	2
9	4	2	1	6	7	8	5	3
2	6	5	4	3	1	7	8	9
3	8	9	7	5	6	1	2	4
7	1	4	8	2	9	3	6	5

350

6	3	5	8	7	4	9	1	2
2	1	9	6	3	5	4	8	7
4	8	7	2	9	1	5	3	6
5	4	2	1	8	9	7	6	3
9	6	1	7	2	3	8	4	5
3	7	8	5	4	6	2	9	1
1	9	4	3	5	2	6	7	8
8	5	6	9	1	7	3	2	4
7	2	3	4	6	8	1	5	9

Medium

351

3	1	6	4	2	7	9	5	8
2	5	9	1	8	3	7	4	6
7	8	4	6	9	5	3	2	1
4	6	3	7	5	2	8	1	9
1	9	2	8	3	6	5	7	4
5	7	8	9	1	4	6	3	2
9	4	7	5	6	1	2	8	3
6	2	5	3	4	8	1	9	7
8	3	1	2	7	9	4	6	5

352

6	9	5	3	7	1	2	4	8
4	8	3	5	2	6	9	7	1
7	1	2	8	9	4	6	3	5
8	3	6	1	4	7	5	2	9
2	7	9	6	3	5	1	8	4
1	5	4	9	8	2	3	6	7
5	4	1	2	6	8	7	9	3
9	2	8	7	5	3	4	1	6
3	6	7	4	1	9	8	5	2

353

2	9	5	4	8	7	3	6	1
3	1	7	2	6	5	8	9	4
8	4	6	9	3	1	7	2	5
6	3	1	7	5	8	2	4	9
7	2	4	3	9	6	1	5	8
9	5	8	1	4	2	6	3	7
4	6	3	8	7	9	5	1	2
1	7	9	5	2	3	4	8	6
5	8	2	6	1	4	9	7	3

354

8	7	9	4	5	2	1	6	3
5	4	1	3	6	8	9	2	7
3	6	2	9	1	7	8	5	4
4	5	7	8	9	3	2	1	6
2	3	8	6	7	1	4	9	5
1	9	6	2	4	5	7	3	8
6	1	5	7	8	9	3	4	2
7	2	4	1	3	6	5	8	9
9	8	3	5	2	4	6	7	1

355

4	9	5	1	7	3	2	6	8
6	8	2	9	5	4	7	3	1
1	7	3	6	8	2	5	9	4
3	2	6	5	4	7	8	1	9
9	1	8	2	3	6	4	7	5
7	5	4	8	9	1	3	2	6
5	3	1	4	2	9	6	8	7
8	6	7	3	1	5	9	4	2
2	4	9	7	6	8	1	5	3

356

8	9	3	2	6	4	5	1	7
7	2	1	3	5	8	6	9	4
5	4	6	1	9	7	2	8	3
1	6	7	9	2	3	4	5	8
4	5	2	8	7	1	3	6	9
3	8	9	5	4	6	7	2	1
9	7	4	6	8	2	1	3	5
6	3	5	7	1	9	8	4	2
2	1	8	4	3	5	9	7	6

357

7	2	8	3	9	5	4	6	1
5	4	1	2	6	7	8	9	3
3	9	6	8	4	1	2	5	7
8	3	4	7	5	9	1	2	6
9	1	2	6	3	8	5	7	4
6	7	5	4	1	2	3	8	9
1	6	9	5	2	3	7	4	8
4	5	7	1	8	6	9	3	2
2	8	3	9	7	4	6	1	5

358

6	5	1	7	2	8	3	9	4
2	7	9	3	6	4	1	8	5
3	8	4	5	1	9	6	2	7
5	1	2	6	4	7	8	3	9
9	3	6	8	5	2	4	7	1
7	4	8	9	3	1	5	6	2
1	6	7	2	8	5	9	4	3
8	9	5	4	7	3	2	1	6
4	2	3	1	9	6	7	5	8

359

7	3	2	5	4	6	8	9	1
4	9	1	2	3	8	7	6	5
5	8	6	7	1	9	2	4	3
6	4	8	9	5	3	1	2	7
3	2	7	8	6	1	9	5	4
9	1	5	4	2	7	6	3	8
2	5	9	1	7	4	3	8	6
1	6	4	3	8	2	5	7	9
8	7	3	6	9	5	4	1	2

360

8	4	3	1	9	6	2	5	7
9	1	5	2	7	4	6	8	3
6	2	7	3	8	5	4	9	1
1	8	9	4	3	2	7	6	5
7	6	2	5	1	8	3	4	9
3	5	4	7	6	9	1	2	8
4	7	8	6	5	3	9	1	2
2	9	1	8	4	7	5	3	6
5	3	6	9	2	1	8	7	4

361

3	1	8	9	5	4	6	7	2
4	9	7	2	1	6	5	3	8
5	2	6	8	3	7	1	9	4
6	7	3	1	9	8	2	4	5
1	5	9	4	2	3	8	6	7
8	4	2	6	7	5	3	1	9
9	6	5	3	4	2	7	8	1
7	3	1	5	8	9	4	2	6
2	8	4	7	6	1	9	5	3

362

7	3	8	4	1	9	6	5	2
5	2	9	3	8	6	1	7	4
4	6	1	5	2	7	8	9	3
9	5	7	1	6	2	3	4	8
8	4	2	7	5	3	9	1	6
6	1	3	9	4	8	7	2	5
2	7	5	6	3	1	4	8	9
1	8	6	2	9	4	5	3	7
3	9	4	8	7	5	2	6	1

363

8	3	1	2	4	6	7	9	5
5	2	9	1	7	8	4	6	3
6	7	4	5	3	9	2	1	8
1	8	2	4	9	5	6	3	7
7	6	3	8	1	2	9	5	4
9	4	5	3	6	7	8	2	1
4	5	6	9	8	3	1	7	2
2	1	7	6	5	4	3	8	9
3	9	8	7	2	1	5	4	6

364

4	9	1	3	2	7	6	8	5
3	8	2	6	5	1	7	4	9
5	7	6	4	8	9	2	3	1
1	4	7	8	9	6	3	5	2
8	2	5	1	7	3	9	6	4
9	6	3	5	4	2	8	1	7
7	1	8	2	6	4	5	9	3
2	5	4	9	3	8	1	7	6
6	3	9	7	1	5	4	2	8

365

4	9	5	7	1	6	8	2	3
7	3	2	9	5	8	1	4	6
8	6	1	4	2	3	7	9	5
1	8	4	3	7	2	6	5	9
6	5	9	8	4	1	3	7	2
3	2	7	6	9	5	4	1	8
2	1	8	5	3	7	9	6	4
5	4	6	1	8	9	2	3	7
9	7	3	2	6	4	5	8	1

366

4	1	7	9	2	6	3	5	8
9	8	3	1	7	5	4	2	6
5	6	2	8	4	3	7	1	9
2	5	4	3	8	9	1	6	7
1	7	8	5	6	4	2	9	3
6	3	9	2	1	7	5	8	4
7	4	5	6	9	1	8	3	2
3	2	6	4	5	8	9	7	1
8	9	1	7	3	2	6	4	5

367

4	1	5	7	3	2	8	9	6
2	9	6	4	1	8	7	5	3
3	7	8	6	9	5	1	2	4
1	2	4	5	8	9	6	3	7
5	3	7	2	6	4	9	1	8
6	8	9	1	7	3	2	4	5
7	4	3	8	2	1	5	6	9
9	6	2	3	5	7	4	8	1
8	5	1	9	4	6	3	7	2

368

8	4	1	9	6	2	7	5	3
7	2	5	8	1	3	9	4	6
3	9	6	5	7	4	8	2	1
4	7	3	1	2	6	5	8	9
1	8	9	4	3	5	2	6	7
6	5	2	7	9	8	1	3	4
5	6	7	3	8	9	4	1	2
9	3	4	2	5	1	6	7	8
2	1	8	6	4	7	3	9	5

369

1	5	8	7	9	6	3	2	4
3	2	4	5	8	1	9	6	7
6	9	7	4	3	2	8	1	5
5	3	1	6	4	8	2	7	9
7	6	9	1	2	3	4	5	8
8	4	2	9	7	5	6	3	1
2	1	3	8	5	9	7	4	6
9	7	6	2	1	4	5	8	3
4	8	5	3	6	7	1	9	2

370

9	3	8	4	7	2	6	1	5
5	2	6	1	9	3	4	8	7
7	4	1	6	5	8	9	2	3
3	9	7	2	8	4	5	6	1
1	6	5	7	3	9	2	4	8
4	8	2	5	1	6	7	3	9
6	1	9	3	2	5	8	7	4
8	7	4	9	6	1	3	5	2
2	5	3	8	4	7	1	9	6

371

2	7	8	5	4	3	9	1	6
4	6	1	8	2	9	5	7	3
9	5	3	6	1	7	4	8	2
6	8	4	3	7	1	2	9	5
1	2	7	9	5	4	6	3	8
3	9	5	2	8	6	1	4	7
8	1	6	7	9	5	3	2	4
5	4	2	1	3	8	7	6	9
7	3	9	4	6	2	8	5	1

372

6	9	4	3	7	2	1	5	8
3	5	8	9	1	6	7	4	2
2	1	7	8	4	5	6	3	9
1	7	2	6	9	4	3	8	5
4	8	5	2	3	1	9	6	7
9	6	3	5	8	7	2	1	4
5	4	1	7	6	9	8	2	3
8	2	9	1	5	3	4	7	6
7	3	6	4	2	8	5	9	1

373

1	4	9	3	7	2	8	5	6
8	3	6	4	5	1	2	7	9
5	2	7	9	6	8	3	4	1
2	5	4	1	9	3	7	6	8
9	7	8	6	2	5	4	1	3
6	1	3	7	8	4	9	2	5
3	6	5	8	4	7	1	9	2
7	9	1	2	3	6	5	8	4
4	8	2	5	1	9	6	3	7

374

5	3	1	8	7	6	2	4	9
6	4	9	5	2	1	7	3	8
8	7	2	4	9	3	6	5	1
9	2	4	1	8	7	3	6	5
3	5	8	2	6	9	4	1	7
1	6	7	3	4	5	9	8	2
7	8	5	6	3	2	1	9	4
2	1	3	9	5	4	8	7	6
4	9	6	7	1	8	5	2	3

375

5	3	6	4	1	2	7	9	8
1	9	7	8	5	6	3	4	2
4	8	2	9	7	3	1	6	5
7	1	8	5	6	4	2	3	9
9	6	3	2	8	1	5	7	4
2	4	5	7	3	9	6	8	1
8	5	4	6	2	7	9	1	3
3	7	9	1	4	5	8	2	6
6	2	1	3	9	8	4	5	7

376

1	8	9	4	3	6	2	7	5
3	7	6	8	5	2	4	1	9
2	5	4	7	9	1	3	6	8
7	9	3	6	8	5	1	2	4
8	4	1	2	7	3	9	5	6
5	6	2	9	1	4	8	3	7
9	3	8	5	2	7	6	4	1
4	1	7	3	6	8	5	9	2
6	2	5	1	4	9	7	8	3

377

6	4	9	8	7	1	5	2	3
5	3	2	4	9	6	7	1	8
8	1	7	3	2	5	9	6	4
7	9	4	1	3	2	8	5	6
2	8	1	5	6	7	3	4	9
3	6	5	9	8	4	1	7	2
9	5	6	2	1	3	4	8	7
4	7	8	6	5	9	2	3	1
1	2	3	7	4	8	6	9	5

378

6	1	4	9	7	2	5	3	8
9	3	7	6	8	5	4	2	1
5	8	2	3	4	1	7	6	9
2	6	1	7	5	8	9	4	3
7	9	3	4	1	6	2	8	5
4	5	8	2	3	9	6	1	7
3	2	9	1	6	7	8	5	4
8	4	6	5	9	3	1	7	2
1	7	5	8	2	4	3	9	6

379

4	9	5	6	2	8	3	1	7
8	1	2	3	7	9	4	5	6
3	7	6	1	4	5	8	2	9
6	3	1	5	9	4	2	7	8
2	8	4	7	6	3	1	9	5
9	5	7	8	1	2	6	4	3
7	2	8	4	5	6	9	3	1
5	4	3	9	8	1	7	6	2
1	6	9	2	3	7	5	8	4

380

4	5	3	2	9	6	7	1	8
1	9	7	8	3	4	5	6	2
2	8	6	1	7	5	9	4	3
9	3	1	4	6	2	8	5	7
6	7	5	3	8	9	4	2	1
8	2	4	7	5	1	3	9	6
5	1	8	6	4	3	2	7	9
3	6	9	5	2	7	1	8	4
7	4	2	9	1	8	6	3	5

381

9	8	2	1	6	3	5	4	7
6	4	7	5	2	9	3	8	1
1	3	5	4	7	8	9	6	2
3	2	9	7	1	4	8	5	6
5	7	6	3	8	2	1	9	4
4	1	8	9	5	6	7	2	3
2	9	4	8	3	1	6	7	5
8	5	3	6	4	7	2	1	9
7	6	1	2	9	5	4	3	8

382

2	4	3	1	8	6	5	7	9
5	7	8	9	4	3	2	6	1
1	6	9	2	5	7	8	3	4
7	9	6	5	2	4	1	8	3
8	2	5	3	9	1	6	4	7
3	1	4	7	6	8	9	5	2
9	3	2	8	7	5	4	1	6
4	5	1	6	3	9	7	2	8
6	8	7	4	1	2	3	9	5

383

1	7	8	4	5	3	2	9	6
6	2	3	7	9	8	4	5	1
9	5	4	1	2	6	8	3	7
4	6	5	3	8	9	1	7	2
7	3	2	6	1	4	5	8	9
8	1	9	5	7	2	6	4	3
3	8	1	2	4	7	9	6	5
2	9	6	8	3	5	7	1	4
5	4	7	9	6	1	3	2	8

384

1	6	4	3	5	2	8	9	7
7	2	9	6	4	8	3	5	1
8	5	3	1	7	9	6	2	4
4	7	8	9	3	5	1	6	2
9	3	6	2	1	4	5	7	8
2	1	5	8	6	7	4	3	9
5	8	7	4	2	3	9	1	6
6	4	2	5	9	1	7	8	3
3	9	1	7	8	6	2	4	5

385

8	1	2	4	7	3	9	6	5
3	9	6	8	5	2	4	1	7
7	5	4	9	1	6	2	8	3
2	4	9	5	8	7	1	3	6
1	6	8	3	4	9	5	7	2
5	7	3	2	6	1	8	4	9
6	8	7	1	9	5	3	2	4
4	2	5	6	3	8	7	9	1
9	3	1	7	2	4	6	5	8

386

9	3	8	4	7	2	6	5	1
4	5	7	9	6	1	2	3	8
1	6	2	3	5	8	9	7	4
2	7	4	6	1	3	8	9	5
6	8	5	7	4	9	1	2	3
3	1	9	2	8	5	7	4	6
7	4	3	8	2	6	5	1	9
5	2	6	1	9	4	3	8	7
8	9	1	5	3	7	4	6	2

387

8	9	3	5	1	7	4	6	2
1	4	7	3	2	6	9	5	8
6	5	2	9	8	4	3	1	7
9	1	4	7	5	8	2	3	6
2	3	8	4	6	9	5	7	1
7	6	5	1	3	2	8	4	9
4	7	1	2	9	5	6	8	3
5	2	6	8	7	3	1	9	4
3	8	9	6	4	1	7	2	5

388

9	1	4	8	3	2	7	5	6
8	7	6	5	1	4	9	3	2
2	3	5	7	6	9	1	8	4
6	9	3	2	7	8	4	1	5
5	4	2	1	9	3	6	7	8
1	8	7	4	5	6	2	9	3
3	2	1	6	8	7	5	4	9
4	5	9	3	2	1	8	6	7
7	6	8	9	4	5	3	2	1

389

6	2	4	7	3	1	9	8	5
8	5	1	6	9	4	3	2	7
3	7	9	5	8	2	1	6	4
2	6	5	3	4	9	8	7	1
1	3	8	2	7	6	4	5	9
9	4	7	1	5	8	2	3	6
7	9	3	8	1	5	6	4	2
4	8	6	9	2	7	5	1	3
5	1	2	4	6	3	7	9	8

390

4	2	8	5	1	6	3	9	7
3	7	9	8	2	4	6	1	5
5	1	6	9	7	3	8	4	2
7	5	1	6	3	9	2	8	4
6	4	2	1	5	8	9	7	3
8	9	3	2	4	7	1	5	6
9	6	4	7	8	2	5	3	1
1	8	7	3	6	5	4	2	9
2	3	5	4	9	1	7	6	8

391

4	6	1	7	8	3	2	5	9
2	9	8	6	5	4	3	1	7
7	3	5	9	2	1	6	8	4
8	4	2	5	1	7	9	3	6
6	5	3	2	9	8	7	4	1
9	1	7	3	4	6	8	2	5
1	7	4	8	3	9	5	6	2
5	8	9	1	6	2	4	7	3
3	2	6	4	7	5	1	9	8

392

6	5	8	9	7	1	4	2	3
2	1	7	6	3	4	5	9	8
4	3	9	8	5	2	1	6	7
5	9	1	3	8	7	6	4	2
7	2	6	1	4	5	8	3	9
3	8	4	2	9	6	7	5	1
1	7	5	4	2	3	9	8	6
8	6	3	5	1	9	2	7	4
9	4	2	7	6	8	3	1	5

393

4	9	2	3	8	6	7	5	1
5	7	1	9	2	4	6	8	3
8	3	6	1	7	5	9	4	2
1	6	9	2	5	8	3	7	4
3	4	5	7	6	1	2	9	8
2	8	7	4	9	3	1	6	5
9	1	3	8	4	7	5	2	6
7	5	8	6	3	2	4	1	9
6	2	4	5	1	9	8	3	7

394

7	6	8	9	2	5	3	1	4
3	9	4	1	8	7	5	6	2
5	2	1	6	4	3	8	9	7
9	4	6	7	3	8	1	2	5
2	1	7	4	5	9	6	8	3
8	5	3	2	6	1	4	7	9
1	3	5	8	7	2	9	4	6
6	7	9	5	1	4	2	3	8
4	8	2	3	9	6	7	5	1

395

3	8	4	5	9	1	6	2	7
1	2	9	6	3	7	8	4	5
5	6	7	4	8	2	9	1	3
9	1	5	7	4	8	3	6	2
2	3	6	1	5	9	7	8	4
4	7	8	3	2	6	1	5	9
7	9	2	8	6	4	5	3	1
6	4	3	9	1	5	2	7	8
8	5	1	2	7	3	4	9	6

396

6	2	9	3	1	7	4	8	5
4	1	5	8	9	6	3	2	7
3	7	8	2	5	4	1	6	9
5	8	1	4	6	3	9	7	2
7	6	2	9	8	1	5	4	3
9	4	3	7	2	5	8	1	6
1	5	4	6	3	2	7	9	8
2	9	7	5	4	8	6	3	1
8	3	6	1	7	9	2	5	4

397

6	7	4	3	2	9	1	5	8
8	5	1	4	6	7	9	2	3
9	2	3	1	8	5	6	7	4
1	9	6	7	4	2	8	3	5
4	3	5	6	1	8	7	9	2
2	8	7	9	5	3	4	6	1
7	4	9	5	3	1	2	8	6
3	1	2	8	7	6	5	4	9
5	6	8	2	9	4	3	1	7

398

9	1	6	5	8	2	4	3	7
3	8	7	9	4	1	5	2	6
2	5	4	3	7	6	8	1	9
1	4	9	8	6	3	7	5	2
7	3	2	4	5	9	6	8	1
8	6	5	1	2	7	3	9	4
6	7	3	2	9	8	1	4	5
5	9	1	6	3	4	2	7	8
4	2	8	7	1	5	9	6	3

399

1	4	2	9	5	3	6	8	7
7	3	8	6	2	1	4	5	9
9	6	5	8	4	7	3	2	1
3	9	7	2	1	6	8	4	5
8	2	6	5	9	4	7	1	3
5	1	4	7	3	8	9	6	2
4	5	9	3	6	2	1	7	8
2	8	1	4	7	9	5	3	6
6	7	3	1	8	5	2	9	4

400

8	9	7	4	2	6	3	5	1
6	2	1	3	5	8	4	9	7
3	4	5	7	9	1	8	2	6
5	6	3	1	7	2	9	8	4
4	7	9	8	6	5	1	3	2
2	1	8	9	4	3	7	6	5
1	3	2	6	8	4	5	7	9
7	5	4	2	3	9	6	1	8
9	8	6	5	1	7	2	4	3

401

4	7	2	5	8	9	3	6	1
9	3	6	4	1	7	2	8	5
5	8	1	2	3	6	7	9	4
1	9	7	8	4	2	5	3	6
6	5	4	7	9	3	1	2	8
3	2	8	1	6	5	9	4	7
2	1	3	6	7	4	8	5	9
8	4	5	9	2	1	6	7	3
7	6	9	3	5	8	4	1	2

402

2	8	6	7	4	9	1	3	5
3	1	4	6	5	2	8	7	9
5	9	7	1	8	3	6	2	4
1	7	8	3	9	6	5	4	2
4	5	2	8	1	7	9	6	3
6	3	9	5	2	4	7	8	1
9	4	1	2	7	8	3	5	6
8	6	5	4	3	1	2	9	7
7	2	3	9	6	5	4	1	8

403

5	3	6	1	8	2	4	7	9
1	7	9	4	3	6	2	8	5
8	4	2	9	7	5	6	3	1
9	1	8	5	2	7	3	4	6
2	6	4	8	9	3	5	1	7
7	5	3	6	4	1	9	2	8
4	9	1	3	6	8	7	5	2
3	8	7	2	5	9	1	6	4
6	2	5	7	1	4	8	9	3

404

9	8	2	5	6	1	7	3	4
7	4	6	3	2	9	1	5	8
5	1	3	8	4	7	9	6	2
2	9	7	4	8	6	3	1	5
3	6	4	7	1	5	8	2	9
8	5	1	9	3	2	4	7	6
4	2	8	6	7	3	5	9	1
6	7	9	1	5	8	2	4	3
1	3	5	2	9	4	6	8	7

405

4	6	1	8	5	7	2	9	3
2	5	9	4	1	3	7	8	6
7	3	8	9	2	6	4	1	5
3	2	5	6	4	9	1	7	8
8	1	6	5	7	2	3	4	9
9	7	4	1	3	8	5	6	2
1	9	3	7	6	5	8	2	4
6	4	2	3	8	1	9	5	7
5	8	7	2	9	4	6	3	1

406

2	7	6	3	5	9	4	8	1
9	5	1	2	4	8	6	7	3
8	3	4	1	7	6	9	2	5
1	9	2	7	6	4	3	5	8
7	8	5	9	3	2	1	4	6
4	6	3	5	8	1	2	9	7
6	2	9	8	1	5	7	3	4
5	4	7	6	9	3	8	1	2
3	1	8	4	2	7	5	6	9

407

1	2	7	4	6	5	3	8	9
8	9	3	7	1	2	5	6	4
6	4	5	3	9	8	7	1	2
4	7	8	2	5	6	1	9	3
2	5	1	8	3	9	6	4	7
3	6	9	1	4	7	8	2	5
7	3	4	6	2	1	9	5	8
5	1	2	9	8	3	4	7	6
9	8	6	5	7	4	2	3	1

408

2	4	6	5	8	7	1	3	9
3	1	8	9	4	6	5	7	2
5	9	7	3	2	1	6	8	4
4	7	5	2	9	8	3	6	1
8	6	1	7	3	4	2	9	5
9	3	2	1	6	5	7	4	8
1	5	3	4	7	9	8	2	6
7	8	9	6	1	2	4	5	3
6	2	4	8	5	3	9	1	7

409

7	4	6	8	3	9	2	1	5
9	5	8	1	4	2	6	3	7
1	2	3	5	6	7	4	9	8
5	7	4	6	9	3	8	2	1
3	8	2	4	1	5	7	6	9
6	9	1	2	7	8	3	5	4
2	3	9	7	5	4	1	8	6
4	6	5	3	8	1	9	7	2
8	1	7	9	2	6	5	4	3

410

7	3	2	5	1	8	4	6	9
4	5	9	3	6	2	7	8	1
6	1	8	9	4	7	2	3	5
2	6	3	4	9	1	8	5	7
9	7	5	6	8	3	1	2	4
8	4	1	2	7	5	3	9	6
1	2	6	8	5	4	9	7	3
3	9	7	1	2	6	5	4	8
5	8	4	7	3	9	6	1	2

411

2	9	3	8	1	7	5	6	4
6	5	4	3	9	2	1	7	8
8	7	1	5	4	6	2	3	9
9	1	2	6	8	5	7	4	3
3	4	6	7	2	9	8	1	5
7	8	5	4	3	1	9	2	6
1	6	8	9	7	4	3	5	2
5	3	7	2	6	8	4	9	1
4	2	9	1	5	3	6	8	7

412

3	6	4	2	9	5	1	8	7
5	8	9	6	1	7	4	2	3
2	7	1	4	8	3	5	9	6
8	4	7	3	6	9	2	1	5
1	2	6	5	4	8	3	7	9
9	5	3	7	2	1	6	4	8
7	1	5	8	3	2	9	6	4
6	9	8	1	5	4	7	3	2
4	3	2	9	7	6	8	5	1

413

6	4	7	8	3	2	9	1	5
2	9	5	7	1	6	3	4	8
3	1	8	4	5	9	6	2	7
5	7	3	2	8	1	4	9	6
1	6	4	9	7	5	2	8	3
8	2	9	3	6	4	7	5	1
7	5	2	1	4	3	8	6	9
4	3	6	5	9	8	1	7	2
9	8	1	6	2	7	5	3	4

414

6	7	3	8	2	4	1	5	9
2	1	5	6	9	7	4	3	8
8	4	9	5	3	1	7	6	2
7	8	6	3	4	5	2	9	1
3	5	2	1	8	9	6	7	4
4	9	1	7	6	2	5	8	3
5	2	4	9	7	3	8	1	6
1	3	8	2	5	6	9	4	7
9	6	7	4	1	8	3	2	5

415

4	1	6	5	3	8	2	7	9
2	8	7	6	1	9	3	4	5
9	5	3	7	4	2	6	8	1
7	9	8	1	5	6	4	3	2
3	4	2	9	8	7	5	1	6
1	6	5	4	2	3	8	9	7
5	2	1	8	9	4	7	6	3
6	3	4	2	7	1	9	5	8
8	7	9	3	6	5	1	2	4

416

2	4	7	1	9	6	3	5	8
3	1	5	4	8	2	6	9	7
8	6	9	7	3	5	4	2	1
4	3	8	2	5	7	1	6	9
7	5	1	6	4	9	8	3	2
9	2	6	8	1	3	7	4	5
1	9	3	5	6	8	2	7	4
6	7	4	9	2	1	5	8	3
5	8	2	3	7	4	9	1	6

417

5	1	9	8	3	6	2	4	7
7	6	2	4	9	5	8	3	1
4	3	8	7	1	2	9	5	6
2	7	3	1	5	8	4	6	9
8	4	6	3	2	9	7	1	5
9	5	1	6	4	7	3	2	8
6	9	5	2	8	4	1	7	3
1	8	4	5	7	3	6	9	2
3	2	7	9	6	1	5	8	4

418

3	5	1	8	2	6	9	4	7
8	2	9	4	7	1	3	6	5
7	4	6	3	5	9	2	1	8
2	8	3	9	6	7	4	5	1
6	1	4	5	3	8	7	9	2
9	7	5	1	4	2	8	3	6
4	6	8	2	9	5	1	7	3
1	9	7	6	8	3	5	2	4
5	3	2	7	1	4	6	8	9

419

8	3	2	7	1	4	5	6	9
9	1	5	8	2	6	7	3	4
7	6	4	5	3	9	8	2	1
4	8	3	1	6	2	9	5	7
5	7	9	3	4	8	6	1	2
6	2	1	9	5	7	3	4	8
2	5	8	6	7	1	4	9	3
3	4	7	2	9	5	1	8	6
1	9	6	4	8	3	2	7	5

420

3	1	4	6	2	8	9	5	7
9	8	6	5	4	7	2	3	1
2	5	7	9	1	3	6	8	4
6	9	3	4	7	5	8	1	2
5	4	8	1	3	2	7	6	9
1	7	2	8	9	6	3	4	5
8	6	1	7	5	9	4	2	3
4	2	9	3	8	1	5	7	6
7	3	5	2	6	4	1	9	8

421

9	7	3	4	8	5	1	6	2
5	2	1	9	7	6	3	8	4
6	4	8	1	3	2	7	5	9
1	9	5	2	4	3	8	7	6
2	8	6	7	5	1	9	4	3
7	3	4	6	9	8	5	2	1
8	5	2	3	6	9	4	1	7
4	1	9	8	2	7	6	3	5
3	6	7	5	1	4	2	9	8

422

2	1	9	6	8	4	7	5	3
8	5	3	7	1	9	6	2	4
4	6	7	5	3	2	9	1	8
3	4	5	9	2	1	8	6	7
6	2	1	8	7	3	5	4	9
7	9	8	4	6	5	1	3	2
5	3	2	1	9	7	4	8	6
9	8	4	2	5	6	3	7	1
1	7	6	3	4	8	2	9	5

423

4	3	7	8	5	2	9	1	6
2	5	9	1	3	6	4	8	7
6	8	1	9	7	4	5	3	2
8	9	3	4	2	5	6	7	1
7	1	6	3	9	8	2	4	5
5	4	2	7	6	1	8	9	3
1	6	4	5	8	7	3	2	9
3	2	8	6	1	9	7	5	4
9	7	5	2	4	3	1	6	8

424

2	7	8	1	4	5	3	9	6
3	5	6	9	8	2	1	4	7
9	4	1	7	3	6	5	8	2
6	3	2	5	1	4	9	7	8
5	1	9	8	6	7	2	3	4
4	8	7	2	9	3	6	1	5
1	6	3	4	2	8	7	5	9
8	9	5	6	7	1	4	2	3
7	2	4	3	5	9	8	6	1

425

1	9	2	7	5	4	8	6	3
4	3	8	2	6	1	5	7	9
7	5	6	9	8	3	1	2	4
8	2	7	4	3	5	9	1	6
6	1	9	8	2	7	4	3	5
5	4	3	6	1	9	2	8	7
3	6	1	5	9	2	7	4	8
9	8	4	1	7	6	3	5	2
2	7	5	3	4	8	6	9	1

426

5	1	3	4	6	9	2	7	8
6	2	7	1	8	5	4	9	3
4	9	8	2	3	7	5	1	6
3	4	9	7	1	6	8	2	5
2	5	1	9	4	8	6	3	7
8	7	6	3	5	2	9	4	1
7	3	5	8	9	4	1	6	2
9	6	2	5	7	1	3	8	4
1	8	4	6	2	3	7	5	9

427

2	9	3	1	7	6	4	8	5
6	4	1	8	2	5	9	7	3
7	8	5	3	4	9	6	2	1
3	2	6	4	1	7	5	9	8
4	1	7	5	9	8	3	6	2
9	5	8	6	3	2	1	4	7
5	6	9	2	8	3	7	1	4
1	3	2	7	6	4	8	5	9
8	7	4	9	5	1	2	3	6

428

4	5	8	6	7	1	2	9	3
9	3	7	8	4	2	6	1	5
1	2	6	9	3	5	7	4	8
2	1	5	7	6	8	4	3	9
8	6	3	1	9	4	5	2	7
7	4	9	2	5	3	8	6	1
5	8	1	3	2	6	9	7	4
3	7	2	4	8	9	1	5	6
6	9	4	5	1	7	3	8	2

429

6	4	9	5	3	1	2	7	8
7	5	8	4	9	2	1	6	3
3	2	1	7	8	6	9	5	4
2	1	5	3	7	9	4	8	6
4	8	6	1	2	5	3	9	7
9	7	3	6	4	8	5	1	2
5	3	4	8	1	7	6	2	9
8	6	2	9	5	3	7	4	1
1	9	7	2	6	4	8	3	5

430

2	4	3	6	9	8	5	1	7
1	9	5	2	7	3	4	8	6
8	6	7	5	1	4	3	2	9
9	2	4	1	6	5	8	7	3
5	7	8	3	2	9	6	4	1
3	1	6	8	4	7	2	9	5
4	8	9	7	3	6	1	5	2
6	5	2	9	8	1	7	3	4
7	3	1	4	5	2	9	6	8

431

8	1	2	7	9	5	4	6	3
3	6	9	1	8	4	2	7	5
5	4	7	3	2	6	1	9	8
9	2	4	5	1	8	6	3	7
7	3	5	6	4	9	8	1	2
6	8	1	2	7	3	5	4	9
4	5	3	8	6	7	9	2	1
2	9	8	4	3	1	7	5	6
1	7	6	9	5	2	3	8	4

432

1	9	6	5	4	3	7	8	2
3	2	5	8	7	1	9	6	4
7	4	8	6	9	2	5	3	1
6	1	2	9	8	7	4	5	3
8	5	9	2	3	4	1	7	6
4	3	7	1	6	5	2	9	8
9	6	4	7	2	8	3	1	5
5	7	3	4	1	6	8	2	9
2	8	1	3	5	9	6	4	7

433

7	5	3	4	9	1	6	2	8
2	4	8	6	7	3	1	9	5
6	1	9	2	5	8	7	3	4
9	8	4	5	3	7	2	1	6
5	2	6	1	4	9	8	7	3
1	3	7	8	6	2	4	5	9
4	6	2	9	1	5	3	8	7
3	9	1	7	8	4	5	6	2
8	7	5	3	2	6	9	4	1

434

8	5	3	7	9	2	4	1	6
7	6	9	1	8	4	3	2	5
4	2	1	6	5	3	8	7	9
1	9	4	2	6	7	5	8	3
3	7	5	9	4	8	1	6	2
6	8	2	3	1	5	9	4	7
5	1	6	4	2	9	7	3	8
9	4	7	8	3	6	2	5	1
2	3	8	5	7	1	6	9	4

435

4	1	5	2	6	3	8	7	9
9	8	3	4	7	1	2	6	5
7	2	6	8	9	5	3	1	4
5	4	1	7	8	6	9	2	3
6	9	7	3	4	2	5	8	1
8	3	2	5	1	9	7	4	6
1	5	9	6	2	7	4	3	8
3	7	4	1	5	8	6	9	2
2	6	8	9	3	4	1	5	7

436

6	3	2	4	9	5	7	1	8
8	7	4	3	2	1	5	6	9
9	5	1	7	6	8	2	3	4
7	2	3	9	5	6	8	4	1
4	8	6	1	3	2	9	7	5
5	1	9	8	4	7	6	2	3
2	6	8	5	1	3	4	9	7
3	9	7	6	8	4	1	5	2
1	4	5	2	7	9	3	8	6

437

5	9	1	8	2	4	7	3	6
3	2	6	1	9	7	8	5	4
7	8	4	5	6	3	9	1	2
8	1	2	7	3	9	4	6	5
6	4	5	2	8	1	3	9	7
9	3	7	6	4	5	1	2	8
1	5	9	4	7	6	2	8	3
2	7	3	9	5	8	6	4	1
4	6	8	3	1	2	5	7	9

438

3	1	7	9	8	4	6	5	2
4	5	8	6	2	1	3	9	7
6	9	2	5	3	7	8	4	1
5	8	1	2	9	3	7	6	4
2	7	4	1	6	8	5	3	9
9	6	3	4	7	5	1	2	8
8	3	5	7	4	2	9	1	6
1	4	6	8	5	9	2	7	3
7	2	9	3	1	6	4	8	5

439

1	6	7	4	2	8	5	3	9
3	9	8	5	7	1	2	6	4
4	5	2	3	6	9	7	1	8
2	3	9	8	5	7	1	4	6
7	8	1	6	4	2	3	9	5
5	4	6	9	1	3	8	2	7
8	2	4	1	9	5	6	7	3
6	7	3	2	8	4	9	5	1
9	1	5	7	3	6	4	8	2

440

6	3	8	1	4	9	5	7	2
7	5	2	3	8	6	1	9	4
9	1	4	5	2	7	8	3	6
2	8	3	9	5	4	6	1	7
4	6	9	7	3	1	2	8	5
5	7	1	8	6	2	3	4	9
3	9	7	6	1	5	4	2	8
8	4	6	2	9	3	7	5	1
1	2	5	4	7	8	9	6	3

441

9	8	6	4	2	3	1	7	5
7	5	3	8	6	1	9	2	4
4	1	2	9	7	5	8	3	6
3	2	9	6	1	7	5	4	8
5	4	8	2	3	9	6	1	7
6	7	1	5	8	4	2	9	3
8	3	4	1	5	2	7	6	9
2	9	5	7	4	6	3	8	1
1	6	7	3	9	8	4	5	2

442

9	7	8	4	1	3	5	6	2
1	5	6	2	7	8	4	9	3
3	2	4	5	9	6	7	8	1
4	3	7	9	5	2	8	1	6
6	1	2	3	8	4	9	5	7
8	9	5	7	6	1	3	2	4
2	6	9	8	3	7	1	4	5
5	4	3	1	2	9	6	7	8
7	8	1	6	4	5	2	3	9

443

8	5	7	6	2	4	9	1	3
9	6	3	1	7	8	2	4	5
1	2	4	3	5	9	7	6	8
5	7	8	4	1	3	6	2	9
4	9	6	2	8	7	5	3	1
3	1	2	9	6	5	8	7	4
2	8	9	7	3	1	4	5	6
6	3	5	8	4	2	1	9	7
7	4	1	5	9	6	3	8	2

444

8	4	1	2	7	3	9	5	6
5	3	6	8	9	4	7	1	2
9	2	7	1	6	5	8	4	3
1	8	4	6	3	9	2	7	5
2	7	5	4	1	8	3	6	9
3	6	9	7	5	2	1	8	4
7	1	2	9	4	6	5	3	8
6	5	8	3	2	1	4	9	7
4	9	3	5	8	7	6	2	1

445

9	2	3	4	8	5	6	7	1
1	5	7	6	2	3	8	9	4
8	6	4	7	1	9	2	5	3
5	9	1	8	6	4	3	2	7
4	7	2	3	5	1	9	8	6
3	8	6	2	9	7	1	4	5
2	4	8	1	7	6	5	3	9
7	1	5	9	3	2	4	6	8
6	3	9	5	4	8	7	1	2

446

2	8	9	7	4	6	1	3	5
1	3	5	8	9	2	6	4	7
7	6	4	1	3	5	8	2	9
9	2	1	6	5	3	4	7	8
8	7	3	2	1	4	5	9	6
4	5	6	9	7	8	3	1	2
6	4	8	3	2	7	9	5	1
5	1	7	4	8	9	2	6	3
3	9	2	5	6	1	7	8	4

447

3	8	4	2	6	5	9	1	7
5	2	1	7	9	3	6	8	4
6	7	9	4	1	8	2	3	5
4	1	8	6	3	2	5	7	9
9	5	2	8	4	7	1	6	3
7	6	3	9	5	1	8	4	2
2	3	7	5	8	6	4	9	1
8	9	5	1	7	4	3	2	6
1	4	6	3	2	9	7	5	8

448

1	7	2	3	5	9	4	8	6
5	6	9	4	7	8	2	1	3
3	8	4	6	2	1	9	5	7
2	9	3	1	4	6	5	7	8
4	5	8	9	3	7	1	6	2
7	1	6	2	8	5	3	9	4
9	3	7	8	1	4	6	2	5
6	2	5	7	9	3	8	4	1
8	4	1	5	6	2	7	3	9

449

6	7	4	2	9	1	3	8	5
8	3	5	6	4	7	9	2	1
2	1	9	5	3	8	7	4	6
7	6	2	1	5	9	8	3	4
3	5	8	7	2	4	6	1	9
4	9	1	8	6	3	5	7	2
5	4	3	9	8	2	1	6	7
1	2	6	3	7	5	4	9	8
9	8	7	4	1	6	2	5	3

450

9	7	2	5	8	1	6	3	4
4	6	3	7	9	2	8	1	5
5	8	1	6	4	3	9	7	2
1	9	6	3	5	8	2	4	7
2	3	7	9	6	4	5	8	1
8	4	5	2	1	7	3	9	6
6	5	8	4	7	9	1	2	3
3	1	4	8	2	5	7	6	9
7	2	9	1	3	6	4	5	8

451

8	5	7	1	3	2	6	9	4
9	1	4	7	6	8	3	5	2
3	2	6	4	9	5	8	7	1
7	4	1	8	5	6	2	3	9
2	6	3	9	1	4	7	8	5
5	8	9	3	2	7	1	4	6
1	7	5	6	8	9	4	2	3
6	9	8	2	4	3	5	1	7
4	3	2	5	7	1	9	6	8

452

3	6	2	1	4	7	5	8	9
7	8	9	5	6	3	1	4	2
5	4	1	8	2	9	3	7	6
2	9	3	7	5	6	4	1	8
1	5	4	2	3	8	6	9	7
6	7	8	4	9	1	2	3	5
9	1	5	6	7	4	8	2	3
8	2	7	3	1	5	9	6	4
4	3	6	9	8	2	7	5	1

453

7	5	4	2	3	6	9	8	1
9	6	8	7	4	1	2	3	5
3	1	2	5	8	9	7	6	4
4	2	9	3	6	8	5	1	7
5	3	1	9	7	2	6	4	8
8	7	6	1	5	4	3	2	9
6	8	5	4	2	7	1	9	3
2	9	3	8	1	5	4	7	6
1	4	7	6	9	3	8	5	2

454

6	8	5	4	2	1	7	9	3
9	3	1	5	8	7	2	4	6
4	7	2	6	9	3	1	5	8
5	4	3	7	6	9	8	2	1
7	1	8	3	4	2	9	6	5
2	9	6	8	1	5	4	3	7
3	5	4	2	7	8	6	1	9
1	6	7	9	3	4	5	8	2
8	2	9	1	5	6	3	7	4

455

6	9	2	1	7	8	3	5	4
5	4	7	3	2	6	9	1	8
3	8	1	9	5	4	7	6	2
4	7	3	5	1	9	2	8	6
2	6	5	8	3	7	1	4	9
9	1	8	4	6	2	5	3	7
8	3	4	2	9	1	6	7	5
7	5	9	6	8	3	4	2	1
1	2	6	7	4	5	8	9	3

456

2	8	4	1	9	3	7	6	5
5	9	7	4	8	6	1	3	2
3	1	6	2	5	7	9	8	4
8	4	2	6	7	5	3	1	9
9	5	3	8	4	1	2	7	6
7	6	1	9	3	2	4	5	8
1	7	9	5	2	8	6	4	3
6	2	5	3	1	4	8	9	7
4	3	8	7	6	9	5	2	1

457

2	9	7	1	6	8	4	5	3
8	3	4	9	7	5	1	6	2
6	1	5	4	3	2	9	7	8
1	6	3	7	9	4	2	8	5
5	8	9	2	1	6	7	3	4
4	7	2	8	5	3	6	9	1
3	5	1	6	4	9	8	2	7
7	2	6	3	8	1	5	4	9
9	4	8	5	2	7	3	1	6

458

5	7	1	4	2	8	3	6	9
4	8	6	9	1	3	5	2	7
3	2	9	5	7	6	8	4	1
2	4	3	8	5	7	9	1	6
8	1	5	6	9	2	7	3	4
9	6	7	3	4	1	2	5	8
1	5	8	7	3	4	6	9	2
7	9	2	1	6	5	4	8	3
6	3	4	2	8	9	1	7	5

459

4	5	9	1	3	7	8	2	6
8	6	2	9	4	5	7	3	1
1	3	7	6	8	2	4	9	5
5	4	3	2	6	1	9	7	8
6	2	1	7	9	8	5	4	3
9	7	8	3	5	4	6	1	2
2	8	5	4	7	3	1	6	9
7	1	6	5	2	9	3	8	4
3	9	4	8	1	6	2	5	7

460

3	2	6	9	1	8	7	5	4
7	9	1	2	5	4	3	6	8
8	5	4	3	6	7	1	2	9
2	4	9	5	7	6	8	3	1
5	8	3	4	9	1	2	7	6
1	6	7	8	2	3	4	9	5
4	1	2	6	3	9	5	8	7
6	3	8	7	4	5	9	1	2
9	7	5	1	8	2	6	4	3

461

2	1	7	4	3	5	6	9	8
8	9	3	2	1	6	4	7	5
6	4	5	9	8	7	1	2	3
1	5	4	7	9	2	8	3	6
9	3	8	6	4	1	2	5	7
7	6	2	3	5	8	9	4	1
3	8	9	5	6	4	7	1	2
5	2	6	1	7	9	3	8	4
4	7	1	8	2	3	5	6	9

462

2	5	1	9	6	7	4	8	3
7	6	3	4	1	8	9	2	5
8	9	4	2	3	5	1	6	7
6	8	7	1	2	3	5	9	4
3	2	5	8	4	9	7	1	6
4	1	9	7	5	6	8	3	2
5	7	2	3	9	1	6	4	8
9	4	8	6	7	2	3	5	1
1	3	6	5	8	4	2	7	9

463

9	2	7	3	4	5	1	6	8
1	4	8	2	6	7	9	5	3
6	5	3	9	1	8	4	7	2
8	6	5	1	9	3	2	4	7
2	9	4	8	7	6	3	1	5
3	7	1	5	2	4	6	8	9
7	8	6	4	3	2	5	9	1
5	1	2	6	8	9	7	3	4
4	3	9	7	5	1	8	2	6

464

8	6	2	1	4	9	3	5	7
5	7	1	6	3	2	4	8	9
3	9	4	5	7	8	1	2	6
7	8	5	3	2	6	9	4	1
1	4	3	8	9	7	2	6	5
6	2	9	4	5	1	7	3	8
4	3	6	9	1	5	8	7	2
2	1	8	7	6	4	5	9	3
9	5	7	2	8	3	6	1	4

465

5	9	1	3	4	2	7	6	8
8	7	3	6	9	1	4	2	5
4	6	2	5	7	8	9	1	3
1	2	8	9	5	4	3	7	6
7	5	9	2	3	6	8	4	1
6	3	4	1	8	7	2	5	9
2	1	7	8	6	3	5	9	4
3	4	5	7	1	9	6	8	2
9	8	6	4	2	5	1	3	7

466

5	9	7	8	3	2	1	6	4
6	3	1	7	4	5	9	8	2
8	2	4	1	9	6	5	3	7
9	7	6	4	8	3	2	1	5
1	5	8	2	6	9	7	4	3
3	4	2	5	7	1	8	9	6
4	6	5	9	1	7	3	2	8
2	8	9	3	5	4	6	7	1
7	1	3	6	2	8	4	5	9

467

9	5	7	1	8	4	2	3	6
1	3	2	5	7	6	4	9	8
4	8	6	3	9	2	7	5	1
5	4	3	6	2	9	8	1	7
6	7	1	8	4	3	5	2	9
2	9	8	7	5	1	6	4	3
3	6	4	2	1	8	9	7	5
7	1	9	4	6	5	3	8	2
8	2	5	9	3	7	1	6	4

468

3	6	5	8	4	7	9	1	2
8	2	1	5	6	9	3	4	7
9	7	4	1	2	3	6	5	8
7	4	6	2	9	1	8	3	5
1	8	2	3	5	6	7	9	4
5	3	9	4	7	8	2	6	1
6	9	8	7	1	5	4	2	3
2	5	3	9	8	4	1	7	6
4	1	7	6	3	2	5	8	9

469

3	1	5	9	7	6	8	2	4
9	8	4	3	2	5	1	7	6
2	7	6	1	8	4	3	5	9
5	6	2	4	1	3	9	8	7
1	9	8	5	6	7	4	3	2
4	3	7	2	9	8	5	6	1
7	4	1	8	5	2	6	9	3
6	5	9	7	3	1	2	4	8
8	2	3	6	4	9	7	1	5

470

3	4	2	8	6	7	5	1	9
9	1	5	3	4	2	6	7	8
8	7	6	5	1	9	4	3	2
6	9	3	1	8	4	2	5	7
5	2	7	6	9	3	1	8	4
1	8	4	2	7	5	9	6	3
2	3	1	9	5	8	7	4	6
7	6	9	4	3	1	8	2	5
4	5	8	7	2	6	3	9	1

471

1	8	2	3	6	9	4	7	5
6	5	7	1	4	8	9	3	2
3	9	4	5	7	2	6	1	8
2	4	8	6	9	1	7	5	3
9	3	1	8	5	7	2	6	4
5	7	6	2	3	4	8	9	1
4	2	9	7	1	5	3	8	6
8	6	5	9	2	3	1	4	7
7	1	3	4	8	6	5	2	9

472

2	8	1	3	5	6	7	4	9
7	9	3	1	4	8	5	2	6
4	5	6	2	9	7	1	8	3
8	6	5	4	7	3	9	1	2
1	7	9	8	6	2	3	5	4
3	2	4	5	1	9	6	7	8
9	3	8	7	2	5	4	6	1
6	1	7	9	8	4	2	3	5
5	4	2	6	3	1	8	9	7

473

7	2	6	3	9	8	5	4	1
1	5	8	6	7	4	2	9	3
4	9	3	2	1	5	6	8	7
3	8	5	7	2	6	4	1	9
2	6	1	9	4	3	7	5	8
9	4	7	8	5	1	3	2	6
6	1	2	4	8	7	9	3	5
8	3	4	5	6	9	1	7	2
5	7	9	1	3	2	8	6	4

474

9	5	7	2	1	8	4	6	3
2	3	1	7	6	4	8	5	9
6	8	4	5	3	9	7	1	2
8	9	5	4	7	3	6	2	1
1	7	6	9	2	5	3	8	4
4	2	3	6	8	1	9	7	5
5	4	2	8	9	7	1	3	6
7	1	9	3	5	6	2	4	8
3	6	8	1	4	2	5	9	7

475

3	9	6	1	4	7	8	5	2
5	8	7	3	2	9	6	4	1
1	2	4	6	8	5	9	7	3
6	3	1	9	5	2	4	8	7
2	7	9	4	1	8	5	3	6
4	5	8	7	3	6	1	2	9
8	1	5	2	6	3	7	9	4
7	4	2	5	9	1	3	6	8
9	6	3	8	7	4	2	1	5

476

1	4	2	7	5	9	8	6	3
8	3	5	4	6	1	2	9	7
7	6	9	2	8	3	4	1	5
2	7	3	1	4	5	6	8	9
5	1	6	9	3	8	7	4	2
4	9	8	6	7	2	3	5	1
9	2	7	8	1	4	5	3	6
6	5	4	3	9	7	1	2	8
3	8	1	5	2	6	9	7	4

477

4	6	7	5	1	3	9	8	2
5	8	9	2	4	7	6	3	1
2	3	1	6	8	9	7	4	5
6	1	8	9	5	4	3	2	7
9	4	5	7	3	2	8	1	6
3	7	2	8	6	1	5	9	4
1	5	4	3	7	8	2	6	9
8	9	6	4	2	5	1	7	3
7	2	3	1	9	6	4	5	8

478

8	1	9	7	4	5	6	2	3
5	3	6	9	2	8	1	4	7
2	4	7	3	6	1	8	9	5
7	8	4	5	3	2	9	1	6
1	9	3	4	8	6	5	7	2
6	5	2	1	7	9	3	8	4
9	6	5	2	1	7	4	3	8
4	2	8	6	9	3	7	5	1
3	7	1	8	5	4	2	6	9

479

6	8	7	2	5	4	3	1	9
9	5	1	3	8	7	4	6	2
2	4	3	1	6	9	5	8	7
1	6	8	7	2	3	9	5	4
3	2	4	9	1	5	6	7	8
5	7	9	6	4	8	2	3	1
4	9	5	8	3	1	7	2	6
8	3	2	4	7	6	1	9	5
7	1	6	5	9	2	8	4	3

480

9	6	3	7	1	5	2	8	4
5	8	2	6	4	9	7	3	1
7	1	4	2	3	8	9	5	6
8	2	9	5	6	1	4	7	3
4	7	6	8	9	3	1	2	5
3	5	1	4	7	2	8	6	9
6	3	7	1	2	4	5	9	8
1	9	5	3	8	7	6	4	2
2	4	8	9	5	6	3	1	7

481

8	1	4	7	6	5	3	9	2
2	9	5	4	3	8	6	7	1
3	6	7	1	2	9	4	5	8
9	4	2	6	7	1	5	8	3
1	5	8	3	9	2	7	6	4
6	7	3	5	8	4	2	1	9
4	2	6	9	1	7	8	3	5
5	3	9	8	4	6	1	2	7
7	8	1	2	5	3	9	4	6

482

5	1	8	9	4	3	2	7	6
6	9	2	8	7	5	4	3	1
3	7	4	2	1	6	8	5	9
9	4	7	6	2	8	3	1	5
1	2	3	5	9	7	6	8	4
8	6	5	4	3	1	9	2	7
2	5	6	7	8	4	1	9	3
4	8	1	3	5	9	7	6	2
7	3	9	1	6	2	5	4	8

483

7	3	6	2	9	4	1	5	8
5	8	1	3	6	7	4	2	9
2	4	9	1	8	5	7	3	6
8	7	3	4	5	1	6	9	2
4	6	2	7	3	9	8	1	5
9	1	5	8	2	6	3	7	4
6	5	7	9	1	8	2	4	3
3	9	4	6	7	2	5	8	1
1	2	8	5	4	3	9	6	7

484

9	7	3	4	2	1	8	6	5
2	1	8	5	6	9	4	3	7
5	6	4	7	3	8	1	9	2
6	3	1	8	7	4	2	5	9
7	4	9	3	5	2	6	1	8
8	2	5	9	1	6	3	7	4
4	5	6	1	8	7	9	2	3
3	9	2	6	4	5	7	8	1
1	8	7	2	9	3	5	4	6

485

5	4	1	6	3	7	8	2	9
9	8	2	5	1	4	3	6	7
3	7	6	2	9	8	4	1	5
4	3	7	9	6	2	5	8	1
2	5	8	7	4	1	9	3	6
6	1	9	8	5	3	2	7	4
1	6	3	4	2	5	7	9	8
8	9	5	3	7	6	1	4	2
7	2	4	1	8	9	6	5	3

486

2	4	1	9	3	8	7	5	6
9	5	7	1	6	4	3	8	2
8	3	6	2	5	7	9	1	4
6	1	8	5	2	9	4	3	7
4	2	9	8	7	3	1	6	5
5	7	3	4	1	6	2	9	8
1	9	2	6	4	5	8	7	3
3	8	5	7	9	2	6	4	1
7	6	4	3	8	1	5	2	9

487

9	2	4	3	7	1	8	6	5
8	6	5	4	2	9	3	7	1
7	1	3	6	8	5	9	2	4
1	7	2	9	4	8	5	3	6
3	8	9	5	6	2	1	4	7
5	4	6	7	1	3	2	8	9
6	5	8	2	9	4	7	1	3
2	3	7	1	5	6	4	9	8
4	9	1	8	3	7	6	5	2

488

6	8	2	5	1	7	4	3	9
9	3	4	6	2	8	1	7	5
5	1	7	9	4	3	8	2	6
3	5	9	7	6	4	2	8	1
2	7	8	1	9	5	6	4	3
4	6	1	3	8	2	5	9	7
7	4	6	2	3	1	9	5	8
8	9	5	4	7	6	3	1	2
1	2	3	8	5	9	7	6	4

489

2	1	5	8	6	3	9	4	7
8	4	9	7	1	2	3	6	5
7	3	6	5	9	4	2	8	1
6	9	2	4	5	7	1	3	8
5	7	3	1	8	6	4	9	2
1	8	4	2	3	9	5	7	6
4	5	8	9	7	1	6	2	3
9	6	1	3	2	8	7	5	4
3	2	7	6	4	5	8	1	9

490

8	7	3	4	2	5	6	9	1
9	2	6	7	3	1	4	5	8
1	4	5	9	8	6	2	7	3
6	8	9	3	5	7	1	2	4
4	1	7	6	9	2	8	3	5
3	5	2	8	1	4	9	6	7
5	6	4	1	7	9	3	8	2
2	9	8	5	4	3	7	1	6
7	3	1	2	6	8	5	4	9

491

5	8	4	3	6	1	7	9	2
2	3	9	7	5	8	6	1	4
6	7	1	2	9	4	8	5	3
7	4	5	1	3	2	9	6	8
8	6	3	9	4	5	2	7	1
1	9	2	8	7	6	4	3	5
9	5	8	6	2	3	1	4	7
3	1	7	4	8	9	5	2	6
4	2	6	5	1	7	3	8	9

492

5	1	6	8	7	3	9	4	2
4	9	2	6	5	1	3	8	7
3	8	7	2	9	4	5	6	1
8	2	3	4	1	9	7	5	6
7	5	4	3	6	2	1	9	8
1	6	9	7	8	5	4	2	3
9	3	1	5	2	6	8	7	4
2	4	8	9	3	7	6	1	5
6	7	5	1	4	8	2	3	9

493

1	2	4	7	8	6	3	9	5
6	9	5	4	1	3	8	2	7
3	7	8	5	2	9	1	6	4
2	8	1	6	3	7	4	5	9
4	5	6	8	9	1	7	3	2
7	3	9	2	5	4	6	1	8
5	6	2	3	4	8	9	7	1
8	1	7	9	6	5	2	4	3
9	4	3	1	7	2	5	8	6

494

3	7	9	4	2	5	8	1	6
1	2	6	7	9	8	4	5	3
5	4	8	1	3	6	9	2	7
8	6	1	3	5	2	7	9	4
4	3	7	9	6	1	2	8	5
2	9	5	8	7	4	3	6	1
7	1	2	5	8	3	6	4	9
9	8	4	6	1	7	5	3	2
6	5	3	2	4	9	1	7	8

495

5	3	9	4	1	8	2	6	7
2	6	8	3	5	7	1	9	4
4	7	1	6	2	9	8	3	5
7	5	6	9	8	4	3	2	1
1	4	2	5	3	6	7	8	9
9	8	3	2	7	1	4	5	6
8	1	5	7	6	2	9	4	3
6	2	4	1	9	3	5	7	8
3	9	7	8	4	5	6	1	2

496

9	7	1	3	5	2	6	4	8
3	8	6	4	1	9	5	2	7
4	5	2	8	7	6	1	9	3
6	9	4	5	8	7	3	1	2
2	1	7	9	6	3	8	5	4
5	3	8	2	4	1	9	7	6
8	2	5	6	9	4	7	3	1
7	4	9	1	3	8	2	6	5
1	6	3	7	2	5	4	8	9

497

9	5	1	3	7	8	2	4	6
8	7	4	1	2	6	3	5	9
6	3	2	9	4	5	8	1	7
4	6	3	8	9	7	1	2	5
1	2	7	5	6	4	9	8	3
5	8	9	2	3	1	7	6	4
7	9	6	4	8	2	5	3	1
2	4	5	7	1	3	6	9	8
3	1	8	6	5	9	4	7	2

498

6	2	4	1	5	8	9	7	3
9	3	1	4	7	6	5	2	8
5	7	8	9	2	3	6	1	4
4	1	7	2	8	5	3	6	9
2	9	3	7	6	4	8	5	1
8	5	6	3	9	1	2	4	7
7	6	5	8	4	9	1	3	2
3	8	2	6	1	7	4	9	5
1	4	9	5	3	2	7	8	6

499

2	4	6	3	8	9	1	7	5
3	7	5	4	1	6	9	8	2
1	8	9	7	5	2	6	4	3
7	3	1	8	4	5	2	6	9
9	2	4	6	3	1	7	5	8
6	5	8	2	9	7	3	1	4
4	6	7	5	2	3	8	9	1
5	1	2	9	7	8	4	3	6
8	9	3	1	6	4	5	2	7

500

2	7	8	5	4	3	9	1	6
4	6	1	8	2	9	5	7	3
9	5	3	6	1	7	4	8	2
6	8	4	3	7	1	2	9	5
1	2	7	9	5	4	6	3	8
3	9	5	2	8	6	1	4	7
8	1	6	7	9	5	3	2	4
5	4	2	1	3	8	7	6	9
7	3	9	4	6	2	8	5	1

Hard

501

4	2	6	7	5	9	1	8	3
5	3	1	8	6	2	4	7	9
7	9	8	3	4	1	2	5	6
1	8	9	4	3	7	6	2	5
2	5	4	9	1	6	8	3	7
6	7	3	5	2	8	9	4	1
3	6	5	1	8	4	7	9	2
9	4	2	6	7	5	3	1	8
8	1	7	2	9	3	5	6	4

502

3	8	5	2	1	6	7	4	9
1	4	6	3	7	9	2	8	5
2	7	9	4	8	5	3	1	6
8	3	1	7	6	2	5	9	4
4	6	2	9	5	3	1	7	8
9	5	7	8	4	1	6	2	3
7	1	3	5	9	4	8	6	2
6	2	4	1	3	8	9	5	7
5	9	8	6	2	7	4	3	1

503

6	3	9	8	2	5	4	1	7
2	4	1	3	6	7	9	8	5
7	5	8	1	4	9	6	2	3
5	6	2	9	7	1	3	4	8
9	8	4	6	5	3	2	7	1
1	7	3	2	8	4	5	6	9
8	9	6	5	1	2	7	3	4
4	1	5	7	3	6	8	9	2
3	2	7	4	9	8	1	5	6

504

2	1	6	8	7	9	4	3	5
8	4	9	5	3	1	2	7	6
7	5	3	6	2	4	9	8	1
6	2	7	3	5	8	1	4	9
9	3	4	1	6	2	8	5	7
5	8	1	4	9	7	3	6	2
3	6	2	9	8	5	7	1	4
4	7	8	2	1	6	5	9	3
1	9	5	7	4	3	6	2	8

505

2	4	7	9	3	6	5	8	1
1	6	9	5	2	8	7	3	4
5	3	8	4	1	7	6	9	2
4	5	3	1	8	9	2	6	7
6	8	2	7	4	3	9	1	5
7	9	1	6	5	2	3	4	8
8	2	5	3	9	1	4	7	6
3	7	4	8	6	5	1	2	9
9	1	6	2	7	4	8	5	3

506

4	9	1	6	5	7	3	8	2
2	8	3	9	1	4	6	5	7
6	5	7	2	8	3	4	1	9
1	6	9	8	2	5	7	3	4
8	3	4	7	9	1	2	6	5
7	2	5	3	4	6	8	9	1
9	7	2	1	3	8	5	4	6
5	1	8	4	6	2	9	7	3
3	4	6	5	7	9	1	2	8

507

5	7	4	1	8	3	2	6	9
8	9	6	2	7	4	3	1	5
2	1	3	5	6	9	8	7	4
6	2	1	3	5	8	9	4	7
4	8	9	6	2	7	1	5	3
7	3	5	9	4	1	6	2	8
9	4	8	7	1	6	5	3	2
1	5	7	8	3	2	4	9	6
3	6	2	4	9	5	7	8	1

508

4	2	6	7	5	9	1	8	3
5	3	1	8	6	2	4	7	9
7	9	8	3	4	1	2	5	6
1	8	9	4	3	7	6	2	5
2	5	4	9	1	6	8	3	7
6	7	3	5	2	8	9	4	1
3	6	5	1	8	4	7	9	2
9	4	2	6	7	5	3	1	8
8	1	7	2	9	3	5	6	4

509

4	9	1	6	5	7	3	8	2
2	8	3	9	1	4	6	5	7
6	5	7	2	8	3	4	1	9
1	6	9	8	2	5	7	3	4
8	3	4	7	9	1	2	6	5
7	2	5	3	4	6	8	9	1
9	7	2	1	3	8	5	4	6
5	1	8	4	6	2	9	7	3
3	4	6	5	7	9	1	2	8

510

3	8	5	2	1	6	7	4	9
1	4	6	3	7	9	2	8	5
2	7	9	4	8	5	3	1	6
8	3	1	7	6	2	5	9	4
4	6	2	9	5	3	1	7	8
9	5	7	8	4	1	6	2	3
7	1	3	5	9	4	8	6	2
6	2	4	1	3	8	9	5	7
5	9	8	6	2	7	4	3	1

511

7	3	1	2	9	4	5	8	6
6	9	5	3	1	8	4	7	2
4	8	2	5	6	7	9	3	1
3	4	6	8	2	9	1	5	7
5	7	9	1	4	6	3	2	8
2	1	8	7	5	3	6	4	9
9	6	7	4	8	5	2	1	3
8	2	4	6	3	1	7	9	5
1	5	3	9	7	2	8	6	4

512

6	2	1	3	8	5	4	7	9
9	8	4	2	1	7	6	5	3
5	7	3	6	9	4	2	8	1
2	5	8	7	4	9	1	3	6
3	1	6	5	2	8	9	4	7
7	4	9	1	6	3	5	2	8
8	9	5	4	7	1	3	6	2
1	3	2	8	5	6	7	9	4
4	6	7	9	3	2	8	1	5

513

4	9	1	3	2	7	6	8	5
3	8	2	6	5	1	7	4	9
5	7	6	4	8	9	2	3	1
1	4	7	8	9	6	3	5	2
8	2	5	1	7	3	9	6	4
9	6	3	5	4	2	8	1	7
7	1	8	2	6	4	5	9	3
2	5	4	9	3	8	1	7	6
6	3	9	7	1	5	4	2	8

514

5	7	4	1	8	3	2	6	9
8	9	6	2	7	4	3	1	5
2	1	3	5	6	9	8	7	4
6	2	1	3	5	8	9	4	7
4	8	9	6	2	7	1	5	3
7	3	5	9	4	1	6	2	8
9	4	8	7	1	6	5	3	2
1	5	7	8	3	2	4	9	6
3	6	2	4	9	5	7	8	1

515

4	2	6	7	5	9	1	8	3
5	3	1	8	6	2	4	7	9
7	9	8	3	4	1	2	5	6
1	8	9	4	3	7	6	2	5
2	5	4	9	1	6	8	3	7
6	7	3	5	2	8	9	4	1
3	6	5	1	8	4	7	9	2
9	4	2	6	7	5	3	1	8
8	1	7	2	9	3	5	6	4

516

5	3	6	4	7	1	8	2	9
8	4	2	3	9	6	1	7	5
9	7	1	2	5	8	3	6	4
7	6	5	1	3	9	4	8	2
1	2	3	8	4	7	5	9	6
4	8	9	6	2	5	7	3	1
6	9	7	5	1	3	2	4	8
2	1	8	7	6	4	9	5	3
3	5	4	9	8	2	6	1	7

517

3	8	5	2	1	6	7	4	9
1	4	6	3	7	9	2	8	5
2	7	9	4	8	5	3	1	6
8	3	1	7	6	2	5	9	4
4	6	2	9	5	3	1	7	8
9	5	7	8	4	1	6	2	3
7	1	3	5	9	4	8	6	2
6	2	4	1	3	8	9	5	7
5	9	8	6	2	7	4	3	1

518

6	2	7	5	3	9	4	1	8
9	8	4	2	1	7	3	5	6
3	5	1	6	8	4	7	9	2
4	7	3	8	5	2	9	6	1
2	1	8	9	4	6	5	7	3
5	9	6	1	7	3	8	2	4
8	3	5	7	6	1	2	4	9
1	4	9	3	2	5	6	8	7
7	6	2	4	9	8	1	3	5

519

6	2	1	3	8	5	4	7	9
9	8	4	2	1	7	6	5	3
5	7	3	6	9	4	2	8	1
2	5	8	7	4	9	1	3	6
3	1	6	5	2	8	9	4	7
7	4	9	1	6	3	5	2	8
8	9	5	4	7	1	3	6	2
1	3	2	8	5	6	7	9	4
4	6	7	9	3	2	8	1	5

520

4	9	1	3	2	7	6	8	5
3	8	2	6	5	1	7	4	9
5	7	6	4	8	9	2	3	1
1	4	7	8	9	6	3	5	2
8	2	5	1	7	3	9	6	4
9	6	3	5	4	2	8	1	7
7	1	8	2	6	4	5	9	3
2	5	4	9	3	8	1	7	6
6	3	9	7	1	5	4	2	8

521

1	7	8	5	6	3	4	9	2
5	4	2	1	9	8	3	6	7
3	6	9	4	7	2	8	1	5
7	9	1	2	8	6	5	4	3
2	8	3	9	4	5	6	7	1
6	5	4	7	3	1	2	8	9
9	3	7	8	5	4	1	2	6
8	1	5	6	2	7	9	3	4
4	2	6	3	1	9	7	5	8

522

7	3	1	2	9	4	5	8	6
6	9	5	3	1	8	4	7	2
4	8	2	5	6	7	9	3	1
3	4	6	8	2	9	1	5	7
5	7	9	1	4	6	3	2	8
2	1	8	7	5	3	6	4	9
9	6	7	4	8	5	2	1	3
8	2	4	6	3	1	7	9	5
1	5	3	9	7	2	8	6	4

523

3	8	5	2	1	6	7	4	9
1	4	6	3	7	9	2	8	5
2	7	9	4	8	5	3	1	6
8	3	1	7	6	2	5	9	4
4	6	2	9	5	3	1	7	8
9	5	7	8	4	1	6	2	3
7	1	3	5	9	4	8	6	2
6	2	4	1	3	8	9	5	7
5	9	8	6	2	7	4	3	1

524

1	9	7	8	2	4	5	3	6
6	3	5	7	1	9	4	2	8
2	8	4	3	5	6	7	9	1
3	1	2	5	6	7	9	8	4
8	4	6	9	3	2	1	7	5
5	7	9	4	8	1	2	6	3
7	6	1	2	4	3	8	5	9
9	5	3	1	7	8	6	4	2
4	2	8	6	9	5	3	1	7

525

6	2	1	3	8	5	4	7	9
9	8	4	2	1	7	6	5	3
5	7	3	6	9	4	2	8	1
2	5	8	7	4	9	1	3	6
3	1	6	5	2	8	9	4	7
7	4	9	1	6	3	5	2	8
8	9	5	4	7	1	3	6	2
1	3	2	8	5	6	7	9	4
4	6	7	9	3	2	8	1	5

526

4	9	1	3	2	7	6	8	5
3	8	2	6	5	1	7	4	9
5	7	6	4	8	9	2	3	1
1	4	7	8	9	6	3	5	2
8	2	5	1	7	3	9	6	4
9	6	3	5	4	2	8	1	7
7	1	8	2	6	4	5	9	3
2	5	4	9	3	8	1	7	6
6	3	9	7	1	5	4	2	8

527

5	7	4	1	8	3	2	6	9
8	9	6	2	7	4	3	1	5
2	1	3	5	6	9	8	7	4
6	2	1	3	5	8	9	4	7
4	8	9	6	2	7	1	5	3
7	3	5	9	4	1	6	2	8
9	4	8	7	1	6	5	3	2
1	5	7	8	3	2	4	9	6
3	6	2	4	9	5	7	8	1

528

4	2	6	7	5	9	1	8	3
5	3	1	8	6	2	4	7	9
7	9	8	3	4	1	2	5	6
1	8	9	4	3	7	6	2	5
2	5	4	9	1	6	8	3	7
6	7	3	5	2	8	9	4	1
3	6	5	1	8	4	7	9	2
9	4	2	6	7	5	3	1	8
8	1	7	2	9	3	5	6	4

529

3	8	5	2	1	6	7	4	9
1	4	6	3	7	9	2	8	5
2	7	9	4	8	5	3	1	6
8	3	1	7	6	2	5	9	4
4	6	2	9	5	3	1	7	8
9	5	7	8	4	1	6	2	3
7	1	3	5	9	4	8	6	2
6	2	4	1	3	8	9	5	7
5	9	8	6	2	7	4	3	1

530

7	3	1	2	9	4	5	8	6
6	9	5	3	1	8	4	7	2
4	8	2	5	6	7	9	3	1
3	4	6	8	2	9	1	5	7
5	7	9	1	4	6	3	2	8
2	1	8	7	5	3	6	4	9
9	6	7	4	8	5	2	1	3
8	2	4	6	3	1	7	9	5
1	5	3	9	7	2	8	6	4

531

6	2	1	3	8	5	4	7	9
9	8	4	2	1	7	6	5	3
5	7	3	6	9	4	2	8	1
2	5	8	7	4	9	1	3	6
3	1	6	5	2	8	9	4	7
7	4	9	1	6	3	5	2	8
8	9	5	4	7	1	3	6	2
1	3	2	8	5	6	7	9	4
4	6	7	9	3	2	8	1	5

532

4	9	1	3	2	7	6	8	5
3	8	2	6	5	1	7	4	9
5	7	6	4	8	9	2	3	1
1	4	7	8	9	6	3	5	2
8	2	5	1	7	3	9	6	4
9	6	3	5	4	2	8	1	7
7	1	8	2	6	4	5	9	3
2	5	4	9	3	8	1	7	6
6	3	9	7	1	5	4	2	8

533

5	7	4	1	8	3	2	6	9
8	9	6	2	7	4	3	1	5
2	1	3	5	6	9	8	7	4
6	2	1	3	5	8	9	4	7
4	8	9	6	2	7	1	5	3
7	3	5	9	4	1	6	2	8
9	4	8	7	1	6	5	3	2
1	5	7	8	3	2	4	9	6
3	6	2	4	9	5	7	8	1

534

4	2	6	7	5	9	1	8	3
5	3	1	8	6	2	4	7	9
7	9	8	3	4	1	2	5	6
1	8	9	4	3	7	6	2	5
2	5	4	9	1	6	8	3	7
6	7	3	5	2	8	9	4	1
3	6	5	1	8	4	7	9	2
9	4	2	6	7	5	3	1	8
8	1	7	2	9	3	5	6	4

535

3	8	5	2	1	6	7	4	9
1	4	6	3	7	9	2	8	5
2	7	9	4	8	5	3	1	6
8	3	1	7	6	2	5	9	4
4	6	2	9	5	3	1	7	8
9	5	7	8	4	1	6	2	3
7	1	3	5	9	4	8	6	2
6	2	4	1	3	8	9	5	7
5	9	8	6	2	7	4	3	1

536

7	3	1	2	9	4	5	8	6
6	9	5	3	1	8	4	7	2
4	8	2	5	6	7	9	3	1
3	4	6	8	2	9	1	5	7
5	7	9	1	4	6	3	2	8
2	1	8	7	5	3	6	4	9
9	6	7	4	8	5	2	1	3
8	2	4	6	3	1	7	9	5
1	5	3	9	7	2	8	6	4

537

6	2	1	3	8	5	4	7	9
9	8	4	2	1	7	6	5	3
5	7	3	6	9	4	2	8	1
2	5	8	7	4	9	1	3	6
3	1	6	5	2	8	9	4	7
7	4	9	1	6	3	5	2	8
8	9	5	4	7	1	3	6	2
1	3	2	8	5	6	7	9	4
4	6	7	9	3	2	8	1	5

538

4	9	1	3	2	7	6	8	5
3	8	2	6	5	1	7	4	9
5	7	6	4	8	9	2	3	1
1	4	7	8	9	6	3	5	2
8	2	5	1	7	3	9	6	4
9	6	3	5	4	2	8	1	7
7	1	8	2	6	4	5	9	3
2	5	4	9	3	8	1	7	6
6	3	9	7	1	5	4	2	8

539

5	7	4	1	8	3	2	6	9
8	9	6	2	7	4	3	1	5
2	1	3	5	6	9	8	7	4
6	2	1	3	5	8	9	4	7
4	8	9	6	2	7	1	5	3
7	3	5	9	4	1	6	2	8
9	4	8	7	1	6	5	3	2
1	5	7	8	3	2	4	9	6
3	6	2	4	9	5	7	8	1

540

4	2	6	7	5	9	1	8	3
5	3	1	8	6	2	4	7	9
7	9	8	3	4	1	2	5	6
1	8	9	4	3	7	6	2	5
2	5	4	9	1	6	8	3	7
6	7	3	5	2	8	9	4	1
3	6	5	1	8	4	7	9	2
9	4	2	6	7	5	3	1	8
8	1	7	2	9	3	5	6	4

541

3	8	5	2	1	6	7	4	9
1	4	6	3	7	9	2	8	5
2	7	9	4	8	5	3	1	6
8	3	1	7	6	2	5	9	4
4	6	2	9	5	3	1	7	8
9	5	7	8	4	1	6	2	3
7	1	3	5	9	4	8	6	2
6	2	4	1	3	8	9	5	7
5	9	8	6	2	7	4	3	1

542

7	3	1	2	9	4	5	8	6
6	9	5	3	1	8	4	7	2
4	8	2	5	6	7	9	3	1
3	4	6	8	2	9	1	5	7
5	7	9	1	4	6	3	2	8
2	1	8	7	5	3	6	4	9
9	6	7	4	8	5	2	1	3
8	2	4	6	3	1	7	9	5
1	5	3	9	7	2	8	6	4

543

6	2	1	3	8	5	4	7	9
9	8	4	2	1	7	6	5	3
5	7	3	6	9	4	2	8	1
2	5	8	7	4	9	1	3	6
3	1	6	5	2	8	9	4	7
7	4	9	1	6	3	5	2	8
8	9	5	4	7	1	3	6	2
1	3	2	8	5	6	7	9	4
4	6	7	9	3	2	8	1	5

544

5	7	4	1	8	3	2	6	9
8	9	6	2	7	4	3	1	5
2	1	3	5	6	9	8	7	4
6	2	1	3	5	8	9	4	7
4	8	9	6	2	7	1	5	3
7	3	5	9	4	1	6	2	8
9	4	8	7	1	6	5	3	2
1	5	7	8	3	2	4	9	6
3	6	2	4	9	5	7	8	1

545

4	2	6	7	5	9	1	8	3
5	3	1	8	6	2	4	7	9
7	9	8	3	4	1	2	5	6
1	8	9	4	3	7	6	2	5
2	5	4	9	1	6	8	3	7
6	7	3	5	2	8	9	4	1
3	6	5	1	8	4	7	9	2
9	4	2	6	7	5	3	1	8
8	1	7	2	9	3	5	6	4

546

3	8	5	2	1	6	7	4	9
1	4	6	3	7	9	2	8	5
2	7	9	4	8	5	3	1	6
8	3	1	7	6	2	5	9	4
4	6	2	9	5	3	1	7	8
9	5	7	8	4	1	6	2	3
7	1	3	5	9	4	8	6	2
6	2	4	1	3	8	9	5	7
5	9	8	6	2	7	4	3	1

547

7	3	1	2	9	4	5	8	6
6	9	5	3	1	8	4	7	2
4	8	2	5	6	7	9	3	1
3	4	6	8	2	9	1	5	7
5	7	9	1	4	6	3	2	8
2	1	8	7	5	3	6	4	9
9	6	7	4	8	5	2	1	3
8	2	4	6	3	1	7	9	5
1	5	3	9	7	2	8	6	4

548

6	2	1	3	8	5	4	7	9
9	8	4	2	1	7	6	5	3
5	7	3	6	9	4	2	8	1
2	5	8	7	4	9	1	3	6
3	1	6	5	2	8	9	4	7
7	4	9	1	6	3	5	2	8
8	9	5	4	7	1	3	6	2
1	3	2	8	5	6	7	9	4
4	6	7	9	3	2	8	1	5

549

7	3	1	2	9	4	5	8	6
6	9	5	3	1	8	4	7	2
4	8	2	5	6	7	9	3	1
3	4	6	8	2	9	1	5	7
5	7	9	1	4	6	3	2	8
2	1	8	7	5	3	6	4	9
9	6	7	4	8	5	2	1	3
8	2	4	6	3	1	7	9	5
1	5	3	9	7	2	8	6	4

550

4	2	6	7	5	9	1	8	3
5	3	1	8	6	2	4	7	9
7	9	8	3	4	1	2	5	6
1	8	9	4	3	7	6	2	5
2	5	4	9	1	6	8	3	7
6	7	3	5	2	8	9	4	1
3	6	5	1	8	4	7	9	2
9	4	2	6	7	5	3	1	8
8	1	7	2	9	3	5	6	4

551

3	8	5	2	1	6	7	4	9
1	4	6	3	7	9	2	8	5
2	7	9	4	8	5	3	1	6
8	3	1	7	6	2	5	9	4
4	6	2	9	5	3	1	7	8
9	5	7	8	4	1	6	2	3
7	1	3	5	9	4	8	6	2
6	2	4	1	3	8	9	5	7
5	9	8	6	2	7	4	3	1

552

6	2	1	3	8	5	4	7	9
9	8	4	2	1	7	6	5	3
5	7	3	6	9	4	2	8	1
2	5	8	7	4	9	1	3	6
3	1	6	5	2	8	9	4	7
7	4	9	1	6	3	5	2	8
8	9	5	4	7	1	3	6	2
1	3	2	8	5	6	7	9	4
4	6	7	9	3	2	8	1	5

553

5	7	4	1	8	3	2	6	9
8	9	6	2	7	4	3	1	5
2	1	3	5	6	9	8	7	4
6	2	1	3	5	8	9	4	7
4	8	9	6	2	7	1	5	3
7	3	5	9	4	1	6	2	8
9	4	8	7	1	6	5	3	2
1	5	7	8	3	2	4	9	6
3	6	2	4	9	5	7	8	1

554

4	2	6	7	5	9	1	8	3
5	3	1	8	6	2	4	7	9
7	9	8	3	4	1	2	5	6
1	8	9	4	3	7	6	2	5
2	5	4	9	1	6	8	3	7
6	7	3	5	2	8	9	4	1
3	6	5	1	8	4	7	9	2
9	4	2	6	7	5	3	1	8
8	1	7	2	9	3	5	6	4

555

3	8	5	2	1	6	7	4	9
1	4	6	3	7	9	2	8	5
2	7	9	4	8	5	3	1	6
8	3	1	7	6	2	5	9	4
4	6	2	9	5	3	1	7	8
9	5	7	8	4	1	6	2	3
7	1	3	5	9	4	8	6	2
6	2	4	1	3	8	9	5	7
5	9	8	6	2	7	4	3	1

556

6	2	1	3	8	5	4	7	9
9	8	4	2	1	7	6	5	3
5	7	3	6	9	4	2	8	1
2	5	8	7	4	9	1	3	6
3	1	6	5	2	8	9	4	7
7	4	9	1	6	3	5	2	8
8	9	5	4	7	1	3	6	2
1	3	2	8	5	6	7	9	4
4	6	7	9	3	2	8	1	5

557

4	2	6	7	5	9	1	8	3
5	3	1	8	6	2	4	7	9
7	9	8	3	4	1	2	5	6
1	8	9	4	3	7	6	2	5
2	5	4	9	1	6	8	3	7
6	7	3	5	2	8	9	4	1
3	6	5	1	8	4	7	9	2
9	4	2	6	7	5	3	1	8
8	1	7	2	9	3	5	6	4

558

8	6	1	5	4	9	7	3	2
4	9	2	3	1	7	8	6	5
7	3	5	6	8	2	4	1	9
5	4	6	2	7	8	1	9	3
9	2	3	4	5	1	6	8	7
1	8	7	9	3	6	2	5	4
3	1	8	7	9	4	5	2	6
2	5	4	1	6	3	9	7	8
6	7	9	8	2	5	3	4	1

559

6	2	1	3	8	5	4	7	9
9	8	4	2	1	7	6	5	3
5	7	3	6	9	4	2	8	1
2	5	8	7	4	9	1	3	6
3	1	6	5	2	8	9	4	7
7	4	9	1	6	3	5	2	8
8	9	5	4	7	1	3	6	2
1	3	2	8	5	6	7	9	4
4	6	7	9	3	2	8	1	5

560

3	8	5	2	1	6	7	4	9
1	4	6	3	7	9	2	8	5
2	7	9	4	8	5	3	1	6
8	3	1	7	6	2	5	9	4
4	6	2	9	5	3	1	7	8
9	5	7	8	4	1	6	2	3
7	1	3	5	9	4	8	6	2
6	2	4	1	3	8	9	5	7
5	9	8	6	2	7	4	3	1

561

5	7	4	1	8	3	2	6	9
8	9	6	2	7	4	3	1	5
2	1	3	5	6	9	8	7	4
6	2	1	3	5	8	9	4	7
4	8	9	6	2	7	1	5	3
7	3	5	9	4	1	6	2	8
9	4	8	7	1	6	5	3	2
1	5	7	8	3	2	4	9	6
3	6	2	4	9	5	7	8	1

562

6	3	9	8	2	5	4	1	7
2	4	1	3	6	7	9	8	5
7	5	8	1	4	9	6	2	3
5	6	2	9	7	1	3	4	8
9	8	4	6	5	3	2	7	1
1	7	3	2	8	4	5	6	9
8	9	6	5	1	2	7	3	4
4	1	5	7	3	6	8	9	2
3	2	7	4	9	8	1	5	6

563

4	9	1	3	2	7	6	8	5
3	8	2	6	5	1	7	4	9
5	7	6	4	8	9	2	3	1
1	4	7	8	9	6	3	5	2
8	2	5	1	7	3	9	6	4
9	6	3	5	4	2	8	1	7
7	1	8	2	6	4	5	9	3
2	5	4	9	3	8	1	7	6
6	3	9	7	1	5	4	2	8

564

3	8	5	2	1	6	7	4	9
1	4	6	3	7	9	2	8	5
2	7	9	4	8	5	3	1	6
8	3	1	7	6	2	5	9	4
4	6	2	9	5	3	1	7	8
9	5	7	8	4	1	6	2	3
7	1	3	5	9	4	8	6	2
6	2	4	1	3	8	9	5	7
5	9	8	6	2	7	4	3	1

565

4	2	6	7	5	9	1	8	3
5	3	1	8	6	2	4	7	9
7	9	8	3	4	1	2	5	6
1	8	9	4	3	7	6	2	5
2	5	4	9	1	6	8	3	7
6	7	3	5	2	8	9	4	1
3	6	5	1	8	4	7	9	2
9	4	2	6	7	5	3	1	8
8	1	7	2	9	3	5	6	4

566

2	6	5	7	4	9	8	1	3
8	1	3	6	2	5	4	7	9
9	7	4	1	8	3	2	6	5
4	2	6	9	1	8	3	5	7
7	5	8	3	6	4	9	2	1
3	9	1	2	5	7	6	4	8
1	4	9	8	7	6	5	3	2
5	3	7	4	9	2	1	8	6
6	8	2	5	3	1	7	9	4

567

3	8	5	2	1	6	7	4	9
1	4	6	3	7	9	2	8	5
2	7	9	4	8	5	3	1	6
8	3	1	7	6	2	5	9	4
4	6	2	9	5	3	1	7	8
9	5	7	8	4	1	6	2	3
7	1	3	5	9	4	8	6	2
6	2	4	1	3	8	9	5	7
5	9	8	6	2	7	4	3	1

568

4	6	8	3	7	9	1	2	5
7	1	2	8	4	5	6	9	3
9	3	5	1	6	2	8	4	7
8	9	7	2	1	6	5	3	4
1	2	4	7	5	3	9	6	8
6	5	3	9	8	4	7	1	2
2	7	9	6	3	8	4	5	1
3	4	1	5	9	7	2	8	6
5	8	6	4	2	1	3	7	9

569

5	3	6	4	7	1	8	2	9
8	4	2	3	9	6	1	7	5
9	7	1	2	5	8	3	6	4
7	6	5	1	3	9	4	8	2
1	2	3	8	4	7	5	9	6
4	8	9	6	2	5	7	3	1
6	9	7	5	1	3	2	4	8
2	1	8	7	6	4	9	5	3
3	5	4	9	8	2	6	1	7

570

4	2	6	7	5	9	1	8	3
5	3	1	8	6	2	4	7	9
7	9	8	3	4	1	2	5	6
1	8	9	4	3	7	6	2	5
2	5	4	9	1	6	8	3	7
6	7	3	5	2	8	9	4	1
3	6	5	1	8	4	7	9	2
9	4	2	6	7	5	3	1	8
8	1	7	2	9	3	5	6	4

571

3	8	5	2	1	6	7	4	9
1	4	6	3	7	9	2	8	5
2	7	9	4	8	5	3	1	6
8	3	1	7	6	2	5	9	4
4	6	2	9	5	3	1	7	8
9	5	7	8	4	1	6	2	3
7	1	3	5	9	4	8	6	2
6	2	4	1	3	8	9	5	7
5	9	8	6	2	7	4	3	1

572

4	6	8	3	7	9	1	2	5
7	1	2	8	4	5	6	9	3
9	3	5	1	6	2	8	4	7
8	9	7	2	1	6	5	3	4
1	2	4	7	5	3	9	6	8
6	5	3	9	8	4	7	1	2
2	7	9	6	3	8	4	5	1
3	4	1	5	9	7	2	8	6
5	8	6	4	2	1	3	7	9

573

6	2	1	3	8	5	4	7	9
9	8	4	2	1	7	6	5	3
5	7	3	6	9	4	2	8	1
2	5	8	7	4	9	1	3	6
3	1	6	5	2	8	9	4	7
7	4	9	1	6	3	5	2	8
8	9	5	4	7	1	3	6	2
1	3	2	8	5	6	7	9	4
4	6	7	9	3	2	8	1	5

574

4	2	6	7	5	9	1	8	3
5	3	1	8	6	2	4	7	9
7	9	8	3	4	1	2	5	6
1	8	9	4	3	7	6	2	5
2	5	4	9	1	6	8	3	7
6	7	3	5	2	8	9	4	1
3	6	5	1	8	4	7	9	2
9	4	2	6	7	5	3	1	8
8	1	7	2	9	3	5	6	4

575

7	4	5	3	8	9	1	6	2
8	1	9	6	2	5	7	3	4
2	6	3	1	7	4	8	5	9
4	5	2	7	3	1	9	8	6
1	8	6	5	9	2	3	4	7
9	3	7	4	6	8	2	1	5
5	9	4	2	1	3	6	7	8
3	7	8	9	5	6	4	2	1
6	2	1	8	4	7	5	9	3

576

9	4	7	2	8	5	6	1	3
6	3	1	7	9	4	8	5	2
5	8	2	6	3	1	9	7	4
8	5	9	1	4	3	7	2	6
7	6	4	9	2	8	5	3	1
2	1	3	5	6	7	4	8	9
1	9	5	3	7	6	2	4	8
4	7	6	8	1	2	3	9	5
3	2	8	4	5	9	1	6	7

577

9	2	4	3	8	5	1	6	7
3	6	1	9	4	7	8	2	5
8	7	5	2	6	1	3	4	9
5	9	7	8	3	4	6	1	2
2	3	6	5	1	9	4	7	8
4	1	8	7	2	6	5	9	3
7	4	3	6	5	2	9	8	1
6	5	2	1	9	8	7	3	4
1	8	9	4	7	3	2	5	6

578

3	9	7	5	1	4	2	8	6
4	1	2	8	6	9	7	5	3
5	8	6	7	3	2	9	1	4
1	6	4	2	7	8	5	3	9
9	3	5	6	4	1	8	7	2
7	2	8	3	9	5	4	6	1
2	5	1	4	8	6	3	9	7
8	7	9	1	2	3	6	4	5
6	4	3	9	5	7	1	2	8

579

1	9	5	6	2	3	7	4	8
3	2	4	7	1	8	5	9	6
7	8	6	9	5	4	3	1	2
4	6	2	5	8	7	9	3	1
8	7	3	1	6	9	2	5	4
9	5	1	3	4	2	8	6	7
2	4	9	8	3	6	1	7	5
6	1	7	2	9	5	4	8	3
5	3	8	4	7	1	6	2	9

580

7	3	1	8	6	2	4	9	5
8	4	5	1	3	9	7	6	2
6	9	2	5	4	7	3	1	8
4	8	6	7	5	3	9	2	1
9	5	7	4	2	1	8	3	6
1	2	3	9	8	6	5	4	7
5	6	4	3	1	8	2	7	9
3	1	9	2	7	5	6	8	4
2	7	8	6	9	4	1	5	3

581

7	9	4	1	8	3	2	5	6
8	3	2	6	5	4	1	7	9
6	1	5	2	7	9	3	8	4
5	7	6	3	9	1	8	4	2
9	2	8	4	6	7	5	1	3
3	4	1	5	2	8	9	6	7
4	6	3	9	1	5	7	2	8
2	5	7	8	3	6	4	9	1
1	8	9	7	4	2	6	3	5

582

5	2	4	3	8	9	1	7	6
1	6	9	5	4	7	2	8	3
7	3	8	6	2	1	5	4	9
4	9	7	1	3	8	6	2	5
2	5	6	9	7	4	3	1	8
3	8	1	2	5	6	7	9	4
9	7	5	4	6	2	8	3	1
8	1	3	7	9	5	4	6	2
6	4	2	8	1	3	9	5	7

583

5	3	8	9	1	7	6	2	4
9	4	6	5	3	2	7	1	8
2	7	1	8	6	4	9	5	3
4	6	3	7	2	5	8	9	1
7	2	9	1	8	3	5	4	6
1	8	5	4	9	6	2	3	7
3	1	2	6	5	8	4	7	9
8	9	4	2	7	1	3	6	5
6	5	7	3	4	9	1	8	2

584

6	3	5	4	1	8	7	9	2
1	8	9	2	5	7	3	4	6
4	2	7	3	9	6	5	8	1
9	6	8	7	2	1	4	3	5
2	5	4	8	6	3	9	1	7
7	1	3	9	4	5	6	2	8
8	7	2	6	3	4	1	5	9
5	4	6	1	8	9	2	7	3
3	9	1	5	7	2	8	6	4

585

1	4	7	5	2	9	8	6	3
8	5	3	1	6	7	4	2	9
9	6	2	3	4	8	1	5	7
7	3	1	2	9	4	5	8	6
2	9	6	8	3	5	7	1	4
5	8	4	7	1	6	9	3	2
3	1	9	4	5	2	6	7	8
6	7	5	9	8	3	2	4	1
4	2	8	6	7	1	3	9	5

586

3	9	4	1	2	5	8	7	6
7	1	8	4	6	3	2	5	9
5	2	6	8	9	7	3	4	1
8	7	9	3	1	2	5	6	4
4	6	5	7	8	9	1	3	2
2	3	1	5	4	6	9	8	7
1	8	7	9	5	4	6	2	3
6	5	3	2	7	1	4	9	8
9	4	2	6	3	8	7	1	5

587

9	7	6	2	8	5	4	1	3
5	4	3	1	6	7	9	8	2
8	1	2	9	3	4	6	5	7
6	2	4	7	9	1	8	3	5
1	5	8	3	4	6	7	2	9
7	3	9	5	2	8	1	4	6
2	9	1	4	7	3	5	6	8
3	8	5	6	1	9	2	7	4
4	6	7	8	5	2	3	9	1

588

9	5	4	7	8	3	6	1	2
6	3	2	1	4	9	7	5	8
1	8	7	6	2	5	3	4	9
4	9	1	2	5	6	8	7	3
8	2	5	3	1	7	4	9	6
3	7	6	4	9	8	5	2	1
2	1	8	5	3	4	9	6	7
5	6	9	8	7	1	2	3	4
7	4	3	9	6	2	1	8	5

589

4	5	8	3	2	6	1	7	9
1	9	2	7	8	4	3	6	5
3	7	6	1	5	9	8	2	4
5	8	7	4	6	1	2	9	3
2	1	4	5	9	3	7	8	6
6	3	9	8	7	2	5	4	1
7	6	5	9	3	8	4	1	2
8	2	1	6	4	5	9	3	7
9	4	3	2	1	7	6	5	8

590

3	6	4	2	1	9	8	7	5
8	1	5	7	3	4	9	2	6
9	7	2	5	6	8	4	1	3
5	3	1	6	8	2	7	9	4
6	4	9	1	7	3	5	8	2
2	8	7	9	4	5	3	6	1
1	9	6	3	5	7	2	4	8
7	5	8	4	2	1	6	3	9
4	2	3	8	9	6	1	5	7

591

9	6	4	5	1	2	8	3	7
3	7	5	9	8	6	1	2	4
1	8	2	7	4	3	6	9	5
7	5	1	6	3	4	9	8	2
6	9	8	1	2	7	4	5	3
2	4	3	8	5	9	7	6	1
5	1	7	3	6	8	2	4	9
4	3	6	2	9	1	5	7	8
8	2	9	4	7	5	3	1	6

592

9	4	8	7	5	3	2	6	1
5	6	7	2	9	1	4	8	3
2	3	1	8	6	4	5	7	9
1	5	3	4	7	8	6	9	2
6	2	4	5	1	9	8	3	7
7	8	9	6	3	2	1	4	5
4	1	2	9	8	7	3	5	6
3	9	6	1	4	5	7	2	8
8	7	5	3	2	6	9	1	4

593

3	2	9	8	4	1	5	7	6
1	7	4	5	2	6	3	9	8
8	6	5	9	3	7	4	1	2
9	3	6	4	5	2	1	8	7
5	1	8	7	6	3	2	4	9
2	4	7	1	8	9	6	5	3
7	9	2	3	1	4	8	6	5
6	5	1	2	7	8	9	3	4
4	8	3	6	9	5	7	2	1

594

5	8	9	4	7	1	6	3	2
7	4	6	8	2	3	5	9	1
3	2	1	5	6	9	7	4	8
2	3	7	9	5	8	1	6	4
1	9	4	2	3	6	8	7	5
6	5	8	1	4	7	9	2	3
8	1	3	7	9	4	2	5	6
4	7	5	6	8	2	3	1	9
9	6	2	3	1	5	4	8	7

595

9	4	2	8	1	6	5	3	7
7	8	5	2	4	3	6	1	9
3	1	6	5	7	9	8	2	4
4	2	3	6	5	8	7	9	1
1	5	7	9	3	4	2	6	8
6	9	8	1	2	7	3	4	5
8	7	9	3	6	1	4	5	2
2	3	4	7	9	5	1	8	6
5	6	1	4	8	2	9	7	3

596

2	9	1	7	8	5	6	3	4
4	8	6	3	1	9	7	5	2
5	3	7	2	6	4	9	8	1
7	5	8	9	2	1	4	6	3
3	2	4	5	7	6	1	9	8
1	6	9	4	3	8	5	2	7
9	4	3	1	5	2	8	7	6
6	7	5	8	4	3	2	1	9
8	1	2	6	9	7	3	4	5

597

1	3	6	9	4	7	5	8	2
4	5	7	2	1	8	3	6	9
9	2	8	5	3	6	1	7	4
7	6	2	3	5	9	4	1	8
3	1	4	8	6	2	9	5	7
5	8	9	1	7	4	2	3	6
6	9	3	4	8	1	7	2	5
8	4	5	7	2	3	6	9	1
2	7	1	6	9	5	8	4	3

598

4	6	9	7	1	2	5	8	3
8	2	3	9	5	4	7	6	1
5	1	7	3	8	6	9	2	4
1	4	6	5	3	9	8	7	2
2	9	8	4	6	7	1	3	5
3	7	5	1	2	8	4	9	6
7	8	1	2	4	3	6	5	9
9	5	2	6	7	1	3	4	8
6	3	4	8	9	5	2	1	7

599

4	3	6	7	5	8	1	2	9
5	9	2	3	6	1	8	7	4
7	8	1	9	2	4	6	3	5
6	1	9	4	7	2	5	8	3
2	5	8	1	9	3	4	6	7
3	7	4	5	8	6	9	1	2
8	4	7	6	3	9	2	5	1
1	2	5	8	4	7	3	9	6
9	6	3	2	1	5	7	4	8

600

8	6	7	9	4	1	3	5	2
5	2	3	8	6	7	9	4	1
4	9	1	3	5	2	6	7	8
2	4	6	5	8	3	1	9	7
1	8	9	7	2	6	4	3	5
7	3	5	4	1	9	2	8	6
6	7	4	2	3	8	5	1	9
3	1	8	6	9	5	7	2	4
9	5	2	1	7	4	8	6	3

601

2	1	8	4	6	9	3	7	5
6	4	3	5	8	7	1	9	2
9	7	5	3	1	2	4	6	8
3	5	4	9	2	1	6	8	7
8	6	2	7	4	3	9	5	1
7	9	1	6	5	8	2	3	4
5	2	9	1	7	6	8	4	3
4	8	6	2	3	5	7	1	9
1	3	7	8	9	4	5	2	6

602

9	8	1	5	4	6	3	2	7
2	4	3	7	9	1	5	8	6
6	5	7	2	3	8	4	1	9
7	9	2	4	5	3	1	6	8
3	1	8	6	2	7	9	4	5
5	6	4	8	1	9	7	3	2
8	2	9	1	7	4	6	5	3
1	3	5	9	6	2	8	7	4
4	7	6	3	8	5	2	9	1

603

9	7	2	5	6	8	1	4	3
6	5	3	4	1	9	2	7	8
8	1	4	7	2	3	9	5	6
3	4	7	8	5	1	6	2	9
2	6	1	9	4	7	8	3	5
5	8	9	6	3	2	7	1	4
4	9	5	1	7	6	3	8	2
7	3	6	2	8	5	4	9	1
1	2	8	3	9	4	5	6	7

604

5	1	8	3	2	6	9	7	4
3	9	6	4	7	5	2	8	1
2	7	4	8	1	9	6	5	3
9	6	7	5	4	3	1	2	8
4	5	1	2	8	7	3	9	6
8	3	2	6	9	1	7	4	5
1	2	5	7	3	4	8	6	9
6	8	3	9	5	2	4	1	7
7	4	9	1	6	8	5	3	2

605

1	4	6	9	8	5	7	3	2
2	3	9	4	6	7	5	8	1
5	7	8	2	3	1	9	6	4
9	6	4	1	5	8	3	2	7
8	2	1	3	7	9	4	5	6
7	5	3	6	2	4	1	9	8
3	8	7	5	1	6	2	4	9
6	9	5	7	4	2	8	1	3
4	1	2	8	9	3	6	7	5

606

1	4	7	9	2	5	3	6	8
9	6	8	3	4	1	2	5	7
5	3	2	7	8	6	4	9	1
6	9	3	2	5	8	1	7	4
7	2	1	6	9	4	5	8	3
8	5	4	1	7	3	9	2	6
4	7	5	8	3	9	6	1	2
3	8	6	5	1	2	7	4	9
2	1	9	4	6	7	8	3	5

607

3	9	7	5	6	4	2	8	1
2	1	8	3	7	9	5	6	4
5	6	4	2	8	1	7	9	3
4	8	6	1	5	7	3	2	9
7	3	2	4	9	8	1	5	6
1	5	9	6	3	2	4	7	8
6	4	1	9	2	5	8	3	7
9	7	5	8	1	3	6	4	2
8	2	3	7	4	6	9	1	5

608

6	3	7	4	2	8	9	5	1
5	4	8	7	1	9	6	3	2
2	1	9	6	3	5	7	8	4
7	6	5	9	8	4	1	2	3
3	8	1	2	7	6	5	4	9
9	2	4	3	5	1	8	7	6
4	7	6	5	9	2	3	1	8
8	5	2	1	6	3	4	9	7
1	9	3	8	4	7	2	6	5

609

3	6	1	5	8	2	4	7	9
4	9	8	3	1	7	2	5	6
5	2	7	6	9	4	3	1	8
6	1	5	2	3	9	7	8	4
7	8	9	4	6	1	5	3	2
2	3	4	7	5	8	6	9	1
9	5	2	8	7	6	1	4	3
8	4	3	1	2	5	9	6	7
1	7	6	9	4	3	8	2	5

610

6	5	7	8	4	1	2	9	3
1	8	2	7	3	9	4	5	6
3	4	9	2	5	6	7	1	8
2	6	1	5	7	3	8	4	9
8	9	3	6	1	4	5	2	7
4	7	5	9	8	2	6	3	1
9	1	8	4	2	7	3	6	5
7	3	4	1	6	5	9	8	2
5	2	6	3	9	8	1	7	4

611

2	3	9	5	7	4	6	8	1
6	7	5	1	2	8	3	4	9
1	8	4	6	3	9	5	7	2
8	2	3	4	1	6	7	9	5
9	5	6	2	8	7	1	3	4
7	4	1	9	5	3	2	6	8
3	1	7	8	4	5	9	2	6
5	6	8	7	9	2	4	1	3
4	9	2	3	6	1	8	5	7

612

1	5	8	4	6	9	7	2	3
4	7	2	3	5	8	9	1	6
3	6	9	2	1	7	5	8	4
9	4	1	7	8	6	3	5	2
8	2	7	5	3	1	6	4	9
5	3	6	9	4	2	1	7	8
7	9	5	8	2	3	4	6	1
6	8	3	1	7	4	2	9	5
2	1	4	6	9	5	8	3	7

613

1	2	5	9	3	8	6	4	7
6	8	4	5	7	2	3	1	9
7	3	9	1	6	4	2	8	5
4	9	3	6	8	1	7	5	2
8	7	2	4	9	5	1	3	6
5	6	1	7	2	3	8	9	4
9	1	6	3	5	7	4	2	8
3	5	8	2	4	6	9	7	1
2	4	7	8	1	9	5	6	3

614

5	4	7	8	3	2	1	6	9
9	1	3	6	7	5	8	2	4
2	8	6	1	4	9	7	3	5
7	9	2	5	6	8	4	1	3
3	5	1	2	9	4	6	7	8
8	6	4	7	1	3	5	9	2
6	3	9	4	5	1	2	8	7
4	7	8	3	2	6	9	5	1
1	2	5	9	8	7	3	4	6

615

8	1	4	7	6	5	3	9	2
2	9	5	4	3	8	6	7	1
3	6	7	1	2	9	4	5	8
9	4	2	6	7	1	5	8	3
1	5	8	3	9	2	7	6	4
6	7	3	5	8	4	2	1	9
4	2	6	9	1	7	8	3	5
5	3	9	8	4	6	1	2	7
7	8	1	2	5	3	9	4	6

616

4	6	2	8	9	3	5	1	7
3	8	7	1	4	5	6	2	9
1	5	9	7	2	6	8	4	3
5	3	6	2	1	9	7	8	4
2	9	8	4	6	7	1	3	5
7	1	4	3	5	8	9	6	2
8	2	3	9	7	1	4	5	6
6	7	1	5	3	4	2	9	8
9	4	5	6	8	2	3	7	1

617

4	8	2	3	1	6	9	5	7
6	7	5	4	8	9	1	3	2
3	9	1	7	5	2	8	4	6
7	5	4	9	2	3	6	8	1
2	1	3	8	6	5	4	7	9
9	6	8	1	4	7	5	2	3
8	4	9	2	3	1	7	6	5
5	2	7	6	9	4	3	1	8
1	3	6	5	7	8	2	9	4

618

9	3	6	1	7	5	8	4	2
4	5	1	2	8	3	9	7	6
2	7	8	9	6	4	5	1	3
8	9	3	4	2	6	1	5	7
5	1	2	7	9	8	6	3	4
6	4	7	5	3	1	2	8	9
3	2	5	8	4	9	7	6	1
7	8	4	6	1	2	3	9	5
1	6	9	3	5	7	4	2	8

619

6	8	5	9	3	1	2	7	4
7	3	2	8	6	4	5	9	1
1	9	4	5	2	7	8	3	6
3	4	1	7	8	5	6	2	9
2	7	9	1	4	6	3	5	8
5	6	8	2	9	3	4	1	7
9	2	6	3	1	8	7	4	5
4	5	3	6	7	9	1	8	2
8	1	7	4	5	2	9	6	3

620

7	1	5	3	9	4	8	2	6
9	8	2	7	1	6	5	3	4
6	4	3	8	2	5	1	9	7
1	6	4	5	3	7	9	8	2
5	9	7	2	8	1	4	6	3
2	3	8	4	6	9	7	5	1
3	7	9	6	4	8	2	1	5
8	5	6	1	7	2	3	4	9
4	2	1	9	5	3	6	7	8

621

1	6	2	3	9	5	8	7	4
5	8	7	6	2	4	3	9	1
3	9	4	8	1	7	6	5	2
6	3	9	4	5	8	2	1	7
8	2	1	7	3	9	4	6	5
4	7	5	1	6	2	9	3	8
7	1	6	2	4	3	5	8	9
9	4	8	5	7	6	1	2	3
2	5	3	9	8	1	7	4	6

622

9	2	7	3	4	5	1	6	8
1	4	8	2	6	7	9	5	3
6	5	3	9	1	8	4	7	2
8	6	5	1	9	3	2	4	7
2	9	4	8	7	6	3	1	5
3	7	1	5	2	4	6	8	9
7	8	6	4	3	2	5	9	1
5	1	2	6	8	9	7	3	4
4	3	9	7	5	1	8	2	6

623

9	3	7	4	5	6	2	8	1
2	6	5	8	1	3	7	4	9
8	1	4	9	7	2	5	6	3
1	4	6	5	9	7	3	2	8
3	8	2	1	6	4	9	7	5
5	7	9	3	2	8	4	1	6
7	2	8	6	3	5	1	9	4
6	5	1	7	4	9	8	3	2
4	9	3	2	8	1	6	5	7

624

3	6	7	9	8	1	5	2	4
2	8	4	5	6	7	9	3	1
5	9	1	4	2	3	7	6	8
6	3	9	7	4	5	8	1	2
1	4	8	6	9	2	3	5	7
7	5	2	1	3	8	4	9	6
8	1	6	3	5	4	2	7	9
4	7	5	2	1	9	6	8	3
9	2	3	8	7	6	1	4	5

625

7	3	6	4	5	8	9	1	2
4	2	9	3	1	6	7	8	5
8	1	5	9	7	2	4	3	6
6	4	8	2	9	1	3	5	7
9	7	3	6	8	5	1	2	4
2	5	1	7	3	4	8	6	9
3	8	4	5	2	9	6	7	1
5	6	7	1	4	3	2	9	8
1	9	2	8	6	7	5	4	3

626

9	2	8	3	5	1	6	7	4
1	7	3	4	6	9	8	5	2
6	5	4	8	7	2	9	1	3
4	9	6	7	8	5	3	2	1
7	8	2	6	1	3	4	9	5
3	1	5	9	2	4	7	8	6
8	4	1	2	3	7	5	6	9
2	6	9	5	4	8	1	3	7
5	3	7	1	9	6	2	4	8

627

4	6	5	2	7	8	3	1	9
1	3	9	5	6	4	8	2	7
8	2	7	3	1	9	5	4	6
9	1	8	4	3	7	6	5	2
6	5	3	8	9	2	4	7	1
2	7	4	6	5	1	9	3	8
3	9	6	7	2	5	1	8	4
7	8	1	9	4	3	2	6	5
5	4	2	1	8	6	7	9	3

628

1	7	6	5	3	9	4	2	8
2	4	5	6	8	7	3	1	9
3	8	9	1	2	4	5	6	7
9	2	4	3	1	8	7	5	6
6	5	8	7	9	2	1	3	4
7	1	3	4	5	6	8	9	2
5	9	2	8	7	1	6	4	3
4	3	7	2	6	5	9	8	1
8	6	1	9	4	3	2	7	5

629

7	5	3	6	4	8	1	2	9
2	8	9	1	7	3	5	4	6
6	4	1	5	9	2	8	7	3
1	3	2	4	5	6	9	8	7
8	9	5	7	2	1	6	3	4
4	7	6	8	3	9	2	5	1
9	2	7	3	6	5	4	1	8
5	1	4	9	8	7	3	6	2
3	6	8	2	1	4	7	9	5

630

2	8	4	7	6	9	5	1	3
9	1	5	2	3	4	8	7	6
6	7	3	5	8	1	4	9	2
7	9	2	1	4	5	6	3	8
3	5	8	6	9	2	7	4	1
4	6	1	3	7	8	9	2	5
8	3	7	4	2	6	1	5	9
1	2	9	8	5	7	3	6	4
5	4	6	9	1	3	2	8	7

631

1	8	3	5	6	9	2	7	4
4	9	2	3	8	7	5	1	6
5	6	7	2	1	4	3	8	9
7	3	9	8	5	1	6	4	2
6	5	1	7	4	2	9	3	8
2	4	8	6	9	3	7	5	1
3	2	6	1	7	8	4	9	5
9	1	5	4	3	6	8	2	7
8	7	4	9	2	5	1	6	3

632

2	4	1	5	6	8	9	3	7
8	3	7	1	9	2	5	6	4
6	9	5	3	4	7	1	8	2
7	1	4	6	8	5	2	9	3
5	6	2	9	3	4	7	1	8
9	8	3	7	2	1	4	5	6
1	7	6	2	5	3	8	4	9
3	5	8	4	7	9	6	2	1
4	2	9	8	1	6	3	7	5

633

5	8	4	7	6	9	3	1	2
2	9	1	5	8	3	7	6	4
3	7	6	4	1	2	8	5	9
7	6	9	2	5	8	1	4	3
4	1	5	9	3	6	2	8	7
8	3	2	1	7	4	6	9	5
9	4	7	6	2	1	5	3	8
6	5	8	3	4	7	9	2	1
1	2	3	8	9	5	4	7	6

634

9	4	8	5	3	6	1	2	7
7	6	3	1	8	2	5	9	4
1	5	2	7	9	4	3	6	8
2	8	4	9	5	1	7	3	6
6	9	7	2	4	3	8	1	5
3	1	5	6	7	8	2	4	9
4	7	6	3	2	5	9	8	1
5	3	1	8	6	9	4	7	2
8	2	9	4	1	7	6	5	3

635

5	4	1	9	2	6	8	7	3
3	2	7	5	4	8	1	9	6
9	6	8	1	7	3	5	4	2
7	5	6	4	8	2	3	1	9
8	1	9	7	3	5	6	2	4
2	3	4	6	9	1	7	5	8
6	7	2	8	5	9	4	3	1
4	8	3	2	1	7	9	6	5
1	9	5	3	6	4	2	8	7

636

8	3	9	6	5	7	2	4	1
1	4	7	8	2	9	6	5	3
2	5	6	1	4	3	8	7	9
3	6	8	7	1	5	9	2	4
9	7	1	4	6	2	3	8	5
5	2	4	3	9	8	1	6	7
4	8	2	9	7	1	5	3	6
6	1	3	5	8	4	7	9	2
7	9	5	2	3	6	4	1	8

637

3	7	1	9	5	8	2	6	4
6	5	9	4	1	2	8	7	3
2	4	8	3	7	6	9	1	5
5	3	4	2	6	1	7	8	9
8	2	7	5	4	9	1	3	6
9	1	6	8	3	7	4	5	2
4	9	5	7	8	3	6	2	1
7	6	3	1	2	4	5	9	8
1	8	2	6	9	5	3	4	7

638

7	2	1	5	3	6	4	8	9
3	5	9	2	4	8	7	6	1
8	4	6	7	1	9	3	5	2
1	6	3	9	8	7	2	4	5
2	9	7	4	5	3	6	1	8
4	8	5	1	6	2	9	3	7
9	3	4	8	7	1	5	2	6
6	1	2	3	9	5	8	7	4
5	7	8	6	2	4	1	9	3

639

2	7	6	1	4	9	3	5	8
5	9	4	3	7	8	2	1	6
8	3	1	6	2	5	7	4	9
6	1	8	7	9	2	4	3	5
3	5	9	4	8	1	6	2	7
4	2	7	5	6	3	8	9	1
7	6	2	9	1	4	5	8	3
9	8	5	2	3	7	1	6	4
1	4	3	8	5	6	9	7	2

640

7	3	1	2	9	4	5	8	6
6	9	5	3	1	8	4	7	2
4	8	2	5	6	7	9	3	1
3	4	6	8	2	9	1	5	7
5	7	9	1	4	6	3	2	8
2	1	8	7	5	3	6	4	9
9	6	7	4	8	5	2	1	3
8	2	4	6	3	1	7	9	5
1	5	3	9	7	2	8	6	4

641

7	2	1	4	9	3	8	5	6
5	6	9	8	1	2	4	3	7
8	4	3	7	5	6	2	1	9
2	5	4	3	7	8	6	9	1
9	8	6	1	4	5	7	2	3
1	3	7	6	2	9	5	4	8
4	9	8	5	6	1	3	7	2
6	1	5	2	3	7	9	8	4
3	7	2	9	8	4	1	6	5

642

9	2	6	8	7	4	3	1	5
4	3	1	6	9	5	8	7	2
5	7	8	2	3	1	9	4	6
6	1	9	3	8	2	7	5	4
7	4	2	1	5	9	6	3	8
8	5	3	4	6	7	2	9	1
3	6	5	9	1	8	4	2	7
2	8	7	5	4	3	1	6	9
1	9	4	7	2	6	5	8	3

643

2	6	8	4	1	9	3	7	5
5	7	3	8	6	2	4	9	1
1	9	4	7	5	3	2	6	8
4	1	5	6	3	8	9	2	7
8	2	7	9	4	1	6	5	3
9	3	6	5	2	7	8	1	4
6	8	1	2	7	4	5	3	9
3	5	9	1	8	6	7	4	2
7	4	2	3	9	5	1	8	6

644

4	6	8	1	3	5	7	9	2
7	2	3	4	6	9	8	5	1
9	5	1	7	2	8	4	6	3
3	8	4	2	9	6	1	7	5
5	1	9	3	4	7	2	8	6
6	7	2	8	5	1	3	4	9
8	4	5	9	1	3	6	2	7
2	3	6	5	7	4	9	1	8
1	9	7	6	8	2	5	3	4

645

5	8	1	3	4	7	2	6	9
7	3	9	8	6	2	1	4	5
2	4	6	5	9	1	3	7	8
4	5	8	7	1	3	6	9	2
1	9	3	4	2	6	8	5	7
6	2	7	9	5	8	4	3	1
3	1	4	2	7	5	9	8	6
9	7	2	6	8	4	5	1	3
8	6	5	1	3	9	7	2	4

646

6	9	5	3	7	1	2	4	8
4	8	3	5	2	6	9	7	1
7	1	2	8	9	4	6	3	5
8	3	6	1	4	7	5	2	9
2	7	9	6	3	5	1	8	4
1	5	4	9	8	2	3	6	7
5	4	1	2	6	8	7	9	3
9	2	8	7	5	3	4	1	6
3	6	7	4	1	9	8	5	2

647

9	8	6	2	1	5	7	4	3
5	4	3	9	7	8	6	1	2
1	7	2	4	6	3	9	8	5
8	3	7	5	9	4	2	6	1
4	9	1	3	2	6	8	5	7
6	2	5	7	8	1	3	9	4
3	6	8	1	5	7	4	2	9
2	1	4	8	3	9	5	7	6
7	5	9	6	4	2	1	3	8

648

8	1	4	5	9	7	3	2	6
6	9	2	3	4	8	5	7	1
7	3	5	1	6	2	9	8	4
5	6	3	2	8	9	4	1	7
9	8	7	4	5	1	6	3	2
4	2	1	6	7	3	8	5	9
2	5	9	8	1	4	7	6	3
1	7	6	9	3	5	2	4	8
3	4	8	7	2	6	1	9	5

649

7	5	3	9	1	6	2	4	8
2	8	4	3	5	7	9	6	1
9	6	1	8	4	2	7	3	5
3	4	8	5	2	1	6	9	7
1	7	2	6	9	8	4	5	3
5	9	6	4	7	3	1	8	2
4	2	5	1	3	9	8	7	6
6	1	9	7	8	5	3	2	4
8	3	7	2	6	4	5	1	9

650

4	3	9	7	8	6	1	5	2
6	1	2	3	5	4	8	9	7
5	7	8	2	9	1	3	4	6
1	9	5	6	4	7	2	8	3
7	8	3	1	2	5	9	6	4
2	4	6	9	3	8	7	1	5
3	6	7	5	1	9	4	2	8
8	2	1	4	6	3	5	7	9
9	5	4	8	7	2	6	3	1

651

5	6	3	7	8	2	1	9	4
4	8	2	3	1	9	7	6	5
1	9	7	5	4	6	2	3	8
3	4	1	8	5	7	9	2	6
6	5	9	1	2	3	8	4	7
7	2	8	9	6	4	3	5	1
2	1	6	4	9	8	5	7	3
9	3	5	6	7	1	4	8	2
8	7	4	2	3	5	6	1	9

652

5	4	9	8	3	2	6	1	7
3	6	1	4	7	9	2	5	8
7	2	8	6	1	5	3	9	4
6	3	5	1	2	7	8	4	9
8	9	7	5	6	4	1	2	3
4	1	2	9	8	3	5	7	6
9	5	3	2	4	8	7	6	1
2	8	6	7	9	1	4	3	5
1	7	4	3	5	6	9	8	2

653

4	6	2	9	3	7	5	8	1
8	5	7	1	4	6	2	3	9
9	1	3	8	5	2	7	6	4
7	9	1	3	6	5	4	2	8
2	4	5	7	8	1	6	9	3
3	8	6	2	9	4	1	7	5
5	3	4	6	2	9	8	1	7
6	7	8	4	1	3	9	5	2
1	2	9	5	7	8	3	4	6

654

5	1	3	2	8	7	6	4	9
6	4	2	5	9	3	8	1	7
7	9	8	4	6	1	5	2	3
4	7	5	9	1	8	3	6	2
8	3	9	7	2	6	1	5	4
2	6	1	3	4	5	9	7	8
3	2	6	1	7	9	4	8	5
9	8	4	6	5	2	7	3	1
1	5	7	8	3	4	2	9	6

655

2	3	4	5	7	9	8	6	1
8	9	7	1	6	2	4	5	3
5	6	1	4	8	3	7	2	9
1	7	2	6	3	4	9	8	5
3	8	6	9	5	7	2	1	4
4	5	9	8	2	1	3	7	6
6	2	8	3	9	5	1	4	7
9	1	5	7	4	8	6	3	2
7	4	3	2	1	6	5	9	8

656

5	3	6	4	2	7	8	9	1
2	7	9	3	8	1	5	6	4
4	1	8	5	6	9	3	7	2
6	8	2	9	1	3	4	5	7
1	9	5	7	4	6	2	8	3
3	4	7	8	5	2	6	1	9
9	6	4	1	3	5	7	2	8
7	5	3	2	9	8	1	4	6
8	2	1	6	7	4	9	3	5

657

2	9	3	7	1	4	8	6	5
4	1	8	6	2	5	7	9	3
5	7	6	8	9	3	2	1	4
6	8	9	5	3	2	1	4	7
7	3	2	4	8	1	9	5	6
1	5	4	9	7	6	3	2	8
9	6	1	3	5	7	4	8	2
3	2	5	1	4	8	6	7	9
8	4	7	2	6	9	5	3	1

658

5	4	7	9	1	6	8	2	3
8	2	3	7	5	4	9	6	1
6	9	1	3	2	8	5	7	4
2	3	9	6	4	1	7	8	5
1	7	5	2	8	3	4	9	6
4	6	8	5	7	9	1	3	2
9	8	2	1	6	5	3	4	7
7	1	4	8	3	2	6	5	9
3	5	6	4	9	7	2	1	8

659

7	4	5	1	9	3	2	8	6
8	3	2	7	4	6	9	5	1
9	1	6	2	5	8	4	7	3
4	2	1	3	8	5	7	6	9
3	8	9	6	7	1	5	2	4
6	5	7	4	2	9	1	3	8
1	7	4	8	3	2	6	9	5
2	9	3	5	6	4	8	1	7
5	6	8	9	1	7	3	4	2

660

1	2	4	5	8	6	3	7	9
8	6	9	7	4	3	2	1	5
5	3	7	1	9	2	8	6	4
2	8	1	3	7	5	9	4	6
4	9	5	6	1	8	7	3	2
6	7	3	4	2	9	1	5	8
7	1	8	2	6	4	5	9	3
9	5	6	8	3	1	4	2	7
3	4	2	9	5	7	6	8	1

661

6	2	5	8	3	1	4	7	9
7	4	9	6	5	2	8	1	3
1	3	8	7	4	9	5	6	2
3	1	6	9	8	7	2	5	4
4	8	7	1	2	5	3	9	6
9	5	2	4	6	3	7	8	1
2	7	1	5	9	4	6	3	8
5	6	3	2	1	8	9	4	7
8	9	4	3	7	6	1	2	5

662

4	7	3	2	8	5	6	1	9
6	9	1	3	4	7	5	8	2
8	2	5	1	9	6	3	7	4
3	5	4	8	7	2	1	9	6
7	6	9	4	3	1	2	5	8
2	1	8	6	5	9	7	4	3
1	4	2	7	6	8	9	3	5
9	8	7	5	2	3	4	6	1
5	3	6	9	1	4	8	2	7

663

8	9	1	7	2	4	6	5	3
2	5	6	1	3	9	8	4	7
4	3	7	8	5	6	9	2	1
9	7	2	4	1	8	3	6	5
1	6	5	3	7	2	4	8	9
3	8	4	6	9	5	7	1	2
5	2	8	9	4	3	1	7	6
6	1	3	2	8	7	5	9	4
7	4	9	5	6	1	2	3	8

664

6	7	3	5	4	1	9	2	8
1	2	5	8	6	9	3	4	7
8	4	9	3	7	2	6	5	1
2	5	6	4	8	7	1	9	3
3	9	1	2	5	6	8	7	4
7	8	4	9	1	3	2	6	5
4	6	8	1	9	5	7	3	2
5	3	7	6	2	8	4	1	9
9	1	2	7	3	4	5	8	6

665

4	5	7	2	8	9	3	1	6
1	9	3	6	7	5	4	2	8
8	2	6	1	4	3	9	5	7
2	6	4	9	1	8	7	3	5
7	3	5	4	2	6	1	8	9
9	1	8	3	5	7	2	6	4
3	4	9	8	6	1	5	7	2
6	7	2	5	3	4	8	9	1
5	8	1	7	9	2	6	4	3

666

1	7	2	3	9	5	4	8	6
6	8	3	1	4	2	7	5	9
4	5	9	8	7	6	2	3	1
5	6	4	7	1	8	9	2	3
3	9	7	2	6	4	5	1	8
2	1	8	5	3	9	6	4	7
8	3	6	4	2	7	1	9	5
9	4	5	6	8	1	3	7	2
7	2	1	9	5	3	8	6	4

667

4	7	9	5	3	6	8	1	2
2	6	1	7	4	8	5	9	3
5	8	3	9	1	2	4	7	6
8	2	7	3	6	4	9	5	1
9	4	5	2	7	1	6	3	8
3	1	6	8	9	5	7	2	4
6	3	4	1	5	7	2	8	9
7	9	2	4	8	3	1	6	5
1	5	8	6	2	9	3	4	7

668

9	3	2	6	4	1	8	5	7
6	8	7	3	2	5	1	4	9
4	5	1	7	8	9	2	3	6
7	4	9	1	6	2	5	8	3
2	1	8	5	7	3	9	6	4
5	6	3	4	9	8	7	2	1
8	9	4	2	3	7	6	1	5
3	2	5	9	1	6	4	7	8
1	7	6	8	5	4	3	9	2

669

8	7	9	4	5	2	1	6	3
5	4	1	3	6	8	9	2	7
3	6	2	9	1	7	8	5	4
4	5	7	8	9	3	2	1	6
2	3	8	6	7	1	4	9	5
1	9	6	2	4	5	7	3	8
6	1	5	7	8	9	3	4	2
7	2	4	1	3	6	5	8	9
9	8	3	5	2	4	6	7	1

670

5	8	3	2	6	7	9	4	1
6	4	1	5	9	3	2	8	7
9	2	7	4	1	8	3	6	5
2	5	8	6	4	1	7	3	9
1	7	4	8	3	9	5	2	6
3	9	6	7	2	5	8	1	4
7	1	2	3	5	4	6	9	8
8	6	9	1	7	2	4	5	3
4	3	5	9	8	6	1	7	2

671

8	1	4	7	5	9	3	2	6
7	9	6	3	8	2	4	1	5
5	3	2	4	6	1	7	9	8
2	4	3	1	7	5	6	8	9
9	7	1	6	3	8	5	4	2
6	5	8	9	2	4	1	3	7
3	6	9	8	4	7	2	5	1
4	8	5	2	1	6	9	7	3
1	2	7	5	9	3	8	6	4

672

5	2	1	7	6	9	4	3	8
3	7	4	2	8	1	6	5	9
9	6	8	3	4	5	1	7	2
2	8	3	1	7	4	9	6	5
6	4	5	8	9	3	2	1	7
1	9	7	5	2	6	3	8	4
4	5	2	6	1	7	8	9	3
8	3	6	9	5	2	7	4	1
7	1	9	4	3	8	5	2	6

673

3	5	6	8	7	9	4	2	1
1	8	4	5	2	3	9	7	6
2	9	7	6	4	1	5	3	8
7	1	2	9	5	6	3	8	4
5	6	8	3	1	4	2	9	7
4	3	9	7	8	2	1	6	5
9	7	3	1	6	5	8	4	2
8	2	1	4	3	7	6	5	9
6	4	5	2	9	8	7	1	3

674

8	5	1	3	4	7	6	2	9
9	2	6	8	1	5	4	3	7
7	3	4	6	9	2	5	8	1
3	4	2	5	7	9	1	6	8
6	1	8	2	3	4	9	7	5
5	7	9	1	6	8	3	4	2
2	9	3	4	8	1	7	5	6
4	8	7	9	5	6	2	1	3
1	6	5	7	2	3	8	9	4

675

5	9	7	4	6	2	3	8	1
6	3	2	1	8	9	4	7	5
8	4	1	5	3	7	9	2	6
2	7	9	8	4	6	1	5	3
1	5	8	9	7	3	6	4	2
4	6	3	2	5	1	7	9	8
9	2	4	6	1	5	8	3	7
3	8	6	7	2	4	5	1	9
7	1	5	3	9	8	2	6	4

676

9	7	1	2	5	4	6	3	8
8	3	6	7	9	1	5	4	2
4	2	5	6	3	8	7	1	9
3	6	9	8	1	7	2	5	4
7	5	2	4	6	9	3	8	1
1	4	8	5	2	3	9	6	7
6	8	4	3	7	2	1	9	5
2	9	3	1	8	5	4	7	6
5	1	7	9	4	6	8	2	3

677

6	1	7	8	5	9	3	2	4
2	3	9	1	4	6	7	8	5
8	4	5	2	7	3	1	6	9
1	2	4	7	6	5	8	9	3
9	5	6	4	3	8	2	7	1
7	8	3	9	2	1	5	4	6
3	6	2	5	9	7	4	1	8
4	9	8	3	1	2	6	5	7
5	7	1	6	8	4	9	3	2

678

1	2	5	6	8	3	9	4	7
7	9	4	1	2	5	3	8	6
6	3	8	4	9	7	2	5	1
8	7	6	2	4	1	5	9	3
9	4	3	5	6	8	7	1	2
5	1	2	3	7	9	8	6	4
2	5	7	9	1	4	6	3	8
3	6	1	8	5	2	4	7	9
4	8	9	7	3	6	1	2	5

679

4	2	6	7	5	9	1	8	3
5	3	1	8	6	2	4	7	9
7	9	8	3	4	1	2	5	6
1	8	9	4	3	7	6	2	5
2	5	4	9	1	6	8	3	7
6	7	3	5	2	8	9	4	1
3	6	5	1	8	4	7	9	2
9	4	2	6	7	5	3	1	8
8	1	7	2	9	3	5	6	4

680

9	6	1	2	7	5	8	3	4
7	5	4	8	3	9	1	2	6
3	2	8	1	6	4	9	7	5
2	1	3	6	8	7	5	4	9
5	4	7	3	9	1	6	8	2
6	8	9	4	5	2	3	1	7
1	9	5	7	2	8	4	6	3
8	3	2	9	4	6	7	5	1
4	7	6	5	1	3	2	9	8

681

2	5	7	1	3	4	6	8	9
6	8	9	2	5	7	3	1	4
3	4	1	9	8	6	7	5	2
7	2	3	8	6	5	4	9	1
9	6	8	4	1	3	5	2	7
4	1	5	7	2	9	8	3	6
8	7	6	5	9	2	1	4	3
1	9	4	3	7	8	2	6	5
5	3	2	6	4	1	9	7	8

682

3	6	5	2	4	7	9	8	1
2	1	8	3	9	6	4	7	5
9	4	7	5	8	1	3	6	2
4	3	1	6	7	8	2	5	9
7	5	9	1	2	4	8	3	6
8	2	6	9	3	5	7	1	4
5	8	3	4	1	2	6	9	7
6	7	4	8	5	9	1	2	3
1	9	2	7	6	3	5	4	8

683

8	5	1	7	2	3	6	9	4
2	7	6	4	8	9	1	3	5
9	3	4	6	1	5	2	7	8
5	9	7	8	3	1	4	2	6
4	1	2	5	7	6	3	8	9
6	8	3	2	9	4	5	1	7
1	6	9	3	4	7	8	5	2
7	2	5	1	6	8	9	4	3
3	4	8	9	5	2	7	6	1

684

4	2	1	9	5	6	8	3	7
5	6	3	7	4	8	1	9	2
8	9	7	1	3	2	4	6	5
3	5	8	4	9	1	2	7	6
1	7	2	6	8	5	3	4	9
9	4	6	2	7	3	5	8	1
7	1	9	8	2	4	6	5	3
6	8	5	3	1	7	9	2	4
2	3	4	5	6	9	7	1	8

685

9	6	4	3	1	7	5	2	8
8	2	1	6	5	4	3	7	9
3	5	7	8	2	9	1	4	6
2	1	9	5	7	3	6	8	4
5	8	3	4	9	6	2	1	7
7	4	6	2	8	1	9	3	5
1	3	8	9	4	5	7	6	2
6	9	2	7	3	8	4	5	1
4	7	5	1	6	2	8	9	3

686

1	2	5	6	9	3	4	8	7
4	6	7	2	8	5	9	1	3
8	9	3	4	7	1	6	2	5
7	5	9	8	1	6	2	3	4
6	3	4	9	2	7	8	5	1
2	8	1	5	3	4	7	6	9
5	1	2	7	4	8	3	9	6
9	4	6	3	5	2	1	7	8
3	7	8	1	6	9	5	4	2

687

3	4	2	8	9	1	6	5	7
5	9	7	6	2	4	1	3	8
8	1	6	7	5	3	2	9	4
4	6	1	9	7	5	8	2	3
2	7	3	1	8	6	9	4	5
9	8	5	4	3	2	7	1	6
6	3	9	2	4	7	5	8	1
1	2	4	5	6	8	3	7	9
7	5	8	3	1	9	4	6	2

688

3	2	1	5	7	6	4	8	9
8	4	9	3	1	2	5	7	6
7	6	5	8	4	9	3	2	1
4	8	7	6	2	1	9	3	5
1	5	6	9	3	7	2	4	8
9	3	2	4	8	5	1	6	7
6	7	3	1	9	4	8	5	2
2	9	8	7	5	3	6	1	4
5	1	4	2	6	8	7	9	3

689

7	8	6	1	2	5	9	4	3
5	9	4	3	7	8	6	2	1
2	3	1	6	4	9	5	8	7
4	1	9	2	8	7	3	5	6
3	2	5	9	6	4	1	7	8
8	6	7	5	3	1	4	9	2
6	7	3	4	5	2	8	1	9
1	5	2	8	9	3	7	6	4
9	4	8	7	1	6	2	3	5

690

5	4	7	8	9	6	2	3	1
1	9	2	7	3	4	5	8	6
8	6	3	2	1	5	7	9	4
6	1	9	4	8	2	3	7	5
3	7	5	1	6	9	4	2	8
4	2	8	5	7	3	1	6	9
2	8	1	9	5	7	6	4	3
9	3	4	6	2	1	8	5	7
7	5	6	3	4	8	9	1	2

691

8	9	7	2	4	5	6	3	1
5	1	3	7	6	9	4	8	2
2	4	6	3	8	1	7	5	9
3	5	2	4	1	6	8	9	7
9	7	8	5	2	3	1	4	6
4	6	1	9	7	8	5	2	3
6	8	4	1	9	2	3	7	5
1	3	9	8	5	7	2	6	4
7	2	5	6	3	4	9	1	8

692

8	5	2	4	3	7	1	6	9
7	1	6	5	9	8	3	4	2
9	4	3	2	1	6	8	5	7
2	7	4	1	8	9	5	3	6
5	3	8	6	4	2	7	9	1
6	9	1	7	5	3	2	8	4
4	2	5	8	6	1	9	7	3
3	8	7	9	2	4	6	1	5
1	6	9	3	7	5	4	2	8

693

9	5	3	6	4	8	1	2	7
6	2	1	9	7	5	4	8	3
7	4	8	1	3	2	5	9	6
4	6	5	8	2	9	3	7	1
1	3	2	4	6	7	8	5	9
8	7	9	5	1	3	6	4	2
3	9	6	2	5	4	7	1	8
2	1	4	7	8	6	9	3	5
5	8	7	3	9	1	2	6	4

694

8	7	4	1	5	3	6	9	2
6	1	5	4	9	2	8	7	3
9	3	2	6	8	7	5	4	1
2	5	9	7	4	8	3	1	6
1	8	6	2	3	9	7	5	4
3	4	7	5	6	1	2	8	9
7	9	3	8	2	4	1	6	5
5	2	8	9	1	6	4	3	7
4	6	1	3	7	5	9	2	8

695

1	4	3	9	8	2	7	6	5
5	2	7	1	3	6	9	8	4
6	8	9	5	7	4	3	1	2
8	9	5	6	2	1	4	7	3
4	3	6	7	5	8	1	2	9
7	1	2	3	4	9	6	5	8
9	7	8	2	6	3	5	4	1
3	6	4	8	1	5	2	9	7
2	5	1	4	9	7	8	3	6

696

7	6	9	3	5	1	8	2	4
3	2	4	8	7	6	9	5	1
1	5	8	9	2	4	6	3	7
2	1	7	6	4	5	3	8	9
4	9	5	2	3	8	7	1	6
8	3	6	1	9	7	5	4	2
9	8	3	7	1	2	4	6	5
5	7	1	4	6	3	2	9	8
6	4	2	5	8	9	1	7	3

697

6	2	4	7	1	9	5	3	8
9	5	3	8	4	6	2	1	7
8	1	7	3	5	2	9	6	4
4	6	8	9	3	5	1	7	2
7	3	5	1	2	4	8	9	6
2	9	1	6	8	7	4	5	3
3	7	2	5	9	8	6	4	1
5	4	6	2	7	1	3	8	9
1	8	9	4	6	3	7	2	5

698

3	4	5	2	7	8	6	9	1
8	6	2	5	9	1	7	4	3
9	1	7	3	4	6	2	8	5
7	3	4	8	2	9	1	5	6
1	5	8	4	6	3	9	7	2
2	9	6	7	1	5	4	3	8
6	8	9	1	5	7	3	2	4
4	7	3	6	8	2	5	1	9
5	2	1	9	3	4	8	6	7

699

6	7	4	8	3	9	2	5	1
2	5	1	6	7	4	8	3	9
9	3	8	5	2	1	4	6	7
8	9	3	1	4	6	7	2	5
1	2	7	3	9	5	6	8	4
4	6	5	7	8	2	1	9	3
5	4	9	2	6	7	3	1	8
3	1	2	4	5	8	9	7	6
7	8	6	9	1	3	5	4	2

700

4	8	2	5	7	6	9	1	3
1	9	7	3	4	2	8	5	6
3	6	5	1	8	9	2	7	4
5	1	4	9	3	7	6	8	2
2	3	6	8	1	5	4	9	7
9	7	8	2	6	4	5	3	1
6	4	3	7	5	8	1	2	9
8	2	1	6	9	3	7	4	5
7	5	9	4	2	1	3	6	8

701

9	8	2	7	3	5	1	6	4
4	6	1	2	9	8	7	5	3
7	3	5	4	1	6	8	9	2
5	4	6	8	2	1	3	7	9
2	7	9	5	6	3	4	8	1
8	1	3	9	4	7	6	2	5
3	5	8	1	7	2	9	4	6
6	2	4	3	8	9	5	1	7
1	9	7	6	5	4	2	3	8

702

3	4	7	2	5	9	8	1	6
8	6	1	3	4	7	5	2	9
5	9	2	1	8	6	7	4	3
6	3	8	9	7	4	2	5	1
9	1	4	8	2	5	3	6	7
7	2	5	6	1	3	4	9	8
2	7	9	4	6	8	1	3	5
1	8	3	5	9	2	6	7	4
4	5	6	7	3	1	9	8	2

703

7	2	4	3	8	6	5	9	1
3	1	8	9	5	2	4	7	6
5	9	6	4	1	7	3	8	2
1	4	2	5	7	9	6	3	8
9	7	3	6	2	8	1	4	5
8	6	5	1	4	3	9	2	7
2	5	1	8	9	4	7	6	3
4	3	7	2	6	5	8	1	9
6	8	9	7	3	1	2	5	4

704

6	2	3	7	9	1	4	8	5
4	7	8	5	6	3	2	9	1
5	1	9	8	4	2	7	6	3
7	8	1	2	3	4	9	5	6
2	4	5	6	8	9	3	1	7
3	9	6	1	7	5	8	2	4
8	3	4	9	1	6	5	7	2
1	5	7	3	2	8	6	4	9
9	6	2	4	5	7	1	3	8

705

7	9	4	3	2	8	5	1	6
5	6	8	4	9	1	3	2	7
1	3	2	7	5	6	8	4	9
4	8	9	2	6	3	7	5	1
2	1	7	5	4	9	6	3	8
3	5	6	1	8	7	2	9	4
8	2	5	6	1	4	9	7	3
9	4	3	8	7	2	1	6	5
6	7	1	9	3	5	4	8	2

706

2	9	3	6	5	7	1	4	8
8	4	7	2	9	1	6	5	3
1	5	6	3	8	4	7	9	2
4	2	1	5	7	3	9	8	6
3	8	5	9	2	6	4	7	1
7	6	9	1	4	8	3	2	5
9	1	8	7	3	2	5	6	4
6	7	4	8	1	5	2	3	9
5	3	2	4	6	9	8	1	7

707

1	4	7	5	6	8	3	9	2
2	9	3	4	1	7	5	6	8
8	6	5	9	2	3	4	7	1
9	2	6	1	7	4	8	5	3
5	8	1	3	9	6	2	4	7
7	3	4	2	8	5	6	1	9
3	7	9	6	4	2	1	8	5
6	5	8	7	3	1	9	2	4
4	1	2	8	5	9	7	3	6

708

7	5	4	6	3	9	8	2	1
6	2	8	7	1	5	4	3	9
3	9	1	8	4	2	7	5	6
8	3	6	2	9	1	5	7	4
1	4	2	5	7	8	9	6	3
5	7	9	3	6	4	2	1	8
2	6	3	4	8	7	1	9	5
9	8	5	1	2	3	6	4	7
4	1	7	9	5	6	3	8	2

709

5	6	9	4	7	3	8	2	1
7	3	1	2	8	9	4	6	5
8	2	4	5	6	1	7	9	3
9	1	8	6	4	7	3	5	2
4	5	3	1	2	8	9	7	6
6	7	2	3	9	5	1	4	8
2	8	6	7	1	4	5	3	9
1	4	5	9	3	2	6	8	7
3	9	7	8	5	6	2	1	4

710

4	5	7	8	2	9	1	6	3
9	3	8	6	5	1	7	4	2
2	1	6	3	4	7	8	5	9
3	7	4	9	8	6	2	1	5
5	9	1	4	3	2	6	7	8
8	6	2	7	1	5	9	3	4
6	4	3	1	9	8	5	2	7
7	8	5	2	6	4	3	9	1
1	2	9	5	7	3	4	8	6

711

6	3	1	9	7	4	5	8	2
7	5	2	8	3	6	1	9	4
9	4	8	2	5	1	7	6	3
5	1	7	6	2	3	9	4	8
8	6	9	1	4	7	3	2	5
3	2	4	5	8	9	6	1	7
1	8	5	7	6	2	4	3	9
2	9	3	4	1	5	8	7	6
4	7	6	3	9	8	2	5	1

712

6	3	4	2	9	7	5	1	8
2	5	1	6	8	3	9	7	4
7	9	8	1	4	5	3	2	6
5	6	7	3	2	1	4	8	9
9	1	2	8	6	4	7	5	3
8	4	3	5	7	9	2	6	1
4	2	9	7	1	6	8	3	5
3	8	6	9	5	2	1	4	7
1	7	5	4	3	8	6	9	2

713

8	2	9	7	6	4	3	5	1
3	4	1	5	8	2	6	7	9
5	6	7	3	9	1	8	2	4
1	9	2	4	3	7	5	6	8
6	8	5	2	1	9	4	3	7
7	3	4	6	5	8	9	1	2
2	7	3	8	4	5	1	9	6
4	1	6	9	2	3	7	8	5
9	5	8	1	7	6	2	4	3

714

7	4	2	8	9	5	6	1	3
1	9	8	3	6	7	4	5	2
5	3	6	2	4	1	7	9	8
8	5	9	4	2	6	3	7	1
3	6	1	7	8	9	5	2	4
4	2	7	1	5	3	8	6	9
6	8	5	9	3	2	1	4	7
2	1	3	6	7	4	9	8	5
9	7	4	5	1	8	2	3	6

715

2	3	6	4	5	1	7	8	9
5	1	8	9	7	6	2	4	3
4	9	7	3	2	8	6	5	1
1	6	5	2	4	9	3	7	8
7	8	9	6	3	5	1	2	4
3	2	4	8	1	7	5	9	6
8	5	2	1	9	3	4	6	7
6	4	1	7	8	2	9	3	5
9	7	3	5	6	4	8	1	2

716

9	1	4	8	6	7	2	3	5
2	5	7	9	1	3	4	6	8
6	8	3	2	4	5	7	1	9
3	2	1	7	5	6	9	8	4
4	9	6	3	8	2	5	7	1
8	7	5	4	9	1	6	2	3
5	3	9	6	2	8	1	4	7
1	6	8	5	7	4	3	9	2
7	4	2	1	3	9	8	5	6

717

1	2	9	4	3	5	8	7	6
6	4	5	8	7	1	9	2	3
3	8	7	9	2	6	5	4	1
2	1	3	7	9	8	6	5	4
5	9	4	1	6	2	7	3	8
7	6	8	5	4	3	2	1	9
9	3	2	6	5	4	1	8	7
4	7	1	2	8	9	3	6	5
8	5	6	3	1	7	4	9	2

718

6	1	5	8	4	7	2	9	3
7	3	4	9	1	2	5	8	6
2	8	9	3	6	5	4	1	7
1	2	8	7	3	6	9	4	5
4	6	3	1	5	9	7	2	8
5	9	7	2	8	4	3	6	1
3	4	6	5	9	8	1	7	2
8	5	2	4	7	1	6	3	9
9	7	1	6	2	3	8	5	4

719

9	1	6	8	4	7	5	3	2
2	7	5	9	1	3	6	8	4
4	3	8	5	2	6	7	1	9
5	2	1	6	7	8	4	9	3
3	4	9	1	5	2	8	7	6
8	6	7	3	9	4	2	5	1
1	5	4	7	6	9	3	2	8
7	8	2	4	3	1	9	6	5
6	9	3	2	8	5	1	4	7

720

5	4	7	8	9	6	3	2	1
1	2	8	5	4	3	6	7	9
3	6	9	1	2	7	8	5	4
9	5	1	4	6	2	7	8	3
8	7	4	9	3	5	1	6	2
2	3	6	7	1	8	4	9	5
6	9	2	3	7	1	5	4	8
7	1	5	2	8	4	9	3	6
4	8	3	6	5	9	2	1	7

721

3	1	6	7	2	8	5	9	4
4	2	5	6	3	9	7	8	1
7	8	9	1	4	5	2	3	6
1	3	7	9	6	4	8	5	2
8	5	2	3	1	7	4	6	9
6	9	4	8	5	2	1	7	3
2	6	3	5	7	1	9	4	8
5	4	8	2	9	6	3	1	7
9	7	1	4	8	3	6	2	5

722

6	3	7	4	2	8	9	5	1
5	4	8	7	1	9	6	3	2
2	1	9	6	3	5	7	8	4
7	6	5	9	8	4	1	2	3
3	8	1	2	7	6	5	4	9
9	2	4	3	5	1	8	7	6
4	7	6	5	9	2	3	1	8
8	5	2	1	6	3	4	9	7
1	9	3	8	4	7	2	6	5

723

7	9	4	5	3	1	6	2	8
5	1	6	8	2	7	3	9	4
3	2	8	4	6	9	7	5	1
2	6	1	7	4	3	9	8	5
8	7	5	9	1	6	4	3	2
4	3	9	2	5	8	1	7	6
6	4	2	3	9	5	8	1	7
9	5	7	1	8	4	2	6	3
1	8	3	6	7	2	5	4	9

724

6	4	5	9	1	7	8	2	3
3	8	9	2	6	5	7	1	4
2	1	7	3	8	4	6	9	5
5	9	3	6	2	1	4	7	8
8	7	4	5	3	9	2	6	1
1	6	2	7	4	8	5	3	9
4	2	6	1	5	3	9	8	7
9	3	8	4	7	2	1	5	6
7	5	1	8	9	6	3	4	2

725

9	5	1	3	7	8	2	4	6
8	7	4	1	2	6	3	5	9
6	3	2	9	4	5	8	1	7
4	6	3	8	9	7	1	2	5
1	2	7	5	6	4	9	8	3
5	8	9	2	3	1	7	6	4
7	9	6	4	8	2	5	3	1
2	4	5	7	1	3	6	9	8
3	1	8	6	5	9	4	7	2

726

6	9	8	3	7	1	5	4	2
5	4	7	9	2	6	3	1	8
1	3	2	4	5	8	7	9	6
3	2	4	8	6	7	1	5	9
9	8	5	1	3	2	6	7	4
7	1	6	5	4	9	8	2	3
8	7	9	2	1	3	4	6	5
2	5	1	6	8	4	9	3	7
4	6	3	7	9	5	2	8	1

727

7	2	1	8	3	6	4	9	5
5	8	9	2	4	7	6	3	1
3	6	4	1	5	9	7	2	8
8	1	5	3	6	4	2	7	9
9	4	7	5	1	2	8	6	3
2	3	6	9	7	8	1	5	4
4	9	2	6	8	3	5	1	7
1	7	3	4	2	5	9	8	6
6	5	8	7	9	1	3	4	2

728

4	1	9	3	8	7	2	5	6
6	2	7	9	1	5	4	8	3
8	5	3	4	6	2	9	1	7
3	6	8	2	4	1	7	9	5
5	7	4	8	3	9	6	2	1
2	9	1	7	5	6	8	3	4
9	3	6	1	2	4	5	7	8
7	8	5	6	9	3	1	4	2
1	4	2	5	7	8	3	6	9

729

3	9	5	6	1	8	7	2	4
2	4	8	9	7	3	6	5	1
1	6	7	4	2	5	9	3	8
5	8	6	3	4	2	1	7	9
9	7	3	1	5	6	4	8	2
4	1	2	8	9	7	3	6	5
8	5	1	7	3	9	2	4	6
6	3	4	2	8	1	5	9	7
7	2	9	5	6	4	8	1	3

730

2	6	9	4	7	3	8	1	5
1	8	7	5	6	9	4	2	3
5	4	3	1	8	2	9	6	7
9	2	8	7	3	1	6	5	4
3	1	4	2	5	6	7	9	8
7	5	6	9	4	8	2	3	1
6	3	1	8	9	4	5	7	2
8	9	5	3	2	7	1	4	6
4	7	2	6	1	5	3	8	9

731

5	6	4	7	3	9	2	8	1
3	2	9	1	4	8	6	7	5
8	7	1	5	6	2	3	4	9
6	9	3	8	2	5	4	1	7
2	5	7	4	9	1	8	3	6
4	1	8	6	7	3	5	9	2
7	3	2	9	8	6	1	5	4
1	4	6	3	5	7	9	2	8
9	8	5	2	1	4	7	6	3

732

5	3	8	7	2	4	1	6	9
1	9	6	8	5	3	7	2	4
4	2	7	1	6	9	8	5	3
9	7	1	5	3	8	2	4	6
8	6	4	2	9	7	3	1	5
2	5	3	4	1	6	9	8	7
7	4	9	6	8	1	5	3	2
3	1	2	9	4	5	6	7	8
6	8	5	3	7	2	4	9	1

733

3	5	1	6	8	9	7	2	4
7	8	6	1	2	4	9	5	3
9	2	4	5	7	3	1	8	6
1	6	8	9	5	2	4	3	7
4	7	3	8	1	6	5	9	2
5	9	2	4	3	7	6	1	8
2	4	9	3	6	1	8	7	5
8	1	7	2	4	5	3	6	9
6	3	5	7	9	8	2	4	1

734

6	3	9	7	2	4	8	5	1
1	5	7	3	6	8	9	2	4
4	8	2	9	5	1	3	7	6
2	9	5	1	8	3	6	4	7
7	4	6	2	9	5	1	3	8
3	1	8	4	7	6	2	9	5
8	2	3	6	4	7	5	1	9
9	6	4	5	1	2	7	8	3
5	7	1	8	3	9	4	6	2

735

4	6	7	5	3	1	8	2	9
9	2	8	7	6	4	1	3	5
3	5	1	9	2	8	4	6	7
5	8	6	4	1	3	7	9	2
7	9	2	6	8	5	3	1	4
1	3	4	2	7	9	6	5	8
8	7	5	3	9	6	2	4	1
6	1	9	8	4	2	5	7	3
2	4	3	1	5	7	9	8	6

736

3	8	2	7	4	6	5	9	1
5	1	6	9	2	3	4	8	7
7	9	4	8	5	1	3	6	2
1	2	9	3	6	8	7	4	5
4	3	5	2	7	9	6	1	8
8	6	7	5	1	4	2	3	9
6	5	8	1	3	2	9	7	4
9	7	3	4	8	5	1	2	6
2	4	1	6	9	7	8	5	3

737

8	5	1	7	4	2	3	6	9
9	6	3	1	5	8	2	4	7
2	4	7	3	6	9	8	5	1
5	9	6	2	1	4	7	3	8
3	2	4	9	8	7	6	1	5
7	1	8	6	3	5	4	9	2
4	3	2	8	9	1	5	7	6
6	7	9	5	2	3	1	8	4
1	8	5	4	7	6	9	2	3

738

3	2	5	6	7	9	1	4	8
1	6	8	5	3	4	2	7	9
4	9	7	8	2	1	3	6	5
8	1	9	2	4	7	5	3	6
5	4	2	3	8	6	9	1	7
6	7	3	9	1	5	8	2	4
2	3	6	4	5	8	7	9	1
9	5	1	7	6	2	4	8	3
7	8	4	1	9	3	6	5	2

739

4	5	6	9	2	7	3	1	8
1	3	7	5	8	4	2	9	6
8	9	2	6	3	1	5	7	4
2	1	9	3	4	5	8	6	7
3	6	4	2	7	8	1	5	9
7	8	5	1	6	9	4	3	2
6	7	3	8	1	2	9	4	5
5	4	8	7	9	3	6	2	1
9	2	1	4	5	6	7	8	3

740

6	9	8	5	1	3	2	4	7
1	7	2	4	9	8	5	3	6
3	4	5	6	7	2	9	1	8
7	2	4	3	6	1	8	5	9
8	3	9	7	2	5	4	6	1
5	1	6	8	4	9	7	2	3
4	5	1	9	8	6	3	7	2
2	8	3	1	5	7	6	9	4
9	6	7	2	3	4	1	8	5

741

4	2	1	6	5	3	7	9	8
7	6	8	4	2	9	3	5	1
9	3	5	8	7	1	6	2	4
8	9	7	5	1	6	4	3	2
5	4	2	3	9	7	8	1	6
6	1	3	2	4	8	9	7	5
3	5	6	9	8	2	1	4	7
1	8	4	7	3	5	2	6	9
2	7	9	1	6	4	5	8	3

742

3	8	1	9	5	4	6	2	7
9	6	2	8	7	3	5	4	1
5	4	7	6	1	2	3	8	9
1	5	9	2	3	8	7	6	4
7	2	6	1	4	5	9	3	8
4	3	8	7	9	6	1	5	2
6	1	5	4	8	7	2	9	3
2	7	4	3	6	9	8	1	5
8	9	3	5	2	1	4	7	6

743

6	4	8	7	2	3	5	9	1
5	1	2	6	9	8	3	7	4
3	7	9	1	4	5	2	6	8
7	6	1	4	5	2	9	8	3
4	9	3	8	1	6	7	2	5
8	2	5	3	7	9	1	4	6
9	8	4	2	3	1	6	5	7
2	3	6	5	8	7	4	1	9
1	5	7	9	6	4	8	3	2

744

5	9	2	7	4	8	1	6	3
6	3	4	1	9	5	2	7	8
8	1	7	3	2	6	5	9	4
3	7	5	4	8	9	6	1	2
2	8	1	6	5	7	4	3	9
9	4	6	2	3	1	7	8	5
4	6	9	5	1	3	8	2	7
7	5	8	9	6	2	3	4	1
1	2	3	8	7	4	9	5	6

745

1	9	5	6	2	3	7	4	8
3	2	4	7	1	8	5	9	6
7	8	6	9	5	4	3	1	2
4	6	2	5	8	7	9	3	1
8	7	3	1	6	9	2	5	4
9	5	1	3	4	2	8	6	7
2	4	9	8	3	6	1	7	5
6	1	7	2	9	5	4	8	3
5	3	8	4	7	1	6	2	9

746

4	3	2	7	8	5	1	6	9
6	5	9	1	3	2	7	4	8
8	1	7	6	9	4	5	3	2
7	2	8	3	1	9	6	5	4
9	6	1	4	5	7	2	8	3
3	4	5	2	6	8	9	1	7
5	9	4	8	2	1	3	7	6
1	7	3	9	4	6	8	2	5
2	8	6	5	7	3	4	9	1

747

5	7	9	4	2	6	3	1	8
1	8	4	5	7	3	6	9	2
2	3	6	1	8	9	4	5	7
6	1	3	8	5	4	2	7	9
4	2	5	9	1	7	8	3	6
7	9	8	3	6	2	5	4	1
8	4	1	6	9	5	7	2	3
3	6	7	2	4	1	9	8	5
9	5	2	7	3	8	1	6	4

748

7	3	9	4	6	8	2	5	1
1	4	5	7	2	3	9	8	6
8	6	2	1	9	5	4	7	3
6	2	8	5	1	7	3	9	4
9	5	1	3	4	6	7	2	8
4	7	3	2	8	9	1	6	5
3	8	6	9	7	1	5	4	2
2	1	7	8	5	4	6	3	9
5	9	4	6	3	2	8	1	7

749

3	9	1	8	5	2	4	6	7
6	4	2	7	1	9	3	5	8
7	8	5	6	4	3	2	9	1
4	7	3	5	9	1	6	8	2
5	2	6	4	8	7	9	1	3
9	1	8	3	2	6	7	4	5
1	6	9	2	7	5	8	3	4
8	3	7	1	6	4	5	2	9
2	5	4	9	3	8	1	7	6

750

9	3	1	4	6	7	8	2	5
8	6	4	2	3	5	7	9	1
7	5	2	1	8	9	3	4	6
5	4	7	9	1	2	6	8	3
3	8	9	6	5	4	1	7	2
2	1	6	3	7	8	9	5	4
1	7	5	8	4	3	2	6	9
4	9	3	7	2	6	5	1	8
6	2	8	5	9	1	4	3	7

751

6	1	8	2	9	3	5	7	4
4	2	7	1	5	8	9	6	3
9	5	3	6	4	7	2	8	1
2	7	5	9	8	1	4	3	6
3	6	4	7	2	5	8	1	9
1	8	9	3	6	4	7	2	5
7	3	2	5	1	9	6	4	8
8	9	6	4	3	2	1	5	7
5	4	1	8	7	6	3	9	2

752

3	8	6	1	9	4	7	2	5
2	9	7	6	8	5	4	1	3
1	5	4	2	7	3	6	8	9
8	4	2	3	6	7	5	9	1
5	3	1	9	4	2	8	7	6
6	7	9	5	1	8	3	4	2
7	2	5	8	3	9	1	6	4
4	6	3	7	2	1	9	5	8
9	1	8	4	5	6	2	3	7

753

9	8	5	7	3	1	4	6	2
6	4	2	5	9	8	1	7	3
1	3	7	2	6	4	8	9	5
8	9	1	4	7	3	2	5	6
3	5	4	1	2	6	7	8	9
7	2	6	9	8	5	3	1	4
5	6	3	8	1	2	9	4	7
4	7	8	3	5	9	6	2	1
2	1	9	6	4	7	5	3	8

754

4	1	7	3	6	2	5	9	8
9	5	3	7	8	4	2	1	6
2	8	6	1	9	5	3	4	7
7	3	8	5	1	9	4	6	2
6	2	1	4	7	8	9	5	3
5	9	4	2	3	6	7	8	1
3	7	5	8	4	1	6	2	9
8	6	2	9	5	7	1	3	4
1	4	9	6	2	3	8	7	5

755

1	6	3	8	5	7	2	9	4
9	4	2	3	1	6	7	5	8
5	8	7	4	2	9	6	1	3
3	9	8	6	7	5	4	2	1
2	5	4	1	3	8	9	7	6
7	1	6	9	4	2	8	3	5
6	3	1	7	9	4	5	8	2
4	7	5	2	8	1	3	6	9
8	2	9	5	6	3	1	4	7

756

2	6	8	4	1	3	9	5	7
7	9	1	2	8	5	6	3	4
3	4	5	7	9	6	1	2	8
4	2	6	1	3	7	5	8	9
9	1	7	5	4	8	3	6	2
5	8	3	6	2	9	4	7	1
8	3	2	9	5	4	7	1	6
6	5	4	8	7	1	2	9	3
1	7	9	3	6	2	8	4	5

757

7	3	8	5	2	9	6	1	4
9	2	4	8	1	6	5	3	7
5	6	1	7	3	4	9	2	8
4	5	2	9	6	3	7	8	1
6	9	3	1	8	7	4	5	2
1	8	7	2	4	5	3	6	9
2	7	5	3	9	1	8	4	6
8	4	9	6	5	2	1	7	3
3	1	6	4	7	8	2	9	5

758

5	3	1	8	6	4	9	7	2
2	8	9	5	1	7	6	4	3
6	4	7	2	9	3	5	8	1
3	1	6	4	5	2	7	9	8
9	5	8	3	7	6	1	2	4
7	2	4	1	8	9	3	6	5
8	7	3	6	4	1	2	5	9
1	9	5	7	2	8	4	3	6
4	6	2	9	3	5	8	1	7

759

8	4	1	5	6	2	7	9	3
5	2	7	3	4	9	1	8	6
6	9	3	7	1	8	4	2	5
7	1	4	6	9	5	2	3	8
3	5	8	2	7	1	9	6	4
2	6	9	8	3	4	5	1	7
9	3	2	4	8	7	6	5	1
1	7	6	9	5	3	8	4	2
4	8	5	1	2	6	3	7	9

760

8	6	3	9	7	5	2	1	4
1	4	7	3	8	2	5	6	9
2	5	9	6	4	1	7	8	3
7	8	4	5	6	9	1	3	2
3	2	6	7	1	4	8	9	5
9	1	5	2	3	8	6	4	7
5	9	1	4	2	6	3	7	8
6	7	2	8	9	3	4	5	1
4	3	8	1	5	7	9	2	6

761

8	9	1	2	6	4	3	5	7
6	4	5	7	1	3	8	9	2
3	7	2	8	9	5	4	1	6
7	5	3	9	4	8	6	2	1
2	1	8	6	5	7	9	3	4
9	6	4	1	3	2	7	8	5
4	8	7	3	2	1	5	6	9
5	2	9	4	8	6	1	7	3
1	3	6	5	7	9	2	4	8

762

7	9	8	1	6	4	2	5	3
3	1	2	5	7	9	4	8	6
6	4	5	8	3	2	7	1	9
9	3	1	4	5	6	8	7	2
4	2	7	3	8	1	9	6	5
5	8	6	9	2	7	1	3	4
1	5	4	6	9	8	3	2	7
8	7	3	2	4	5	6	9	1
2	6	9	7	1	3	5	4	8

763

7	5	3	9	1	8	2	4	6
9	6	2	4	3	7	5	8	1
1	4	8	2	5	6	3	7	9
6	8	1	7	4	3	9	5	2
3	7	5	1	2	9	4	6	8
4	2	9	8	6	5	7	1	3
2	1	6	5	9	4	8	3	7
8	3	4	6	7	2	1	9	5
5	9	7	3	8	1	6	2	4

764

8	1	2	4	3	6	9	7	5
6	7	3	2	5	9	4	1	8
9	5	4	7	1	8	2	6	3
5	9	6	3	8	1	7	4	2
4	8	1	6	7	2	3	5	9
2	3	7	9	4	5	1	8	6
7	4	9	5	6	3	8	2	1
1	2	5	8	9	7	6	3	4
3	6	8	1	2	4	5	9	7

765

5	2	9	6	4	7	8	1	3
3	7	8	1	5	9	6	4	2
1	6	4	3	8	2	5	9	7
8	9	5	4	3	6	2	7	1
2	1	3	8	7	5	9	6	4
7	4	6	2	9	1	3	5	8
9	8	7	5	1	3	4	2	6
4	5	2	7	6	8	1	3	9
6	3	1	9	2	4	7	8	5

766

2	6	4	7	9	5	3	8	1
8	9	1	2	3	4	5	6	7
5	3	7	6	8	1	4	2	9
4	2	3	5	7	6	9	1	8
9	1	6	8	2	3	7	4	5
7	5	8	4	1	9	6	3	2
3	7	2	9	4	8	1	5	6
1	8	5	3	6	7	2	9	4
6	4	9	1	5	2	8	7	3

767

3	5	2	8	1	4	6	9	7
1	6	7	3	9	2	8	4	5
9	4	8	5	6	7	2	1	3
6	8	9	2	5	3	4	7	1
4	3	1	9	7	8	5	6	2
2	7	5	6	4	1	3	8	9
5	9	4	1	2	6	7	3	8
7	1	3	4	8	5	9	2	6
8	2	6	7	3	9	1	5	4

768

7	1	8	4	9	2	5	6	3
9	6	3	5	7	1	8	4	2
5	4	2	8	3	6	1	7	9
3	2	4	6	5	7	9	1	8
8	9	6	1	4	3	2	5	7
1	5	7	9	2	8	4	3	6
4	7	9	2	6	5	3	8	1
2	3	1	7	8	4	6	9	5
6	8	5	3	1	9	7	2	4

769

1	4	5	9	6	2	8	3	7
6	2	8	1	3	7	9	5	4
3	9	7	4	5	8	6	2	1
7	6	2	8	4	3	5	1	9
9	8	3	5	1	6	4	7	2
5	1	4	2	7	9	3	8	6
8	7	6	3	9	1	2	4	5
2	5	1	6	8	4	7	9	3
4	3	9	7	2	5	1	6	8

770

4	6	9	2	3	8	7	1	5
1	8	3	7	9	5	2	4	6
7	2	5	6	4	1	9	8	3
8	5	6	3	2	9	1	7	4
9	1	4	8	5	7	6	3	2
2	3	7	1	6	4	5	9	8
6	7	1	5	8	3	4	2	9
3	9	2	4	7	6	8	5	1
5	4	8	9	1	2	3	6	7

771

3	4	8	5	6	1	2	9	7
2	1	9	3	8	7	4	5	6
6	5	7	9	4	2	3	8	1
1	2	5	8	9	6	7	3	4
8	7	4	1	3	5	9	6	2
9	6	3	7	2	4	5	1	8
5	3	1	2	7	8	6	4	9
7	8	6	4	5	9	1	2	3
4	9	2	6	1	3	8	7	5

772

8	1	3	4	6	9	7	2	5
9	6	7	2	5	8	4	3	1
2	5	4	3	7	1	8	6	9
7	9	5	6	8	3	1	4	2
4	2	8	5	1	7	3	9	6
6	3	1	9	2	4	5	7	8
1	7	9	8	4	2	6	5	3
5	8	2	7	3	6	9	1	4
3	4	6	1	9	5	2	8	7

773

3	4	2	8	6	7	5	1	9
9	1	5	3	4	2	6	7	8
8	7	6	5	1	9	4	3	2
6	9	3	1	8	4	2	5	7
5	2	7	6	9	3	1	8	4
1	8	4	2	7	5	9	6	3
2	3	1	9	5	8	7	4	6
7	6	9	4	3	1	8	2	5
4	5	8	7	2	6	3	9	1

774

7	1	5	8	4	6	9	2	3
9	8	4	3	1	2	5	6	7
3	2	6	9	7	5	8	1	4
2	3	1	5	6	7	4	9	8
4	7	9	1	3	8	6	5	2
6	5	8	4	2	9	3	7	1
5	6	3	2	8	1	7	4	9
1	4	7	6	9	3	2	8	5
8	9	2	7	5	4	1	3	6

775

2	8	9	7	5	6	4	3	1
7	1	6	2	4	3	5	8	9
4	3	5	8	9	1	2	7	6
5	4	8	9	2	7	1	6	3
1	6	7	3	8	5	9	4	2
3	9	2	1	6	4	7	5	8
6	2	3	5	7	9	8	1	4
8	7	4	6	1	2	3	9	5
9	5	1	4	3	8	6	2	7

776

3	7	2	1	5	8	4	6	9
8	1	9	6	7	4	2	5	3
5	4	6	3	9	2	1	7	8
7	3	8	5	2	1	6	9	4
9	6	4	7	8	3	5	2	1
2	5	1	9	4	6	3	8	7
1	2	3	8	6	9	7	4	5
6	8	7	4	1	5	9	3	2
4	9	5	2	3	7	8	1	6

777

4	7	3	5	6	2	8	9	1
8	2	1	7	4	9	3	6	5
9	5	6	8	3	1	2	4	7
6	1	9	2	5	3	4	7	8
5	8	4	6	9	7	1	2	3
7	3	2	1	8	4	6	5	9
2	6	7	3	1	5	9	8	4
1	9	5	4	2	8	7	3	6
3	4	8	9	7	6	5	1	2

778

2	6	5	4	9	3	7	1	8
9	3	8	7	2	1	5	4	6
4	1	7	5	6	8	2	9	3
3	4	1	8	7	5	9	6	2
8	7	2	6	1	9	3	5	4
5	9	6	2	3	4	8	7	1
6	2	4	9	8	7	1	3	5
1	8	9	3	5	6	4	2	7
7	5	3	1	4	2	6	8	9

779

5	7	8	6	9	3	1	2	4
6	2	4	8	7	1	5	9	3
3	9	1	4	2	5	6	7	8
9	6	5	3	1	7	4	8	2
2	4	3	5	8	9	7	6	1
1	8	7	2	4	6	3	5	9
7	5	9	1	3	2	8	4	6
8	1	6	9	5	4	2	3	7
4	3	2	7	6	8	9	1	5

780

3	9	4	6	5	1	2	8	7
8	6	7	2	3	9	4	1	5
2	1	5	8	4	7	6	9	3
9	7	6	1	8	5	3	4	2
4	2	1	3	7	6	9	5	8
5	8	3	4	9	2	1	7	6
1	5	8	9	2	3	7	6	4
6	4	2	7	1	8	5	3	9
7	3	9	5	6	4	8	2	1

781

5	2	4	7	6	8	1	9	3
1	9	8	2	4	3	5	6	7
6	3	7	9	5	1	8	4	2
2	1	3	5	9	6	7	8	4
8	7	5	3	1	4	9	2	6
9	4	6	8	7	2	3	1	5
4	5	9	1	2	7	6	3	8
3	6	1	4	8	5	2	7	9
7	8	2	6	3	9	4	5	1

782

1	4	6	7	3	5	8	9	2
7	9	5	8	4	2	1	6	3
3	2	8	6	9	1	4	7	5
5	8	1	9	2	3	6	4	7
4	6	3	5	7	8	9	2	1
9	7	2	1	6	4	5	3	8
6	5	4	2	8	7	3	1	9
8	3	7	4	1	9	2	5	6
2	1	9	3	5	6	7	8	4

783

8	3	9	5	6	4	2	7	1
5	6	7	1	2	3	8	9	4
4	2	1	7	8	9	6	5	3
9	4	5	2	3	7	1	6	8
1	7	3	8	9	6	4	2	5
6	8	2	4	5	1	9	3	7
3	5	8	9	4	2	7	1	6
7	9	4	6	1	5	3	8	2
2	1	6	3	7	8	5	4	9

784

8	5	7	1	3	2	6	9	4
9	1	4	7	6	8	3	5	2
3	2	6	4	9	5	8	7	1
7	4	1	8	5	6	2	3	9
2	6	3	9	1	4	7	8	5
5	8	9	3	2	7	1	4	6
1	7	5	6	8	9	4	2	3
6	9	8	2	4	3	5	1	7
4	3	2	5	7	1	9	6	8

785

1	8	7	4	3	9	6	5	2
6	5	2	1	7	8	9	3	4
4	9	3	5	6	2	8	1	7
8	6	1	9	2	4	5	7	3
3	4	9	7	5	6	1	2	8
7	2	5	8	1	3	4	9	6
9	7	4	2	8	5	3	6	1
5	1	6	3	4	7	2	8	9
2	3	8	6	9	1	7	4	5

786

2	5	4	1	9	6	3	8	7
8	6	9	3	7	2	1	5	4
7	1	3	8	5	4	9	2	6
4	7	8	6	1	5	2	9	3
3	9	5	2	4	7	8	6	1
6	2	1	9	3	8	4	7	5
1	8	2	7	6	3	5	4	9
5	3	6	4	2	9	7	1	8
9	4	7	5	8	1	6	3	2

787

8	6	2	3	7	1	4	5	9
9	5	3	8	4	6	7	1	2
4	1	7	9	2	5	8	6	3
5	4	8	7	3	2	6	9	1
3	9	1	6	8	4	2	7	5
7	2	6	1	5	9	3	4	8
2	3	4	5	9	7	1	8	6
1	7	9	2	6	8	5	3	4
6	8	5	4	1	3	9	2	7

788

5	4	7	8	9	6	2	3	1
1	9	2	7	3	4	5	8	6
8	6	3	2	1	5	7	9	4
6	1	9	4	8	2	3	7	5
3	7	5	1	6	9	4	2	8
4	2	8	5	7	3	1	6	9
2	8	1	9	5	7	6	4	3
9	3	4	6	2	1	8	5	7
7	5	6	3	4	8	9	1	2

789

5	2	7	3	9	1	8	6	4
1	8	9	6	4	2	7	5	3
6	3	4	5	7	8	1	2	9
4	6	1	8	5	3	9	7	2
7	9	2	4	1	6	3	8	5
8	5	3	7	2	9	6	4	1
3	4	6	1	8	5	2	9	7
9	7	8	2	3	4	5	1	6
2	1	5	9	6	7	4	3	8

790

9	8	6	5	4	1	2	3	7
2	3	5	6	8	7	1	9	4
1	7	4	3	2	9	5	8	6
6	4	8	7	1	3	9	5	2
5	9	7	8	6	2	4	1	3
3	2	1	9	5	4	6	7	8
8	6	9	4	7	5	3	2	1
4	5	2	1	3	8	7	6	9
7	1	3	2	9	6	8	4	5

791

7	6	4	9	3	2	1	8	5
8	5	1	4	7	6	2	3	9
3	2	9	8	5	1	7	6	4
6	7	5	1	9	3	4	2	8
9	1	2	6	8	4	3	5	7
4	8	3	7	2	5	9	1	6
1	9	7	2	6	8	5	4	3
5	4	6	3	1	7	8	9	2
2	3	8	5	4	9	6	7	1

792

2	9	5	6	4	3	7	1	8
4	8	7	2	1	5	3	6	9
3	6	1	7	8	9	5	4	2
8	2	3	9	7	1	6	5	4
5	4	9	8	3	6	1	2	7
7	1	6	5	2	4	8	9	3
1	7	2	4	5	8	9	3	6
9	5	8	3	6	2	4	7	1
6	3	4	1	9	7	2	8	5

793

4	9	7	1	8	6	3	5	2
3	2	8	9	4	5	7	1	6
6	1	5	2	7	3	9	4	8
9	5	2	8	3	7	4	6	1
7	4	6	5	9	1	8	2	3
8	3	1	6	2	4	5	9	7
2	7	9	4	6	8	1	3	5
1	8	4	3	5	2	6	7	9
5	6	3	7	1	9	2	8	4

794

7	1	8	2	5	6	3	4	9
6	9	4	8	7	3	2	5	1
3	2	5	9	4	1	8	7	6
4	7	3	6	1	8	9	2	5
1	6	2	5	9	4	7	3	8
5	8	9	3	2	7	1	6	4
8	5	7	4	3	9	6	1	2
9	4	1	7	6	2	5	8	3
2	3	6	1	8	5	4	9	7

795

6	1	4	5	9	8	7	3	2
3	5	7	4	2	1	9	6	8
2	9	8	7	3	6	4	5	1
5	8	2	6	1	4	3	7	9
1	3	6	9	7	2	8	4	5
4	7	9	8	5	3	1	2	6
9	6	1	3	4	5	2	8	7
8	2	3	1	6	7	5	9	4
7	4	5	2	8	9	6	1	3

796

6	4	3	5	7	2	9	1	8
5	8	9	6	3	1	2	7	4
1	2	7	8	4	9	3	6	5
3	5	8	1	6	7	4	9	2
2	6	4	3	9	5	7	8	1
9	7	1	2	8	4	5	3	6
8	3	5	7	2	6	1	4	9
4	1	6	9	5	3	8	2	7
7	9	2	4	1	8	6	5	3

797

4	8	6	9	5	1	7	3	2
2	7	9	3	4	6	1	5	8
3	5	1	8	7	2	6	4	9
8	3	5	7	9	4	2	1	6
1	4	7	2	6	3	9	8	5
9	6	2	1	8	5	4	7	3
7	2	4	5	3	9	8	6	1
5	1	8	6	2	7	3	9	4
6	9	3	4	1	8	5	2	7

798

6	2	8	3	1	9	4	7	5
5	4	7	2	8	6	3	9	1
9	1	3	4	5	7	8	6	2
3	5	4	9	7	8	1	2	6
1	8	2	5	6	3	7	4	9
7	9	6	1	2	4	5	8	3
2	3	9	8	4	1	6	5	7
4	7	1	6	9	5	2	3	8
8	6	5	7	3	2	9	1	4

799

2	9	1	7	5	4	8	6	3
3	7	4	6	8	9	1	2	5
6	8	5	1	2	3	9	7	4
5	3	8	2	6	1	4	9	7
9	1	7	4	3	5	2	8	6
4	6	2	9	7	8	3	5	1
7	5	3	8	1	2	6	4	9
1	2	9	5	4	6	7	3	8
8	4	6	3	9	7	5	1	2

800

7	2	1	4	9	3	8	5	6
5	6	9	8	1	2	4	3	7
8	4	3	7	5	6	2	1	9
2	5	4	3	7	8	6	9	1
9	8	6	1	4	5	7	2	3
1	3	7	6	2	9	5	4	8
4	9	8	5	6	1	3	7	2
6	1	5	2	3	7	9	8	4
3	7	2	9	8	4	1	6	5

801

7	8	3	4	9	1	2	6	5
6	5	2	7	3	8	4	9	1
4	9	1	2	6	5	7	8	3
1	4	9	3	8	6	5	2	7
5	7	6	1	2	4	9	3	8
3	2	8	5	7	9	6	1	4
9	6	7	8	5	3	1	4	2
8	1	5	6	4	2	3	7	9
2	3	4	9	1	7	8	5	6

802

8	3	9	6	5	7	2	4	1
1	4	7	8	2	9	6	5	3
2	5	6	1	4	3	8	7	9
3	6	8	7	1	5	9	2	4
9	7	1	4	6	2	3	8	5
5	2	4	3	9	8	1	6	7
4	8	2	9	7	1	5	3	6
6	1	3	5	8	4	7	9	2
7	9	5	2	3	6	4	1	8

803

1	7	5	9	8	4	6	3	2
3	8	2	5	6	7	9	1	4
6	4	9	1	3	2	5	8	7
8	5	7	2	9	6	3	4	1
4	2	3	8	1	5	7	6	9
9	6	1	7	4	3	2	5	8
5	1	4	3	2	9	8	7	6
2	3	6	4	7	8	1	9	5
7	9	8	6	5	1	4	2	3

804

1	8	9	3	4	5	7	6	2
5	6	3	2	7	8	4	1	9
4	2	7	9	6	1	8	3	5
2	5	1	6	9	7	3	4	8
7	4	8	1	3	2	9	5	6
3	9	6	8	5	4	1	2	7
6	3	2	7	1	9	5	8	4
9	1	5	4	8	6	2	7	3
8	7	4	5	2	3	6	9	1

805

1	7	8	4	3	6	2	9	5
9	6	2	7	5	1	8	3	4
5	4	3	2	8	9	6	1	7
3	8	6	5	9	7	1	4	2
4	2	9	1	6	8	7	5	3
7	1	5	3	2	4	9	6	8
2	9	4	8	1	3	5	7	6
8	3	1	6	7	5	4	2	9
6	5	7	9	4	2	3	8	1

806

1	9	3	6	4	8	2	7	5
2	7	8	9	5	1	4	6	3
5	4	6	2	7	3	8	9	1
7	2	4	8	6	5	3	1	9
6	3	1	7	2	9	5	4	8
9	8	5	3	1	4	6	2	7
8	1	2	4	3	7	9	5	6
4	5	9	1	8	6	7	3	2
3	6	7	5	9	2	1	8	4

807

1	9	5	4	7	3	8	2	6
8	6	4	2	5	1	9	7	3
2	3	7	8	6	9	4	5	1
6	8	9	7	4	5	3	1	2
5	1	3	9	2	8	6	4	7
4	7	2	3	1	6	5	9	8
7	4	6	5	8	2	1	3	9
9	2	1	6	3	4	7	8	5
3	5	8	1	9	7	2	6	4

808

7	3	9	1	4	6	5	8	2
1	5	2	3	9	8	7	6	4
4	6	8	7	5	2	9	1	3
3	1	6	4	8	5	2	9	7
8	7	5	2	3	9	1	4	6
2	9	4	6	7	1	8	3	5
9	8	3	5	2	4	6	7	1
6	2	7	8	1	3	4	5	9
5	4	1	9	6	7	3	2	8

809

9	5	7	1	8	4	2	3	6
1	3	2	5	7	6	4	9	8
4	8	6	3	9	2	7	5	1
5	4	3	6	2	9	8	1	7
6	7	1	8	4	3	5	2	9
2	9	8	7	5	1	6	4	3
3	6	4	2	1	8	9	7	5
7	1	9	4	6	5	3	8	2
8	2	5	9	3	7	1	6	4

810

2	8	1	6	9	7	3	5	4
5	3	9	2	4	8	6	7	1
4	6	7	5	3	1	8	2	9
9	1	5	3	7	2	4	8	6
8	4	6	9	1	5	2	3	7
7	2	3	8	6	4	1	9	5
3	5	4	7	8	6	9	1	2
1	9	2	4	5	3	7	6	8
6	7	8	1	2	9	5	4	3

811

5	3	9	2	8	4	6	1	7
8	6	4	7	1	5	3	9	2
2	1	7	6	9	3	8	5	4
9	7	5	4	6	1	2	3	8
6	8	2	9	3	7	1	4	5
3	4	1	5	2	8	7	6	9
7	9	8	3	5	6	4	2	1
4	5	6	1	7	2	9	8	3
1	2	3	8	4	9	5	7	6

812

7	5	1	9	8	2	6	3	4
6	4	9	1	7	3	2	8	5
3	2	8	6	4	5	9	1	7
8	9	6	5	3	7	4	2	1
4	1	2	8	6	9	5	7	3
5	7	3	2	1	4	8	6	9
2	6	7	4	9	1	3	5	8
9	3	5	7	2	8	1	4	6
1	8	4	3	5	6	7	9	2

813

9	6	1	5	4	3	8	2	7
7	2	4	6	9	8	1	3	5
5	3	8	7	1	2	4	6	9
1	5	6	9	3	7	2	8	4
2	8	9	4	6	5	3	7	1
4	7	3	8	2	1	5	9	6
3	9	2	1	5	6	7	4	8
8	4	5	3	7	9	6	1	2
6	1	7	2	8	4	9	5	3

814

4	2	5	7	8	9	3	6	1
9	3	1	6	2	5	8	4	7
6	8	7	3	4	1	9	2	5
5	9	3	4	6	8	7	1	2
7	6	2	9	1	3	5	8	4
1	4	8	5	7	2	6	3	9
3	7	6	1	5	4	2	9	8
8	1	9	2	3	7	4	5	6
2	5	4	8	9	6	1	7	3

815

5	4	8	2	3	7	9	1	6
9	1	6	4	5	8	7	2	3
2	3	7	9	1	6	4	8	5
1	7	2	3	6	4	8	5	9
6	5	4	8	7	9	1	3	2
8	9	3	5	2	1	6	4	7
3	6	9	1	8	2	5	7	4
4	8	5	7	9	3	2	6	1
7	2	1	6	4	5	3	9	8

816

3	9	7	2	6	5	1	4	8
8	4	1	3	7	9	5	6	2
6	5	2	8	1	4	7	9	3
5	3	4	1	9	6	2	8	7
2	7	6	5	4	8	3	1	9
1	8	9	7	2	3	6	5	4
4	6	5	9	3	7	8	2	1
7	1	8	4	5	2	9	3	6
9	2	3	6	8	1	4	7	5

817

2	3	8	1	6	4	7	5	9
4	9	6	2	7	5	3	1	8
1	7	5	9	3	8	2	4	6
8	5	1	7	9	3	4	6	2
9	4	2	8	1	6	5	3	7
3	6	7	4	5	2	9	8	1
7	2	3	5	8	1	6	9	4
5	8	4	6	2	9	1	7	3
6	1	9	3	4	7	8	2	5

818

6	1	3	7	9	2	5	8	4
4	2	9	1	8	5	7	6	3
5	7	8	6	4	3	2	9	1
9	4	6	2	7	8	3	1	5
3	8	1	5	6	4	9	7	2
7	5	2	9	3	1	6	4	8
2	9	5	8	1	6	4	3	7
1	3	7	4	2	9	8	5	6
8	6	4	3	5	7	1	2	9

819

7	9	4	2	5	3	1	8	6
6	1	3	4	9	8	2	7	5
2	8	5	7	1	6	4	3	9
8	5	1	6	4	7	9	2	3
9	7	2	5	3	1	6	4	8
3	4	6	8	2	9	5	1	7
5	2	7	3	6	4	8	9	1
4	3	9	1	8	5	7	6	2
1	6	8	9	7	2	3	5	4

820

3	6	1	2	9	4	8	7	5
2	4	5	8	6	7	1	9	3
8	9	7	1	5	3	2	6	4
6	7	8	3	4	5	9	2	1
9	1	4	6	8	2	3	5	7
5	2	3	9	7	1	4	8	6
1	3	6	7	2	9	5	4	8
4	8	9	5	1	6	7	3	2
7	5	2	4	3	8	6	1	9

821

9	5	3	2	6	1	8	7	4
1	4	7	8	5	3	9	6	2
8	6	2	4	9	7	1	3	5
5	3	6	9	1	2	4	8	7
4	9	8	6	7	5	2	1	3
2	7	1	3	4	8	5	9	6
3	1	5	7	2	9	6	4	8
6	8	9	5	3	4	7	2	1
7	2	4	1	8	6	3	5	9

822

3	4	9	5	6	2	8	7	1
7	6	5	8	4	1	3	9	2
8	1	2	3	9	7	4	6	5
1	2	4	9	7	5	6	3	8
6	9	8	2	3	4	1	5	7
5	3	7	6	1	8	9	2	4
2	5	3	4	8	6	7	1	9
9	8	1	7	2	3	5	4	6
4	7	6	1	5	9	2	8	3

823

3	9	5	1	2	8	7	4	6
2	4	6	7	5	9	1	3	8
1	8	7	6	4	3	9	2	5
6	3	2	8	7	4	5	1	9
9	5	8	2	1	6	3	7	4
7	1	4	9	3	5	6	8	2
8	7	1	5	6	2	4	9	3
4	6	9	3	8	7	2	5	1
5	2	3	4	9	1	8	6	7

824

3	5	1	2	8	9	6	4	7
9	4	2	6	1	7	8	3	5
8	7	6	5	4	3	2	9	1
7	2	4	1	5	8	3	6	9
6	9	5	7	3	2	4	1	8
1	8	3	4	9	6	5	7	2
5	6	8	9	7	4	1	2	3
4	1	9	3	2	5	7	8	6
2	3	7	8	6	1	9	5	4

825

6	3	4	1	9	2	7	8	5
7	8	9	4	3	5	6	2	1
2	1	5	6	7	8	3	4	9
3	9	7	2	1	4	8	5	6
5	2	6	9	8	3	1	7	4
8	4	1	5	6	7	2	9	3
4	5	8	3	2	6	9	1	7
1	6	2	7	4	9	5	3	8
9	7	3	8	5	1	4	6	2

826

3	5	9	4	8	2	1	7	6
4	6	1	3	5	7	9	2	8
2	8	7	1	9	6	5	3	4
7	4	6	2	1	3	8	5	9
8	2	5	6	7	9	4	1	3
9	1	3	8	4	5	2	6	7
6	7	4	9	2	1	3	8	5
1	3	8	5	6	4	7	9	2
5	9	2	7	3	8	6	4	1

827

5	9	8	2	1	6	7	3	4
7	4	3	8	5	9	1	2	6
2	1	6	4	7	3	5	8	9
3	7	9	1	2	4	6	5	8
8	6	1	7	3	5	9	4	2
4	5	2	9	6	8	3	1	7
1	2	5	6	8	7	4	9	3
9	3	7	5	4	2	8	6	1
6	8	4	3	9	1	2	7	5

828

4	9	6	3	1	7	8	2	5
8	5	7	6	2	9	4	3	1
3	1	2	8	4	5	7	6	9
6	3	8	4	7	1	9	5	2
2	7	9	5	3	6	1	8	4
5	4	1	2	9	8	6	7	3
9	2	5	7	8	4	3	1	6
1	8	3	9	6	2	5	4	7
7	6	4	1	5	3	2	9	8

829

5	7	2	8	9	4	6	1	3
1	6	4	7	5	3	9	2	8
8	3	9	6	1	2	7	5	4
7	8	5	2	6	9	4	3	1
9	1	3	4	7	5	2	8	6
2	4	6	3	8	1	5	9	7
6	5	1	9	3	7	8	4	2
3	2	8	5	4	6	1	7	9
4	9	7	1	2	8	3	6	5

830

5	3	8	4	1	2	6	7	9
6	9	7	5	3	8	4	2	1
4	1	2	7	6	9	5	8	3
3	6	4	2	7	5	1	9	8
1	8	9	6	4	3	2	5	7
7	2	5	8	9	1	3	6	4
9	5	3	1	8	6	7	4	2
2	4	1	9	5	7	8	3	6
8	7	6	3	2	4	9	1	5

831

4	3	7	6	2	9	1	8	5
1	9	8	7	3	5	2	4	6
5	6	2	8	1	4	3	9	7
2	7	1	5	9	3	8	6	4
6	4	3	2	8	7	5	1	9
8	5	9	1	4	6	7	2	3
7	2	5	9	6	8	4	3	1
9	1	4	3	7	2	6	5	8
3	8	6	4	5	1	9	7	2

832

9	2	5	6	1	7	4	3	8
4	8	6	5	3	2	9	1	7
3	7	1	4	9	8	2	6	5
8	4	3	9	2	1	5	7	6
7	6	9	8	4	5	1	2	3
1	5	2	3	7	6	8	9	4
5	1	8	7	6	9	3	4	2
6	9	4	2	8	3	7	5	1
2	3	7	1	5	4	6	8	9

833

6	9	3	7	1	8	4	2	5
5	7	4	6	2	3	9	8	1
8	1	2	9	5	4	3	6	7
3	6	9	8	7	1	2	5	4
4	2	8	3	6	5	1	7	9
1	5	7	2	4	9	8	3	6
9	3	5	1	8	7	6	4	2
2	4	1	5	3	6	7	9	8
7	8	6	4	9	2	5	1	3

834

7	4	6	8	9	1	5	3	2
1	8	5	2	3	7	9	6	4
9	3	2	5	6	4	8	7	1
5	1	4	7	2	3	6	9	8
6	7	8	9	4	5	1	2	3
2	9	3	1	8	6	4	5	7
3	6	9	4	1	2	7	8	5
8	5	1	3	7	9	2	4	6
4	2	7	6	5	8	3	1	9

835

7	1	2	3	8	9	5	6	4
5	9	8	6	2	4	1	7	3
4	3	6	1	5	7	8	9	2
9	2	3	7	1	6	4	5	8
8	4	1	5	9	2	6	3	7
6	7	5	4	3	8	9	2	1
1	6	4	9	7	3	2	8	5
2	5	7	8	6	1	3	4	9
3	8	9	2	4	5	7	1	6

836

7	4	6	1	2	3	9	8	5
8	2	5	9	4	7	1	6	3
1	9	3	5	8	6	4	2	7
9	5	8	3	7	2	6	1	4
3	6	7	4	1	8	2	5	9
2	1	4	6	5	9	7	3	8
5	7	2	8	6	4	3	9	1
6	3	1	7	9	5	8	4	2
4	8	9	2	3	1	5	7	6

837

7	5	8	3	1	4	6	2	9
1	9	6	7	8	2	3	4	5
3	2	4	6	5	9	8	7	1
4	8	3	1	2	5	7	9	6
5	6	9	4	7	3	1	8	2
2	7	1	9	6	8	4	5	3
9	3	2	8	4	1	5	6	7
6	4	5	2	3	7	9	1	8
8	1	7	5	9	6	2	3	4

838

2	7	6	3	5	9	4	8	1
9	5	1	2	4	8	6	7	3
8	3	4	1	7	6	9	2	5
1	9	2	7	6	4	3	5	8
7	8	5	9	3	2	1	4	6
4	6	3	5	8	1	2	9	7
6	2	9	8	1	5	7	3	4
5	4	7	6	9	3	8	1	2
3	1	8	4	2	7	5	6	9

839

7	3	1	2	9	4	5	8	6
6	9	5	3	1	8	4	7	2
4	8	2	5	6	7	9	3	1
3	4	6	8	2	9	1	5	7
5	7	9	1	4	6	3	2	8
2	1	8	7	5	3	6	4	9
9	6	7	4	8	5	2	1	3
8	2	4	6	3	1	7	9	5
1	5	3	9	7	2	8	6	4

840

9	5	7	2	8	6	1	3	4
2	3	8	1	5	4	7	9	6
4	6	1	3	7	9	2	8	5
1	9	6	8	3	7	5	4	2
8	4	5	9	2	1	3	6	7
7	2	3	4	6	5	9	1	8
6	1	2	7	4	3	8	5	9
5	8	9	6	1	2	4	7	3
3	7	4	5	9	8	6	2	1

841

7	3	6	2	9	4	1	5	8
5	8	1	3	6	7	4	2	9
2	4	9	1	8	5	7	3	6
8	7	3	4	5	1	6	9	2
4	6	2	7	3	9	8	1	5
9	1	5	8	2	6	3	7	4
6	5	7	9	1	8	2	4	3
3	9	4	6	7	2	5	8	1
1	2	8	5	4	3	9	6	7

842

8	4	7	2	6	9	5	3	1
2	3	9	5	4	1	8	6	7
1	6	5	8	3	7	9	4	2
5	9	1	6	2	3	7	8	4
3	2	8	7	1	4	6	5	9
4	7	6	9	8	5	1	2	3
9	5	4	3	7	6	2	1	8
6	1	2	4	9	8	3	7	5
7	8	3	1	5	2	4	9	6

843

1	7	9	6	8	3	4	2	5
2	5	3	7	1	4	8	9	6
4	6	8	2	9	5	7	1	3
5	9	4	1	6	8	3	7	2
8	2	7	4	3	9	5	6	1
3	1	6	5	7	2	9	8	4
9	8	2	3	5	6	1	4	7
7	4	5	9	2	1	6	3	8
6	3	1	8	4	7	2	5	9

844

8	7	4	6	5	9	2	3	1
5	3	2	1	8	7	9	6	4
6	1	9	4	2	3	5	8	7
3	5	7	2	1	6	8	4	9
9	2	1	3	4	8	7	5	6
4	6	8	7	9	5	3	1	2
2	4	3	5	7	1	6	9	8
7	9	6	8	3	4	1	2	5
1	8	5	9	6	2	4	7	3

845

1	2	7	9	4	6	8	3	5
3	8	6	7	2	5	1	9	4
9	5	4	1	8	3	7	2	6
6	4	1	3	7	2	9	5	8
8	3	2	5	9	1	4	6	7
5	7	9	8	6	4	3	1	2
4	1	3	6	5	7	2	8	9
7	6	8	2	1	9	5	4	3
2	9	5	4	3	8	6	7	1

846

1	6	8	4	3	9	2	7	5
5	7	4	1	2	6	3	8	9
9	2	3	5	7	8	1	6	4
4	9	2	3	6	1	8	5	7
6	8	7	9	5	2	4	1	3
3	5	1	8	4	7	9	2	6
8	1	6	7	9	3	5	4	2
2	4	9	6	8	5	7	3	1
7	3	5	2	1	4	6	9	8

847

7	8	4	1	3	6	5	2	9
9	2	5	7	8	4	3	1	6
3	1	6	2	9	5	4	7	8
4	6	1	5	2	8	7	9	3
8	9	3	6	7	1	2	4	5
5	7	2	3	4	9	6	8	1
2	4	8	9	5	3	1	6	7
6	5	9	4	1	7	8	3	2
1	3	7	8	6	2	9	5	4

848

2	1	3	9	7	6	8	4	5
6	5	7	4	2	8	9	3	1
4	9	8	5	1	3	6	2	7
3	7	9	1	8	2	5	6	4
8	2	4	6	5	9	7	1	3
1	6	5	3	4	7	2	8	9
9	8	6	7	3	4	1	5	2
5	4	2	8	9	1	3	7	6
7	3	1	2	6	5	4	9	8

849

7	3	1	2	9	4	5	8	6
6	9	5	3	1	8	4	7	2
4	8	2	5	6	7	9	3	1
3	4	6	8	2	9	1	5	7
5	7	9	1	4	6	3	2	8
2	1	8	7	5	3	6	4	9
9	6	7	4	8	5	2	1	3
8	2	4	6	3	1	7	9	5
1	5	3	9	7	2	8	6	4

850

3	8	5	2	1	6	7	4	9
1	4	6	3	7	9	2	8	5
2	7	9	4	8	5	3	1	6
8	3	1	7	6	2	5	9	4
4	6	2	9	5	3	1	7	8
9	5	7	8	4	1	6	2	3
7	1	3	5	9	4	8	6	2
6	2	4	1	3	8	9	5	7
5	9	8	6	2	7	4	3	1

851

2	1	7	9	8	4	5	3	6
5	4	3	2	6	1	8	9	7
9	8	6	5	7	3	2	1	4
7	3	1	4	5	6	9	2	8
4	5	9	7	2	8	1	6	3
8	6	2	1	3	9	7	4	5
6	9	4	8	1	5	3	7	2
1	7	8	3	4	2	6	5	9
3	2	5	6	9	7	4	8	1

852

2	7	9	1	8	5	4	3	6
6	4	1	9	2	3	5	7	8
5	8	3	6	4	7	1	9	2
3	2	7	5	9	6	8	4	1
1	5	8	4	3	2	7	6	9
9	6	4	8	7	1	2	5	3
8	3	2	7	6	4	9	1	5
7	9	5	3	1	8	6	2	4
4	1	6	2	5	9	3	8	7

853

3	8	6	9	7	4	1	2	5
1	7	2	3	8	5	4	6	9
5	9	4	2	6	1	7	8	3
6	2	1	5	3	8	9	4	7
9	4	5	7	1	2	6	3	8
8	3	7	6	4	9	5	1	2
4	1	9	8	2	7	3	5	6
2	5	3	4	9	6	8	7	1
7	6	8	1	5	3	2	9	4

854

8	4	6	9	3	7	2	5	1
3	9	2	8	1	5	6	7	4
5	1	7	4	6	2	3	8	9
7	3	1	5	4	9	8	6	2
2	8	4	6	7	1	9	3	5
6	5	9	3	2	8	4	1	7
9	7	8	2	5	3	1	4	6
1	6	3	7	9	4	5	2	8
4	2	5	1	8	6	7	9	3

855

9	7	4	6	3	2	8	1	5
5	6	8	9	1	4	2	7	3
2	3	1	8	5	7	4	9	6
6	9	5	7	8	3	1	4	2
4	2	7	1	9	5	6	3	8
1	8	3	4	2	6	9	5	7
3	4	6	2	7	9	5	8	1
8	5	2	3	4	1	7	6	9
7	1	9	5	6	8	3	2	4

856

6	4	5	1	9	3	7	8	2
2	7	8	6	5	4	3	9	1
9	1	3	8	2	7	4	5	6
4	2	1	5	7	9	6	3	8
8	3	9	2	1	6	5	4	7
5	6	7	3	4	8	1	2	9
7	8	2	4	6	5	9	1	3
1	9	4	7	3	2	8	6	5
3	5	6	9	8	1	2	7	4

857

7	3	1	2	9	4	5	8	6
6	9	5	3	1	8	4	7	2
4	8	2	5	6	7	9	3	1
3	4	6	8	2	9	1	5	7
5	7	9	1	4	6	3	2	8
2	1	8	7	5	3	6	4	9
9	6	7	4	8	5	2	1	3
8	2	4	6	3	1	7	9	5
1	5	3	9	7	2	8	6	4

858

3	7	4	6	2	9	5	8	1
6	9	1	7	8	5	2	4	3
5	8	2	1	4	3	6	9	7
9	2	5	3	6	8	1	7	4
7	4	8	5	9	1	3	6	2
1	3	6	4	7	2	8	5	9
4	1	7	8	3	6	9	2	5
8	5	9	2	1	4	7	3	6
2	6	3	9	5	7	4	1	8

859

3	8	5	2	1	6	7	4	9
1	4	6	3	7	9	2	8	5
2	7	9	4	8	5	3	1	6
8	3	1	7	6	2	5	9	4
4	6	2	9	5	3	1	7	8
9	5	7	8	4	1	6	2	3
7	1	3	5	9	4	8	6	2
6	2	4	1	3	8	9	5	7
5	9	8	6	2	7	4	3	1

860

2	7	8	4	5	6	3	9	1
4	6	9	1	8	3	5	2	7
3	5	1	9	7	2	8	4	6
1	3	7	5	9	8	4	6	2
5	4	2	3	6	1	9	7	8
8	9	6	2	4	7	1	5	3
7	1	4	8	2	9	6	3	5
6	8	5	7	3	4	2	1	9
9	2	3	6	1	5	7	8	4

861

5	2	1	7	8	3	4	9	6
9	4	6	2	5	1	3	7	8
7	8	3	4	9	6	1	5	2
8	6	2	5	7	4	9	1	3
1	9	7	3	6	2	8	4	5
3	5	4	8	1	9	6	2	7
6	7	8	1	4	5	2	3	9
2	1	9	6	3	7	5	8	4
4	3	5	9	2	8	7	6	1

862

6	4	2	7	8	1	3	5	9
5	3	8	4	2	9	6	1	7
9	1	7	6	3	5	8	4	2
2	5	1	3	7	8	9	6	4
3	9	6	1	4	2	7	8	5
7	8	4	9	5	6	2	3	1
4	7	5	2	6	3	1	9	8
8	6	9	5	1	7	4	2	3
1	2	3	8	9	4	5	7	6

863

8	5	6	7	1	3	2	9	4
2	3	1	4	8	9	5	6	7
9	4	7	6	5	2	3	1	8
3	8	9	2	4	1	6	7	5
6	7	5	3	9	8	1	4	2
4	1	2	5	7	6	9	8	3
7	9	3	8	6	5	4	2	1
1	2	4	9	3	7	8	5	6
5	6	8	1	2	4	7	3	9

864

9	4	7	1	8	2	6	3	5
2	8	5	3	9	6	4	7	1
3	1	6	5	7	4	9	8	2
5	3	9	4	2	8	1	6	7
7	2	4	6	5	1	3	9	8
1	6	8	9	3	7	5	2	4
6	9	2	7	1	5	8	4	3
4	7	1	8	6	3	2	5	9
8	5	3	2	4	9	7	1	6

865

3	7	8	2	4	1	6	5	9
2	5	4	9	8	6	7	1	3
6	1	9	5	3	7	4	2	8
1	9	3	6	7	2	5	8	4
5	4	7	8	9	3	2	6	1
8	2	6	4	1	5	9	3	7
9	6	1	7	2	8	3	4	5
7	3	2	1	5	4	8	9	6
4	8	5	3	6	9	1	7	2

866

9	8	7	1	4	3	6	5	2
6	5	4	9	7	2	8	3	1
1	2	3	8	5	6	7	9	4
4	3	8	5	6	1	2	7	9
7	9	6	2	8	4	5	1	3
2	1	5	7	3	9	4	6	8
5	4	1	6	9	8	3	2	7
8	6	2	3	1	7	9	4	5
3	7	9	4	2	5	1	8	6

867

3	8	5	2	1	6	7	4	9
1	4	6	3	7	9	2	8	5
2	7	9	4	8	5	3	1	6
8	3	1	7	6	2	5	9	4
4	6	2	9	5	3	1	7	8
9	5	7	8	4	1	6	2	3
7	1	3	5	9	4	8	6	2
6	2	4	1	3	8	9	5	7
5	9	8	6	2	7	4	3	1

868

7	3	1	2	9	4	5	8	6
6	9	5	3	1	8	4	7	2
4	8	2	5	6	7	9	3	1
3	4	6	8	2	9	1	5	7
5	7	9	1	4	6	3	2	8
2	1	8	7	5	3	6	4	9
9	6	7	4	8	5	2	1	3
8	2	4	6	3	1	7	9	5
1	5	3	9	7	2	8	6	4

869

5	7	4	1	8	3	2	6	9
8	9	6	2	7	4	3	1	5
2	1	3	5	6	9	8	7	4
6	2	1	3	5	8	9	4	7
4	8	9	6	2	7	1	5	3
7	3	5	9	4	1	6	2	8
9	4	8	7	1	6	5	3	2
1	5	7	8	3	2	4	9	6
3	6	2	4	9	5	7	8	1

870

4	5	3	6	2	1	8	7	9
1	9	7	5	3	8	6	2	4
6	2	8	4	7	9	5	3	1
5	3	1	8	9	7	2	4	6
8	6	4	3	5	2	9	1	7
2	7	9	1	6	4	3	5	8
9	4	6	2	1	5	7	8	3
7	8	5	9	4	3	1	6	2
3	1	2	7	8	6	4	9	5

871

3	8	5	2	1	6	7	4	9
1	4	6	3	7	9	2	8	5
2	7	9	4	8	5	3	1	6
8	3	1	7	6	2	5	9	4
4	6	2	9	5	3	1	7	8
9	5	7	8	4	1	6	2	3
7	1	3	5	9	4	8	6	2
6	2	4	1	3	8	9	5	7
5	9	8	6	2	7	4	3	1

872

8	3	7	5	2	6	9	4	1
6	4	1	7	9	8	5	3	2
9	5	2	1	3	4	6	8	7
4	2	8	6	7	3	1	9	5
7	1	3	9	4	5	2	6	8
5	9	6	8	1	2	4	7	3
3	8	9	2	6	1	7	5	4
2	7	4	3	5	9	8	1	6
1	6	5	4	8	7	3	2	9

873

4	2	7	3	5	9	6	1	8
1	6	5	8	2	4	3	7	9
8	9	3	7	6	1	4	2	5
7	5	8	2	3	6	9	4	1
2	4	9	1	8	7	5	3	6
3	1	6	9	4	5	2	8	7
9	3	2	5	7	8	1	6	4
6	7	1	4	9	2	8	5	3
5	8	4	6	1	3	7	9	2

874

3	1	7	6	5	4	8	2	9
8	2	9	1	3	7	5	4	6
6	5	4	2	9	8	3	1	7
9	6	1	4	8	5	7	3	2
7	3	5	9	6	2	1	8	4
4	8	2	3	7	1	9	6	5
2	4	3	5	1	9	6	7	8
5	7	6	8	2	3	4	9	1
1	9	8	7	4	6	2	5	3

875

7	3	1	2	9	4	5	8	6
6	9	5	3	1	8	4	7	2
4	8	2	5	6	7	9	3	1
3	4	6	8	2	9	1	5	7
5	7	9	1	4	6	3	2	8
2	1	8	7	5	3	6	4	9
9	6	7	4	8	5	2	1	3
8	2	4	6	3	1	7	9	5
1	5	3	9	7	2	8	6	4

876

4	5	1	7	9	6	3	2	8
6	8	3	1	2	4	9	5	7
7	2	9	5	3	8	6	4	1
8	1	2	4	7	3	5	9	6
3	6	5	9	8	2	7	1	4
9	7	4	6	1	5	8	3	2
1	3	8	2	6	9	4	7	5
2	4	6	3	5	7	1	8	9
5	9	7	8	4	1	2	6	3

Very Hard

877

8	4	9	1	3	7	2	5	6
5	6	3	2	9	4	8	1	7
7	2	1	6	5	8	9	3	4
3	1	6	9	8	5	7	4	2
4	8	7	3	6	2	1	9	5
2	9	5	4	7	1	6	8	3
6	5	4	7	1	9	3	2	8
1	3	8	5	2	6	4	7	9
9	7	2	8	4	3	5	6	1

878

7	4	1	9	2	3	8	5	6
2	3	6	1	8	5	9	7	4
9	5	8	6	4	7	1	2	3
4	6	2	5	7	1	3	8	9
1	9	3	8	6	2	7	4	5
8	7	5	3	9	4	2	6	1
5	8	9	2	1	6	4	3	7
6	1	4	7	3	8	5	9	2
3	2	7	4	5	9	6	1	8

879

8	2	3	6	7	4	1	9	5
9	7	5	8	1	3	6	2	4
1	4	6	9	5	2	3	8	7
7	5	4	2	3	9	8	1	6
3	8	2	1	6	5	7	4	9
6	9	1	4	8	7	2	5	3
5	3	8	7	9	1	4	6	2
4	6	7	5	2	8	9	3	1
2	1	9	3	4	6	5	7	8

880

2	1	5	6	8	3	4	7	9
6	7	3	2	4	9	8	1	5
9	4	8	1	7	5	3	6	2
4	8	1	7	6	2	5	9	3
3	2	6	5	9	1	7	4	8
5	9	7	4	3	8	6	2	1
7	3	9	8	2	6	1	5	4
8	5	4	9	1	7	2	3	6
1	6	2	3	5	4	9	8	7

881

1	6	5	2	3	4	7	8	9
7	3	9	8	1	6	5	2	4
8	2	4	9	5	7	3	1	6
4	7	2	1	9	5	8	6	3
9	5	8	6	7	3	2	4	1
3	1	6	4	2	8	9	7	5
5	4	3	7	6	2	1	9	8
2	8	1	3	4	9	6	5	7
6	9	7	5	8	1	4	3	2

882

1	5	8	7	2	3	9	6	4
2	6	4	5	9	1	8	3	7
7	3	9	8	6	4	1	5	2
8	7	6	1	4	9	5	2	3
4	9	2	6	3	5	7	1	8
5	1	3	2	7	8	6	4	9
3	8	5	4	1	7	2	9	6
9	2	1	3	8	6	4	7	5
6	4	7	9	5	2	3	8	1

883

2	6	9	3	8	7	5	4	1
4	5	8	1	6	2	3	9	7
1	7	3	5	4	9	2	6	8
6	9	4	8	2	1	7	5	3
8	3	7	4	9	5	6	1	2
5	1	2	7	3	6	4	8	9
3	8	6	9	7	4	1	2	5
9	4	5	2	1	3	8	7	6
7	2	1	6	5	8	9	3	4

884

7	8	6	9	2	5	1	4	3
1	3	4	6	8	7	5	9	2
9	5	2	4	1	3	8	7	6
5	6	1	8	4	9	3	2	7
4	9	8	3	7	2	6	5	1
2	7	3	1	5	6	9	8	4
8	1	7	5	6	4	2	3	9
6	4	9	2	3	8	7	1	5
3	2	5	7	9	1	4	6	8

885

9	3	6	7	1	5	2	4	8
8	5	7	4	6	2	3	1	9
2	1	4	9	3	8	5	7	6
5	4	1	3	2	6	9	8	7
3	7	9	1	8	4	6	2	5
6	2	8	5	9	7	1	3	4
1	8	5	2	4	9	7	6	3
7	6	3	8	5	1	4	9	2
4	9	2	6	7	3	8	5	1

886

5	3	7	2	6	4	9	1	8
8	1	2	9	7	5	6	4	3
4	9	6	1	3	8	2	7	5
2	6	3	8	4	1	5	9	7
9	8	5	7	2	3	1	6	4
1	7	4	5	9	6	8	3	2
7	2	8	4	1	9	3	5	6
3	5	9	6	8	7	4	2	1
6	4	1	3	5	2	7	8	9

887

2	5	6	8	1	7	9	4	3
3	4	1	5	9	6	2	7	8
7	8	9	2	4	3	5	1	6
6	3	2	1	5	9	7	8	4
8	9	7	4	6	2	1	3	5
5	1	4	7	3	8	6	9	2
1	7	8	3	2	5	4	6	9
4	6	5	9	8	1	3	2	7
9	2	3	6	7	4	8	5	1

888

6	3	4	2	1	5	9	7	8
1	7	9	8	4	6	5	2	3
5	2	8	9	3	7	6	4	1
4	9	1	5	6	8	2	3	7
7	5	2	3	9	1	4	8	6
8	6	3	7	2	4	1	5	9
2	1	6	4	8	3	7	9	5
9	8	7	6	5	2	3	1	4
3	4	5	1	7	9	8	6	2

889

4	5	7	8	2	9	1	6	3
9	3	8	6	5	1	7	4	2
2	1	6	3	4	7	8	5	9
3	7	4	9	8	6	2	1	5
5	9	1	4	3	2	6	7	8
8	6	2	7	1	5	9	3	4
6	4	3	1	9	8	5	2	7
7	8	5	2	6	4	3	9	1
1	2	9	5	7	3	4	8	6

890

9	5	6	3	8	4	1	2	7
3	4	1	2	5	7	6	9	8
7	2	8	6	1	9	5	3	4
8	1	3	4	7	5	2	6	9
2	7	4	9	6	1	8	5	3
6	9	5	8	2	3	4	7	1
1	6	7	5	3	8	9	4	2
5	3	9	1	4	2	7	8	6
4	8	2	7	9	6	3	1	5

891

1	4	7	3	6	8	5	9	2
5	3	8	1	9	2	4	6	7
9	2	6	5	7	4	8	3	1
3	5	1	8	4	9	2	7	6
6	8	9	2	1	7	3	4	5
2	7	4	6	3	5	9	1	8
8	9	3	7	5	6	1	2	4
7	1	2	4	8	3	6	5	9
4	6	5	9	2	1	7	8	3

892

1	5	4	6	9	3	8	2	7
7	6	9	1	2	8	5	4	3
8	2	3	5	4	7	6	1	9
3	4	2	8	6	5	7	9	1
6	9	7	3	1	2	4	5	8
5	1	8	9	7	4	3	6	2
2	3	6	4	8	9	1	7	5
4	7	5	2	3	1	9	8	6
9	8	1	7	5	6	2	3	4

893

5	3	2	4	8	9	1	6	7
9	6	1	7	3	2	8	4	5
7	8	4	5	6	1	9	3	2
8	5	7	6	1	3	2	9	4
6	1	9	2	7	4	5	8	3
2	4	3	9	5	8	7	1	6
3	9	5	1	4	7	6	2	8
4	2	6	8	9	5	3	7	1
1	7	8	3	2	6	4	5	9

894

1	4	7	9	8	6	5	3	2
5	8	2	3	4	1	6	9	7
6	9	3	5	7	2	8	1	4
7	6	5	1	9	8	2	4	3
3	2	8	4	6	7	1	5	9
9	1	4	2	5	3	7	8	6
8	3	6	7	1	4	9	2	5
4	5	1	6	2	9	3	7	8
2	7	9	8	3	5	4	6	1

895

8	4	6	3	1	9	5	2	7
2	7	1	4	6	5	9	3	8
9	3	5	8	2	7	1	6	4
1	5	3	9	4	6	7	8	2
7	2	4	1	3	8	6	9	5
6	9	8	7	5	2	3	4	1
5	1	2	6	9	4	8	7	3
3	8	9	2	7	1	4	5	6
4	6	7	5	8	3	2	1	9

896

7	6	3	9	8	1	5	2	4
4	2	8	7	3	5	6	1	9
1	9	5	2	6	4	7	8	3
5	4	1	3	7	9	8	6	2
8	3	2	5	1	6	9	4	7
6	7	9	4	2	8	3	5	1
2	5	4	6	9	3	1	7	8
9	1	7	8	5	2	4	3	6
3	8	6	1	4	7	2	9	5

897

2	9	5	1	4	8	6	3	7
6	7	3	2	9	5	4	8	1
8	4	1	7	6	3	2	5	9
3	6	4	9	8	7	1	2	5
5	1	7	3	2	6	9	4	8
9	8	2	4	5	1	7	6	3
1	5	6	8	7	4	3	9	2
4	3	9	5	1	2	8	7	6
7	2	8	6	3	9	5	1	4

898

5	4	3	2	8	9	7	6	1
9	7	6	3	1	4	2	5	8
8	1	2	5	7	6	4	9	3
6	2	7	1	5	8	9	3	4
4	5	1	9	3	2	8	7	6
3	8	9	6	4	7	5	1	2
1	6	4	8	9	5	3	2	7
2	9	8	7	6	3	1	4	5
7	3	5	4	2	1	6	8	9

899

2	8	9	6	7	4	1	3	5
4	3	1	9	5	8	2	7	6
6	5	7	3	1	2	4	8	9
9	1	6	5	4	7	3	2	8
8	7	3	1	2	9	6	5	4
5	2	4	8	3	6	7	9	1
7	9	8	2	6	1	5	4	3
3	6	2	4	8	5	9	1	7
1	4	5	7	9	3	8	6	2

900

6	7	8	5	2	1	3	9	4
3	5	4	6	7	9	8	1	2
2	1	9	4	8	3	5	7	6
1	4	3	7	6	5	2	8	9
8	6	2	1	9	4	7	5	3
7	9	5	2	3	8	6	4	1
9	8	7	3	4	2	1	6	5
4	3	1	8	5	6	9	2	7
5	2	6	9	1	7	4	3	8

901

7	4	5	3	8	9	1	6	2
8	1	9	6	2	5	7	3	4
2	6	3	1	7	4	8	5	9
4	5	2	7	3	1	9	8	6
1	8	6	5	9	2	3	4	7
9	3	7	4	6	8	2	1	5
5	9	4	2	1	3	6	7	8
3	7	8	9	5	6	4	2	1
6	2	1	8	4	7	5	9	3

902

6	1	5	8	3	4	2	7	9
7	2	3	6	5	9	4	8	1
8	4	9	1	7	2	3	6	5
5	9	1	4	8	3	7	2	6
4	8	2	7	9	6	5	1	3
3	6	7	5	2	1	9	4	8
1	7	4	3	6	5	8	9	2
2	5	6	9	4	8	1	3	7
9	3	8	2	1	7	6	5	4

903

5	6	3	9	8	2	1	4	7
7	1	4	5	3	6	8	9	2
9	2	8	1	4	7	3	5	6
3	9	2	6	7	8	4	1	5
4	8	7	2	1	5	6	3	9
6	5	1	3	9	4	7	2	8
8	3	9	7	2	1	5	6	4
1	7	6	4	5	9	2	8	3
2	4	5	8	6	3	9	7	1

904

7	2	1	6	5	4	3	9	8
4	8	9	7	3	2	5	6	1
6	3	5	1	9	8	2	7	4
8	5	4	3	2	7	6	1	9
2	9	6	8	4	1	7	3	5
1	7	3	9	6	5	8	4	2
9	4	8	2	7	6	1	5	3
3	6	2	5	1	9	4	8	7
5	1	7	4	8	3	9	2	6

905

8	6	1	2	9	4	3	7	5
5	3	4	7	1	8	2	9	6
2	7	9	6	3	5	4	8	1
1	9	7	4	8	3	6	5	2
3	8	6	5	2	9	1	4	7
4	5	2	1	7	6	9	3	8
9	1	3	8	5	2	7	6	4
6	2	8	9	4	7	5	1	3
7	4	5	3	6	1	8	2	9

906

8	7	5	2	4	1	9	3	6
4	9	3	7	5	6	1	8	2
1	2	6	3	9	8	4	5	7
7	6	2	8	3	9	5	1	4
9	3	1	5	6	4	2	7	8
5	4	8	1	2	7	6	9	3
2	5	4	9	7	3	8	6	1
3	8	9	6	1	2	7	4	5
6	1	7	4	8	5	3	2	9

907

3	6	8	5	2	9	1	4	7
1	5	9	7	4	6	3	2	8
2	7	4	8	3	1	5	9	6
9	8	5	6	1	3	4	7	2
4	1	7	2	5	8	6	3	9
6	3	2	9	7	4	8	1	5
7	2	1	3	8	5	9	6	4
8	4	6	1	9	2	7	5	3
5	9	3	4	6	7	2	8	1

908

9	2	5	7	3	8	4	6	1
6	8	3	2	1	4	5	7	9
4	7	1	5	9	6	8	3	2
8	4	9	6	2	3	7	1	5
5	1	2	4	7	9	3	8	6
3	6	7	8	5	1	2	9	4
2	5	6	9	8	7	1	4	3
7	3	4	1	6	5	9	2	8
1	9	8	3	4	2	6	5	7

909

8	4	5	6	3	2	9	1	7
2	9	7	1	5	8	4	3	6
6	3	1	9	4	7	5	8	2
1	8	6	3	9	5	7	2	4
9	2	4	7	1	6	8	5	3
5	7	3	2	8	4	1	6	9
3	1	8	4	6	9	2	7	5
4	5	2	8	7	3	6	9	1
7	6	9	5	2	1	3	4	8

910

4	7	5	8	6	1	3	2	9
3	8	9	4	2	5	1	7	6
2	6	1	7	9	3	5	8	4
1	3	6	9	5	7	8	4	2
7	5	2	1	8	4	9	6	3
9	4	8	2	3	6	7	1	5
8	9	4	3	7	2	6	5	1
5	2	7	6	1	9	4	3	8
6	1	3	5	4	8	2	9	7

911

5	2	8	4	1	6	3	7	9
9	3	1	7	8	2	5	6	4
7	4	6	5	9	3	2	8	1
3	6	4	8	2	7	9	1	5
1	9	5	3	6	4	7	2	8
8	7	2	9	5	1	4	3	6
2	5	9	6	7	8	1	4	3
6	1	3	2	4	5	8	9	7
4	8	7	1	3	9	6	5	2

912

8	4	2	3	9	7	1	6	5
5	1	7	8	4	6	9	3	2
3	6	9	2	1	5	7	8	4
9	2	4	6	3	1	8	5	7
6	3	8	7	5	2	4	1	9
7	5	1	9	8	4	3	2	6
2	8	3	5	7	9	6	4	1
4	9	5	1	6	8	2	7	3
1	7	6	4	2	3	5	9	8

913

5	6	4	9	1	3	8	7	2
2	3	7	4	6	8	1	5	9
9	8	1	5	7	2	3	6	4
6	5	9	1	2	4	7	3	8
1	4	3	7	8	6	2	9	5
7	2	8	3	9	5	6	4	1
3	9	6	8	4	1	5	2	7
4	1	5	2	3	7	9	8	6
8	7	2	6	5	9	4	1	3

914

8	9	1	6	7	2	3	4	5
2	4	3	8	5	1	6	9	7
5	7	6	9	4	3	1	2	8
1	3	4	5	2	6	7	8	9
9	8	2	7	3	4	5	1	6
7	6	5	1	9	8	4	3	2
3	5	7	4	8	9	2	6	1
6	2	8	3	1	7	9	5	4
4	1	9	2	6	5	8	7	3

915

8	2	3	5	4	9	6	1	7
1	7	6	2	8	3	4	9	5
5	4	9	6	7	1	3	8	2
2	3	8	1	9	4	7	5	6
6	1	7	8	2	5	9	3	4
4	9	5	3	6	7	8	2	1
9	5	1	7	3	6	2	4	8
7	8	4	9	5	2	1	6	3
3	6	2	4	1	8	5	7	9

916

1	5	4	8	6	9	7	2	3
2	3	9	5	1	7	4	8	6
8	7	6	2	3	4	1	5	9
5	6	3	1	9	8	2	4	7
4	2	1	7	5	6	3	9	8
9	8	7	4	2	3	6	1	5
3	1	2	6	8	5	9	7	4
7	9	5	3	4	2	8	6	1
6	4	8	9	7	1	5	3	2

917

5	3	4	6	1	2	7	8	9
8	7	6	3	9	5	4	1	2
1	2	9	7	4	8	5	3	6
2	4	3	9	8	6	1	7	5
6	8	7	4	5	1	2	9	3
9	1	5	2	3	7	6	4	8
3	9	2	5	7	4	8	6	1
7	6	8	1	2	9	3	5	4
4	5	1	8	6	3	9	2	7

918

9	1	2	8	7	5	4	6	3
8	4	7	3	2	6	5	9	1
5	6	3	4	9	1	2	8	7
4	3	1	5	6	9	8	7	2
2	7	9	1	8	3	6	4	5
6	8	5	2	4	7	1	3	9
7	9	4	6	1	2	3	5	8
3	2	6	7	5	8	9	1	4
1	5	8	9	3	4	7	2	6

919

4	8	3	5	6	1	7	2	9
7	9	2	4	3	8	6	1	5
1	5	6	9	7	2	8	4	3
2	1	5	3	4	6	9	8	7
9	3	4	1	8	7	2	5	6
8	6	7	2	9	5	1	3	4
3	4	8	7	1	9	5	6	2
6	2	9	8	5	3	4	7	1
5	7	1	6	2	4	3	9	8

920

7	3	8	4	5	6	2	1	9
9	2	1	7	8	3	6	5	4
5	6	4	2	1	9	7	3	8
4	7	6	9	3	1	5	8	2
8	9	2	5	4	7	3	6	1
1	5	3	6	2	8	9	4	7
6	1	5	8	9	2	4	7	3
3	4	9	1	7	5	8	2	6
2	8	7	3	6	4	1	9	5

921

5	1	9	3	2	6	7	4	8
3	6	4	5	7	8	1	9	2
8	7	2	4	9	1	5	3	6
7	9	3	8	5	2	6	1	4
2	4	1	6	3	9	8	7	5
6	8	5	1	4	7	3	2	9
1	5	7	9	6	4	2	8	3
4	3	8	2	1	5	9	6	7
9	2	6	7	8	3	4	5	1

922

4	2	6	7	5	9	1	8	3
5	3	1	8	6	2	4	7	9
7	9	8	3	4	1	2	5	6
1	8	9	4	3	7	6	2	5
2	5	4	9	1	6	8	3	7
6	7	3	5	2	8	9	4	1
3	6	5	1	8	4	7	9	2
9	4	2	6	7	5	3	1	8
8	1	7	2	9	3	5	6	4

923

9	3	5	4	8	2	7	1	6
6	1	2	9	7	5	8	3	4
8	4	7	1	6	3	2	9	5
3	7	8	6	5	4	9	2	1
1	5	9	7	2	8	6	4	3
2	6	4	3	1	9	5	7	8
5	8	1	2	3	7	4	6	9
7	9	3	5	4	6	1	8	2
4	2	6	8	9	1	3	5	7

924

1	3	5	2	8	7	6	9	4
9	6	8	5	4	3	2	1	7
7	4	2	9	1	6	5	3	8
5	9	4	6	7	1	8	2	3
8	7	3	4	9	2	1	5	6
6	2	1	3	5	8	7	4	9
3	8	9	1	6	5	4	7	2
4	1	6	7	2	9	3	8	5
2	5	7	8	3	4	9	6	1

925

4	1	9	5	8	7	3	2	6
7	6	8	2	9	3	4	1	5
3	2	5	1	4	6	9	8	7
9	5	6	3	7	8	1	4	2
2	7	1	9	5	4	8	6	3
8	3	4	6	1	2	5	7	9
1	8	2	7	3	5	6	9	4
5	9	7	4	6	1	2	3	8
6	4	3	8	2	9	7	5	1

926

1	2	3	5	6	9	7	4	8
6	4	5	3	8	7	2	1	9
9	7	8	4	1	2	5	3	6
7	8	1	9	3	6	4	5	2
5	3	4	2	7	8	6	9	1
2	9	6	1	5	4	8	7	3
4	6	9	7	2	1	3	8	5
3	1	2	8	4	5	9	6	7
8	5	7	6	9	3	1	2	4

927

9	7	4	5	6	1	8	3	2
1	6	8	3	7	2	4	9	5
3	5	2	9	4	8	1	7	6
7	4	6	8	1	9	5	2	3
8	9	5	2	3	6	7	1	4
2	1	3	4	5	7	6	8	9
6	3	7	1	2	4	9	5	8
5	8	1	6	9	3	2	4	7
4	2	9	7	8	5	3	6	1

928

2	4	6	8	5	3	9	7	1
3	5	7	9	4	1	6	2	8
9	1	8	7	6	2	3	5	4
4	6	1	2	9	8	5	3	7
5	7	2	1	3	4	8	9	6
8	3	9	6	7	5	4	1	2
7	8	4	5	1	9	2	6	3
6	9	3	4	2	7	1	8	5
1	2	5	3	8	6	7	4	9

929

9	3	6	7	1	4	5	8	2
2	1	8	9	6	5	7	4	3
7	4	5	2	8	3	6	1	9
8	5	9	6	4	7	3	2	1
1	6	7	3	2	9	4	5	8
4	2	3	1	5	8	9	7	6
6	9	2	4	7	1	8	3	5
3	8	4	5	9	2	1	6	7
5	7	1	8	3	6	2	9	4

930

4	8	2	1	7	9	3	6	5
5	7	1	6	3	8	2	9	4
9	6	3	4	5	2	7	8	1
6	9	5	2	8	4	1	7	3
2	1	7	3	6	5	9	4	8
3	4	8	9	1	7	6	5	2
1	2	4	5	9	6	8	3	7
8	3	9	7	4	1	5	2	6
7	5	6	8	2	3	4	1	9

931

5	6	8	4	3	7	2	9	1
3	9	1	8	6	2	5	7	4
4	7	2	5	1	9	3	6	8
2	1	9	3	5	8	6	4	7
7	5	4	9	2	6	8	1	3
8	3	6	1	7	4	9	2	5
9	4	3	6	8	1	7	5	2
6	2	5	7	4	3	1	8	9
1	8	7	2	9	5	4	3	6

932

3	4	6	1	5	9	2	8	7
9	5	2	8	7	4	1	6	3
8	7	1	6	3	2	5	4	9
7	3	5	4	9	8	6	1	2
2	1	4	3	6	7	9	5	8
6	9	8	5	2	1	7	3	4
5	2	3	9	4	6	8	7	1
1	6	7	2	8	3	4	9	5
4	8	9	7	1	5	3	2	6

933

3	5	4	1	8	6	2	7	9
9	6	2	3	5	7	8	4	1
1	7	8	4	2	9	6	5	3
6	3	5	9	7	4	1	2	8
2	9	1	8	3	5	7	6	4
8	4	7	6	1	2	9	3	5
7	2	3	5	9	8	4	1	6
4	1	9	7	6	3	5	8	2
5	8	6	2	4	1	3	9	7

934

6	2	1	3	7	9	5	8	4
5	4	9	8	6	2	7	3	1
8	3	7	4	1	5	2	6	9
1	9	6	2	4	8	3	5	7
2	7	4	6	5	3	1	9	8
3	5	8	7	9	1	4	2	6
9	8	3	1	2	7	6	4	5
7	6	2	5	8	4	9	1	3
4	1	5	9	3	6	8	7	2

935

6	5	2	1	4	7	3	8	9
8	9	1	5	3	2	7	4	6
7	3	4	8	6	9	1	2	5
5	6	7	4	8	1	9	3	2
2	8	9	3	7	5	6	1	4
1	4	3	2	9	6	5	7	8
9	2	5	7	1	8	4	6	3
4	1	6	9	2	3	8	5	7
3	7	8	6	5	4	2	9	1

936

5	4	6	1	7	8	3	9	2
3	7	9	2	5	6	8	1	4
2	8	1	3	4	9	5	7	6
1	2	7	8	9	4	6	3	5
9	3	8	5	6	2	1	4	7
6	5	4	7	3	1	9	2	8
4	6	2	9	1	5	7	8	3
8	9	3	6	2	7	4	5	1
7	1	5	4	8	3	2	6	9

937

9	1	4	5	8	6	3	7	2
3	5	2	1	7	9	4	6	8
8	7	6	3	2	4	5	1	9
7	9	1	6	5	8	2	4	3
4	2	8	7	9	3	1	5	6
6	3	5	4	1	2	9	8	7
5	6	3	9	4	7	8	2	1
2	4	7	8	3	1	6	9	5
1	8	9	2	6	5	7	3	4

938

9	2	6	4	3	8	1	5	7
1	5	3	2	7	6	4	9	8
8	7	4	9	5	1	6	3	2
4	8	9	3	1	7	2	6	5
6	3	5	8	9	2	7	1	4
7	1	2	5	6	4	9	8	3
5	4	8	1	2	9	3	7	6
2	6	1	7	8	3	5	4	9
3	9	7	6	4	5	8	2	1

939

1	4	5	2	6	7	3	8	9
9	8	7	4	1	3	5	2	6
6	2	3	9	5	8	4	7	1
4	3	2	6	9	5	8	1	7
7	1	6	8	4	2	9	5	3
5	9	8	3	7	1	2	6	4
2	7	9	1	8	4	6	3	5
3	5	4	7	2	6	1	9	8
8	6	1	5	3	9	7	4	2

940

9	1	5	4	3	2	7	8	6
6	7	4	8	9	1	5	3	2
8	3	2	6	5	7	9	4	1
4	8	6	2	1	9	3	7	5
3	9	1	7	4	5	6	2	8
2	5	7	3	6	8	4	1	9
7	6	8	5	2	4	1	9	3
5	4	9	1	8	3	2	6	7
1	2	3	9	7	6	8	5	4

941

5	6	9	2	4	8	3	7	1
8	3	7	1	9	5	2	6	4
2	4	1	7	3	6	5	8	9
7	9	4	6	5	2	8	1	3
3	1	2	8	7	4	6	9	5
6	5	8	9	1	3	4	2	7
1	2	5	4	8	7	9	3	6
9	8	3	5	6	1	7	4	2
4	7	6	3	2	9	1	5	8

942

6	4	3	8	5	9	7	2	1
2	8	1	3	7	4	5	6	9
5	7	9	6	1	2	8	4	3
9	2	4	7	8	5	3	1	6
8	3	6	2	4	1	9	7	5
1	5	7	9	3	6	2	8	4
7	6	5	4	9	8	1	3	2
3	9	2	1	6	7	4	5	8
4	1	8	5	2	3	6	9	7

943

9	5	2	1	6	7	3	4	8
6	1	4	5	8	3	2	7	9
3	8	7	2	4	9	6	1	5
2	9	3	4	1	5	7	8	6
8	4	1	7	9	6	5	3	2
5	7	6	8	3	2	1	9	4
4	6	8	3	5	1	9	2	7
1	2	9	6	7	4	8	5	3
7	3	5	9	2	8	4	6	1

944

5	1	4	3	8	7	6	2	9
9	2	8	4	5	6	3	1	7
3	7	6	2	1	9	5	4	8
1	6	7	5	2	8	4	9	3
2	3	9	6	7	4	8	5	1
4	8	5	1	9	3	2	7	6
6	4	2	9	3	1	7	8	5
8	5	1	7	6	2	9	3	4
7	9	3	8	4	5	1	6	2

945

3	6	4	8	5	7	1	2	9
5	2	7	1	4	9	3	6	8
1	8	9	3	6	2	5	7	4
4	5	3	2	9	8	7	1	6
6	1	8	7	3	5	4	9	2
7	9	2	4	1	6	8	5	3
9	4	1	6	7	3	2	8	5
2	3	5	9	8	1	6	4	7
8	7	6	5	2	4	9	3	1

946

5	4	9	1	3	2	6	8	7
6	7	8	5	9	4	2	1	3
3	2	1	7	8	6	5	4	9
1	6	5	8	2	3	9	7	4
4	8	7	9	1	5	3	6	2
9	3	2	4	6	7	1	5	8
8	1	3	6	4	9	7	2	5
2	5	6	3	7	8	4	9	1
7	9	4	2	5	1	8	3	6

947

9	4	8	5	6	2	1	7	3
3	7	1	8	9	4	2	5	6
2	6	5	1	7	3	4	8	9
5	9	3	2	1	8	7	6	4
6	1	7	9	4	5	8	3	2
8	2	4	6	3	7	9	1	5
1	8	2	3	5	9	6	4	7
4	3	6	7	2	1	5	9	8
7	5	9	4	8	6	3	2	1

948

2	9	7	5	3	1	8	4	6
4	5	6	7	2	8	3	1	9
8	3	1	6	4	9	5	7	2
9	7	8	1	6	2	4	5	3
3	6	5	4	9	7	2	8	1
1	2	4	8	5	3	9	6	7
6	4	3	2	1	5	7	9	8
5	8	2	9	7	6	1	3	4
7	1	9	3	8	4	6	2	5

949

9	5	7	3	4	1	8	2	6
6	4	1	7	8	2	9	5	3
2	8	3	6	5	9	1	7	4
5	2	4	1	7	8	3	6	9
7	1	9	4	6	3	2	8	5
3	6	8	9	2	5	4	1	7
8	9	2	5	3	6	7	4	1
4	3	5	2	1	7	6	9	8
1	7	6	8	9	4	5	3	2

950

7	5	6	1	3	4	9	8	2
3	8	9	2	7	5	1	6	4
4	1	2	9	6	8	7	3	5
6	9	8	4	5	7	2	1	3
2	4	1	3	9	6	5	7	8
5	3	7	8	1	2	4	9	6
9	6	4	7	2	3	8	5	1
1	2	5	6	8	9	3	4	7
8	7	3	5	4	1	6	2	9

951

9	3	5	2	4	8	6	1	7
7	1	4	3	5	6	2	9	8
2	8	6	7	1	9	3	4	5
4	6	2	8	7	5	1	3	9
1	5	3	6	9	2	8	7	4
8	7	9	4	3	1	5	2	6
6	2	7	1	8	4	9	5	3
3	9	1	5	6	7	4	8	2
5	4	8	9	2	3	7	6	1

952

2	1	6	8	9	7	3	5	4
5	8	4	1	2	3	9	7	6
3	9	7	5	4	6	8	2	1
4	5	9	6	7	1	2	3	8
6	7	1	2	3	8	4	9	5
8	3	2	9	5	4	1	6	7
9	2	8	7	1	5	6	4	3
7	6	3	4	8	2	5	1	9
1	4	5	3	6	9	7	8	2

953

9	3	7	4	8	6	1	5	2
2	1	8	7	3	5	6	9	4
6	4	5	2	1	9	8	7	3
7	9	1	6	5	4	2	3	8
5	2	3	8	7	1	4	6	9
4	8	6	3	9	2	7	1	5
1	5	4	9	2	7	3	8	6
8	6	9	1	4	3	5	2	7
3	7	2	5	6	8	9	4	1

954

9	2	7	3	4	5	1	6	8
1	4	8	2	6	7	9	5	3
6	5	3	9	1	8	4	7	2
8	6	5	1	9	3	2	4	7
2	9	4	8	7	6	3	1	5
3	7	1	5	2	4	6	8	9
7	8	6	4	3	2	5	9	1
5	1	2	6	8	9	7	3	4
4	3	9	7	5	1	8	2	6

955

5	7	9	3	2	1	6	4	8
6	8	2	4	5	9	1	7	3
4	1	3	7	8	6	9	2	5
3	4	5	1	7	8	2	6	9
8	2	7	6	9	5	3	1	4
1	9	6	2	3	4	5	8	7
7	3	8	9	1	2	4	5	6
9	6	1	5	4	7	8	3	2
2	5	4	8	6	3	7	9	1

956

7	3	1	2	9	4	5	8	6
6	9	5	3	1	8	4	7	2
4	8	2	5	6	7	9	3	1
3	4	6	8	2	9	1	5	7
5	7	9	1	4	6	3	2	8
2	1	8	7	5	3	6	4	9
9	6	7	4	8	5	2	1	3
8	2	4	6	3	1	7	9	5
1	5	3	9	7	2	8	6	4

957

8	1	5	3	7	9	2	6	4
7	4	2	8	6	1	5	3	9
9	3	6	5	2	4	1	8	7
1	9	8	2	4	6	7	5	3
5	7	3	1	9	8	4	2	6
2	6	4	7	5	3	9	1	8
3	5	7	9	8	2	6	4	1
4	2	1	6	3	7	8	9	5
6	8	9	4	1	5	3	7	2

958

4	1	5	6	8	3	9	2	7
9	8	7	5	2	1	4	6	3
6	3	2	4	9	7	8	1	5
1	7	8	3	6	9	2	5	4
2	4	3	7	1	5	6	9	8
5	6	9	2	4	8	3	7	1
7	9	4	8	5	6	1	3	2
3	2	6	1	7	4	5	8	9
8	5	1	9	3	2	7	4	6

959

2	1	9	7	5	6	4	8	3
7	5	8	2	3	4	6	9	1
6	4	3	8	1	9	5	2	7
9	7	1	6	4	5	2	3	8
5	3	2	1	8	7	9	4	6
4	8	6	9	2	3	7	1	5
3	6	7	4	9	8	1	5	2
1	9	5	3	7	2	8	6	4
8	2	4	5	6	1	3	7	9

960

3	6	9	8	1	5	4	2	7
2	7	8	4	9	6	3	1	5
5	4	1	7	3	2	8	9	6
1	9	6	3	5	8	7	4	2
4	3	7	6	2	1	9	5	8
8	2	5	9	7	4	6	3	1
7	8	2	1	4	9	5	6	3
6	5	4	2	8	3	1	7	9
9	1	3	5	6	7	2	8	4

961

2	6	1	3	5	8	4	9	7
5	9	3	7	4	1	6	8	2
8	7	4	2	9	6	1	5	3
1	5	9	8	7	2	3	6	4
7	4	2	5	6	3	9	1	8
3	8	6	9	1	4	7	2	5
4	1	7	6	8	5	2	3	9
9	3	5	1	2	7	8	4	6
6	2	8	4	3	9	5	7	1

962

6	3	5	2	9	7	4	8	1
8	2	1	6	4	3	5	9	7
9	4	7	5	8	1	3	2	6
3	9	4	1	5	2	6	7	8
5	1	2	8	7	6	9	4	3
7	6	8	9	3	4	1	5	2
1	7	3	4	2	9	8	6	5
4	8	6	7	1	5	2	3	9
2	5	9	3	6	8	7	1	4

963

7	3	1	2	9	4	5	8	6
6	9	5	3	1	8	4	7	2
4	8	2	5	6	7	9	3	1
3	4	6	8	2	9	1	5	7
5	7	9	1	4	6	3	2	8
2	1	8	7	5	3	6	4	9
9	6	7	4	8	5	2	1	3
8	2	4	6	3	1	7	9	5
1	5	3	9	7	2	8	6	4

964

6	8	1	4	7	5	3	9	2
9	3	2	8	1	6	5	4	7
7	4	5	9	2	3	1	8	6
2	9	3	5	4	7	6	1	8
4	5	7	1	6	8	2	3	9
1	6	8	3	9	2	4	7	5
3	7	6	2	8	1	9	5	4
5	2	9	7	3	4	8	6	1
8	1	4	6	5	9	7	2	3

965

1	7	9	3	5	4	2	8	6
6	4	3	8	7	2	5	1	9
5	2	8	6	9	1	7	3	4
4	3	5	1	8	9	6	7	2
7	1	2	5	4	6	8	9	3
9	8	6	2	3	7	1	4	5
2	5	4	7	1	3	9	6	8
3	6	1	9	2	8	4	5	7
8	9	7	4	6	5	3	2	1

966

7	2	8	3	5	6	4	1	9
5	3	4	9	1	8	7	2	6
1	9	6	2	7	4	8	3	5
9	4	2	6	8	5	1	7	3
3	5	7	1	4	9	2	6	8
8	6	1	7	2	3	5	9	4
4	1	3	5	6	7	9	8	2
2	8	9	4	3	1	6	5	7
6	7	5	8	9	2	3	4	1

967

3	9	5	2	8	7	1	4	6
6	4	2	1	9	3	5	8	7
7	8	1	4	5	6	3	2	9
4	3	6	8	7	2	9	5	1
9	1	7	5	3	4	2	6	8
2	5	8	6	1	9	7	3	4
8	2	9	7	4	5	6	1	3
1	6	3	9	2	8	4	7	5
5	7	4	3	6	1	8	9	2

968

6	2	1	3	8	5	4	7	9
9	8	4	2	1	7	6	5	3
5	7	3	6	9	4	2	8	1
2	5	8	7	4	9	1	3	6
3	1	6	5	2	8	9	4	7
7	4	9	1	6	3	5	2	8
8	9	5	4	7	1	3	6	2
1	3	2	8	5	6	7	9	4
4	6	7	9	3	2	8	1	5

969

1	7	9	3	5	4	2	8	6
6	4	3	8	7	2	5	1	9
5	2	8	6	9	1	7	3	4
4	3	5	1	8	9	6	7	2
7	1	2	5	4	6	8	9	3
9	8	6	2	3	7	1	4	5
2	5	4	7	1	3	9	6	8
3	6	1	9	2	8	4	5	7
8	9	7	4	6	5	3	2	1

970

7	2	8	3	5	6	4	1	9
5	3	4	9	1	8	7	2	6
1	9	6	2	7	4	8	3	5
9	4	2	6	8	5	1	7	3
3	5	7	1	4	9	2	6	8
8	6	1	7	2	3	5	9	4
4	1	3	5	6	7	9	8	2
2	8	9	4	3	1	6	5	7
6	7	5	8	9	2	3	4	1

971

3	9	5	2	8	7	1	4	6
6	4	2	1	9	3	5	8	7
7	8	1	4	5	6	3	2	9
4	3	6	8	7	2	9	5	1
9	1	7	5	3	4	2	6	8
2	5	8	6	1	9	7	3	4
8	2	9	7	4	5	6	1	3
1	6	3	9	2	8	4	7	5
5	7	4	3	6	1	8	9	2

972

7	3	9	6	4	1	8	5	2
5	1	8	7	3	2	4	6	9
4	6	2	8	9	5	7	3	1
3	4	1	5	7	6	2	9	8
8	7	6	9	2	4	5	1	3
2	9	5	1	8	3	6	4	7
6	5	3	2	1	8	9	7	4
9	8	4	3	6	7	1	2	5
1	2	7	4	5	9	3	8	6

973

9	6	2	7	3	5	1	8	4
5	3	4	8	1	9	2	7	6
8	1	7	6	2	4	5	9	3
6	8	9	5	7	1	4	3	2
2	7	3	4	8	6	9	5	1
1	4	5	2	9	3	7	6	8
4	2	6	9	5	8	3	1	7
7	5	1	3	6	2	8	4	9
3	9	8	1	4	7	6	2	5

974

8	3	1	5	7	6	4	9	2
4	9	2	8	1	3	7	5	6
7	5	6	4	2	9	3	8	1
2	1	8	6	4	5	9	3	7
9	6	3	1	8	7	2	4	5
5	4	7	3	9	2	6	1	8
3	8	5	2	6	4	1	7	9
6	7	4	9	5	1	8	2	3
1	2	9	7	3	8	5	6	4

975

2	3	8	5	7	6	9	1	4
6	9	1	4	3	2	7	5	8
4	7	5	8	1	9	6	3	2
5	6	2	1	4	7	8	9	3
3	4	9	2	6	8	1	7	5
1	8	7	9	5	3	4	2	6
7	5	4	3	8	1	2	6	9
8	2	6	7	9	5	3	4	1
9	1	3	6	2	4	5	8	7

976

7	3	1	2	9	4	5	8	6
6	9	5	3	1	8	4	7	2
4	8	2	5	6	7	9	3	1
3	4	6	8	2	9	1	5	7
5	7	9	1	4	6	3	2	8
2	1	8	7	5	3	6	4	9
9	6	7	4	8	5	2	1	3
8	2	4	6	3	1	7	9	5
1	5	3	9	7	2	8	6	4

977

1	9	3	5	6	2	7	8	4
2	4	8	3	7	9	5	1	6
7	6	5	4	8	1	3	2	9
4	2	7	8	3	5	9	6	1
8	3	9	1	2	6	4	7	5
5	1	6	7	9	4	8	3	2
3	5	4	2	1	7	6	9	8
9	8	2	6	4	3	1	5	7
6	7	1	9	5	8	2	4	3

978

4	2	6	7	5	9	1	8	3
5	3	1	8	6	2	4	7	9
7	9	8	3	4	1	2	5	6
1	8	9	4	3	7	6	2	5
2	5	4	9	1	6	8	3	7
6	7	3	5	2	8	9	4	1
3	6	5	1	8	4	7	9	2
9	4	2	6	7	5	3	1	8
8	1	7	2	9	3	5	6	4

979

4	7	8	1	3	9	6	5	2
5	1	6	7	2	8	3	9	4
2	9	3	6	5	4	8	7	1
3	6	2	8	9	7	1	4	5
8	5	9	4	1	2	7	6	3
1	4	7	5	6	3	2	8	9
9	8	1	2	4	6	5	3	7
6	3	5	9	7	1	4	2	8
7	2	4	3	8	5	9	1	6

980

9	2	4	1	3	5	8	6	7
1	7	3	6	2	8	9	5	4
5	8	6	4	9	7	2	3	1
3	1	8	7	5	6	4	2	9
7	5	2	8	4	9	6	1	3
6	4	9	2	1	3	5	7	8
8	3	5	9	7	2	1	4	6
2	9	1	3	6	4	7	8	5
4	6	7	5	8	1	3	9	2

981

2	4	8	9	1	6	3	7	5
3	5	7	2	8	4	6	1	9
6	1	9	5	7	3	2	4	8
9	8	6	1	5	7	4	2	3
1	7	4	3	2	8	9	5	6
5	2	3	6	4	9	7	8	1
8	6	5	7	9	2	1	3	4
7	9	1	4	3	5	8	6	2
4	3	2	8	6	1	5	9	7

982

6	5	1	7	2	8	3	9	4
2	7	9	3	6	4	1	8	5
3	8	4	5	1	9	6	2	7
5	1	2	6	4	7	8	3	9
9	3	6	8	5	2	4	7	1
7	4	8	9	3	1	5	6	2
1	6	7	2	8	5	9	4	3
8	9	5	4	7	3	2	1	6
4	2	3	1	9	6	7	5	8

983

2	9	1	8	4	3	7	5	6
7	5	4	1	9	6	8	2	3
6	3	8	5	2	7	9	1	4
8	1	5	6	7	9	4	3	2
4	7	3	2	8	1	5	6	9
9	2	6	3	5	4	1	7	8
3	6	9	4	1	5	2	8	7
1	4	2	7	3	8	6	9	5
5	8	7	9	6	2	3	4	1

984

6	1	3	8	2	5	7	9	4
4	7	2	9	6	1	8	5	3
9	8	5	7	4	3	2	1	6
3	2	7	5	1	4	9	6	8
5	6	9	3	8	2	4	7	1
1	4	8	6	9	7	3	2	5
2	5	6	4	7	8	1	3	9
8	3	1	2	5	9	6	4	7
7	9	4	1	3	6	5	8	2

985

6	1	9	3	8	7	5	2	4
4	5	3	9	6	2	1	7	8
8	7	2	4	5	1	9	3	6
5	2	4	6	1	3	8	9	7
1	9	7	8	2	5	4	6	3
3	6	8	7	9	4	2	5	1
9	3	6	2	4	8	7	1	5
7	8	5	1	3	9	6	4	2
2	4	1	5	7	6	3	8	9

986

9	8	6	7	1	5	3	4	2
2	5	3	8	6	4	1	9	7
4	1	7	2	3	9	5	8	6
3	2	5	9	4	7	8	6	1
8	6	1	5	2	3	4	7	9
7	9	4	1	8	6	2	5	3
6	3	2	4	9	8	7	1	5
1	7	8	6	5	2	9	3	4
5	4	9	3	7	1	6	2	8

987

3	8	5	2	1	6	7	4	9
1	4	6	3	7	9	2	8	5
2	7	9	4	8	5	3	1	6
8	3	1	7	6	2	5	9	4
4	6	2	9	5	3	1	7	8
9	5	7	8	4	1	6	2	3
7	1	3	5	9	4	8	6	2
6	2	4	1	3	8	9	5	7
5	9	8	6	2	7	4	3	1

988

3	4	9	5	7	2	6	8	1
8	1	6	3	4	9	5	2	7
5	2	7	1	8	6	9	3	4
4	9	1	6	3	7	8	5	2
7	3	2	8	9	5	1	4	6
6	8	5	2	1	4	7	9	3
2	5	8	7	6	3	4	1	9
1	7	4	9	2	8	3	6	5
9	6	3	4	5	1	2	7	8

989

6	2	1	3	8	5	4	7	9
9	8	4	2	1	7	6	5	3
5	7	3	6	9	4	2	8	1
2	5	8	7	4	9	1	3	6
3	1	6	5	2	8	9	4	7
7	4	9	1	6	3	5	2	8
8	9	5	4	7	1	3	6	2
1	3	2	8	5	6	7	9	4
4	6	7	9	3	2	8	1	5

990

3	9	1	7	6	5	8	2	4
2	7	4	9	8	3	6	5	1
6	8	5	1	2	4	9	7	3
4	6	7	8	3	1	2	9	5
9	2	3	5	4	7	1	8	6
5	1	8	2	9	6	4	3	7
8	4	6	3	5	9	7	1	2
1	3	2	6	7	8	5	4	9
7	5	9	4	1	2	3	6	8

991

7	3	1	2	9	4	5	8	6
6	9	5	3	1	8	4	7	2
4	8	2	5	6	7	9	3	1
3	4	6	8	2	9	1	5	7
5	7	9	1	4	6	3	2	8
2	1	8	7	5	3	6	4	9
9	6	7	4	8	5	2	1	3
8	2	4	6	3	1	7	9	5
1	5	3	9	7	2	8	6	4

992

4	2	6	7	5	9	1	8	3
5	3	1	8	6	2	4	7	9
7	9	8	3	4	1	2	5	6
1	8	9	4	3	7	6	2	5
2	5	4	9	1	6	8	3	7
6	7	3	5	2	8	9	4	1
3	6	5	1	8	4	7	9	2
9	4	2	6	7	5	3	1	8
8	1	7	2	9	3	5	6	4

993

8	2	9	3	5	4	7	6	1
6	7	5	8	9	1	2	4	3
4	3	1	2	7	6	8	5	9
9	4	3	1	2	5	6	8	7
1	8	2	6	4	7	3	9	5
5	6	7	9	3	8	1	2	4
3	1	8	4	6	9	5	7	2
2	5	4	7	8	3	9	1	6
7	9	6	5	1	2	4	3	8

994

7	1	5	9	8	3	6	4	2
9	2	8	4	6	1	3	5	7
4	6	3	5	2	7	1	8	9
6	5	2	3	1	9	8	7	4
8	4	9	7	5	6	2	1	3
1	3	7	8	4	2	9	6	5
2	7	6	1	9	5	4	3	8
3	9	4	6	7	8	5	2	1
5	8	1	2	3	4	7	9	6

995

4	2	6	7	5	9	1	8	3
5	3	1	8	6	2	4	7	9
7	9	8	3	4	1	2	5	6
1	8	9	4	3	7	6	2	5
2	5	4	9	1	6	8	3	7
6	7	3	5	2	8	9	4	1
3	6	5	1	8	4	7	9	2
9	4	2	6	7	5	3	1	8
8	1	7	2	9	3	5	6	4

996

6	2	1	3	8	5	4	7	9
9	8	4	2	1	7	6	5	3
5	7	3	6	9	4	2	8	1
2	5	8	7	4	9	1	3	6
3	1	6	5	2	8	9	4	7
7	4	9	1	6	3	5	2	8
8	9	5	4	7	1	3	6	2
1	3	2	8	5	6	7	9	4
4	6	7	9	3	2	8	1	5

997

3	7	2	6	1	9	8	5	4
5	9	6	3	4	8	1	7	2
1	4	8	5	7	2	6	9	3
7	6	9	8	5	4	3	2	1
2	3	5	1	6	7	9	4	8
4	8	1	2	9	3	7	6	5
9	1	3	7	2	5	4	8	6
8	2	7	4	3	6	5	1	9
6	5	4	9	8	1	2	3	7

998

5	9	1	7	4	8	6	2	3
4	7	6	1	3	2	5	8	9
3	2	8	5	9	6	4	7	1
8	3	7	9	2	5	1	4	6
2	5	4	6	7	1	9	3	8
1	6	9	4	8	3	7	5	2
9	1	2	3	5	4	8	6	7
6	4	3	8	1	7	2	9	5
7	8	5	2	6	9	3	1	4

999

4	2	6	7	5	9	1	8	3
5	3	1	8	6	2	4	7	9
7	9	8	3	4	1	2	5	6
1	8	9	4	3	7	6	2	5
2	5	4	9	1	6	8	3	7
6	7	3	5	2	8	9	4	1
3	6	5	1	8	4	7	9	2
9	4	2	6	7	5	3	1	8
8	1	7	2	9	3	5	6	4

1000

7	3	1	2	9	4	5	8	6
6	9	5	3	1	8	4	7	2
4	8	2	5	6	7	9	3	1
3	4	6	8	2	9	1	5	7
5	7	9	1	4	6	3	2	8
2	1	8	7	5	3	6	4	9
9	6	7	4	8	5	2	1	3
8	2	4	6	3	1	7	9	5
1	5	3	9	7	2	8	6	4

1001

4	9	1	3	2	7	6	8	5
3	8	2	6	5	1	7	4	9
5	7	6	4	8	9	2	3	1
1	4	7	8	9	6	3	5	2
8	2	5	1	7	3	9	6	4
9	6	3	5	4	2	8	1	7
7	1	8	2	6	4	5	9	3
2	5	4	9	3	8	1	7	6
6	3	9	7	1	5	4	2	8